BelinBrevet

800 mots pour réussir

Français

4e-3^{e}

Claude Lebrun
Geneviève Poumarède
Professeurs certifiés de Lettres

François Davot
Illustrateur

Belin

8, rue Férou - 75278 Paris cedex 06
www.editions-belin.com

Sommaire

LE MONDE ET LES HOMMES

© Éditions Belin, 2008.   ISBN 978-2-7011-4903-5

Avant-propos

Le niveau des élèves en français influe directement sur les résultats scolaires. Aussi l'enseignement du vocabulaire, alors que l'accent est actuellement mis sur l'apprentissage de la langue, nécessite-t-il des moyens adaptés et efficaces. Voici donc : *800 mots pour réussir*. Ce livre propose l'étude et l'acquisition de mots essentiels à connaître dans le premier cycle. Il est destiné à aider les collégiens dans leurs études, et donc à leur permettre de réussir leur Brevet des collèges, puis leur entrée en seconde.

Ses objectifs sont les suivants :

■ faire acquérir des mots nouveaux, dont la maîtrise s'avère indispensable pour comprendre et exercer les actes de communication, non seulement dans le cadre du travail scolaire (comprendre les cours et les manuels, les utiliser, lire, apprécier et produire des textes, s'exprimer oralement), mais aussi dans la vie courante ;

■ rendre actif un vocabulaire que les élèves possèdent peut-être, mais qu'ils ont emmagasiné de façon passive et qu'ils n'utilisent pas ;

■ corriger les erreurs dues à une assimilation hâtive qui entraîne faux-sens, contresens ou, à tout le moins, une connaissance trop floue du sens des mots pour que l'expression puisse être claire, précise et juste ;

■ permettre à chaque élève d'élaborer activement son propre langage, en travail autonome s'il le souhaite ;

■ offrir un instrument privilégié pour un enseignement de soutien.

Le livre comprend deux thèmes, *Le monde et les hommes* et *La vie personnelle*, soit 23 champs lexicaux qui, du *Temps* et du *Lieu* au *Raisonnement* et à la *Pensée*, offrent nourriture aux élèves selon leur niveau et leur appétit. Il est complété par un *Lexique pour réussir une étude de texte*.

Les champs lexicaux sont organisés en une, deux ou trois séries de 20 mots chacune. Ils sont tous composés de la même manière : un ou deux *textes littéraires* pour éveiller l'intérêt, une *Fiche d'entrée* définissant les mots-clés du thème traité, un questionnaire à choix multiples (*Testez-vous*) pour exciter la curiosité du lecteur, puis un grand exercice d'acquisition systématique (*Utilisez vos connaissances,* en deux pages illustrées). Pour effectuer celui-ci, les élèves sont invités à se reporter au *Vocabulaire* proposé ensuite sur une double page. Enfin, des *Exercices complémentaires* et des *Jeux* sont de nouvelles occasions d'employer et d'assimiler les mots découverts.

On remarquera que la présentation du vocabulaire, détaillée dans le mode d'emploi ci-contre, offre de nombreuses possibilités d'enrichissement de la langue.

Tous les corrigés des tests, des exercices et des jeux sont donnés à la fin du livre.

Tout ce travail s'appuie bien évidemment sur l'observation et la pratique des différentes classes du premier cycle, sur les hésitations, les erreurs et les lacunes constatées. Les choix ont été difficiles. Les auteurs n'ont pas cherché à être complets, ils ont seulement voulu être utiles en gardant la mesure de ce qu'un jeune peut absorber sans ennui et en veillant à se mettre à sa portée. Il faut « savoir condescendre à ses allures puériles et les guider » (Montaigne). Ce livre est à la fois sérieux et ludique ; l'espoir de ses auteurs est que le vocabulaire se trouve acquis avec méthode et plaisir.

Claude LEBRUN, Geneviève POUMARÈDE, *professeurs certifiés de Lettres.*

Mode d'emploi

1. Si le classement des champs lexicaux présentés dans *800 mots pour réussir* suit, en gros, le développement normal du vocabulaire d'un jeune (de la vie sensible à la vie intérieure), le parcours est libre. On peut puiser dans les ressources du livre au gré des besoins, des textes étudiés, des sujets abordés.

2. Les exercices d'acquisition *(Utilisez vos connaissances)* : 20 mots dans un encadré, suivis de 20 phrases où il faut les placer. L'élève utilise d'abord les mots dont il est sûr, puis recherche, dans la double page de vocabulaire qui suit, la définition déjà donnée dans l'exercice afin de réaliser les choix pertinents et de contrôler les choix déjà effectués. En dernier recours, il peut consulter les corrigés placés à la fin du livre, avant l'index.

3. Les doubles pages de vocabulaire : chacune d'elles parcourt un champ lexical précis. Chaque mot est introduit dans une ou plusieurs phrases de contexte adaptées à de jeunes élèves et suivies de *Définitions* mises à leur portée. Des mots de sens voisin et de sens contraire sont donnés. Les conjugaisons difficiles sont précisées ; les infinitifs des verbes du 3e groupe sont indiqués. Des N.B. signalent les autres sens du mot ou une particularité d'emploi. Les mots de la *Famille* sont mentionnés. Enfin sont parfois proposées des *Expressions*, figurées ou non, et des *Locutions*.

Précisions :

■ le mot traité est celui qui est le plus usité (Ex. : *permanent* plutôt que *permanence*), ou celui qui est le plus intéressant à étudier (Ex. : *séculaire* plutôt que *siècle*) ;

■ les noms sont présentés avec l'article le plus couramment utilisé (Ex. : *le* temps. *un* moment) ;

■ le féminin des noms et des adjectifs est indiqué lorsqu'il n'est pas formé par le simple l'ajout d'un -e *(Ex. : mitoyen, enne ; définitif, ive)* ;

■ la construction du mot dans la phrase est bien indiquée, notamment pour les verbes ;

■ les définitions ne comportent, en règle générale, que des mots supposés connus des élèves (Ex. : *faculté* n'est pas employé avant que ce mot ne soit étudié dans son champ lexical ; auparavant on a utilisé *capacité*) ;

■ les mots de sens voisin, qui ne sont pas exactement des synonymes (=) et les mots de sens contraire (≠) sont destinés à enrichir le vocabulaire des élèves, et peuvent éventuellement faire l'objet d'exercices ;

■ les mots de la famille ne sont définis que si leur sens ne découle pas avec évidence de la définition du mot étudié. Ainsi, les adverbes présentés sur des fiches d'adjectifs (Ex. : *antérieurement* à *antérieur*) ne sont pas définis, mais une *hibernation* est définie à *hivernal*.

4. On peut utiliser aussi *800 mots pour réussir* comme un cahier de travaux pratiques. Il est donc suggéré d'écrire les solutions au crayon, pour pouvoir les effacer et recommencer les exercices ultérieurement... pour constater l'amélioration des scores ! En effet, ce livre est conçu comme un compagnon de route pour les classes du collège et comme un aide-mémoire en classe de seconde.

Voici la famille que vous rencontrerez dans *800 mots pour réussir*, dans le texte comme dans les illustrations.
Juliette, Grégoire et Arthur sont les enfants de Victor et de Mélanie. Amandine et Gabriel sont leurs grands-parents.

Se situer dans le monde

CHAMPS LEXICAUX

Charlemagne **précéda** Napoléon d'un **millénaire** dans la **chronologie** des hommes illustres. Cependant son souvenir **persiste** dans le cœur de nos **contemporains** et il a suscité un renouveau d'intérêt **récent.**

Leurs armées **ont arpenté** l'Europe. L'**étendue** de leurs empires a atteint des **proportions** presque semblables.

Le temps

En retard d'un siècle

Mes parents habitaient une petite maison construite au milieu d'un grand jardin. L'électricité ne venait pas jusque-là, car il eût fallu, pour l'installer, planter un poteau dans le jardin.

– Je ne veux pas qu'on me bouleverse mon jardin, disait mon père.

Et nous nous éclairions au pétrole.

Je crois bien qu'il redoutait également la dépense et que, levé à l'aube et couché «comme les poules», il s'accommodait fort bien de notre vieille suspension.

Ma mère se plaignait constamment de ce qu'elle appelait «retarder d'un siècle» et moi, je n'osais pas amener chez nous des camarades d'école aux heures où la lampe était allumée. Je savais bien que j'étais sans doute le seul garçon de la ville qui fît encore ses devoirs à la lueur d'une lampe à mèche, et je redoutais qu'on vînt à l'apprendre. Aujourd'hui, je mesure tout ce que le manque de confort a pu coûter de peine à ma mère, mais, égoïstement, je rends grâce à mon père dont l'entêtement m'a permis de vivre un peu comme on le faisait à une époque qui, au temps où j'avais dix ans, appartenait déjà au passé pour la quasi totalité de mes contemporains.

Je suis persuadé qu'il y a tout autant de poésie dans un H.L.M. que dans une chaumière, dans un trolleybus que dans une diligence, il suffit de sentir cette poésie. Mais les deux sont extrêmement différentes, et j'ai ainsi le privilège de pouvoir comparer l'un et l'autre.

Bernard CLAVEL,
Célébration du bois (1962), © CLD.

Sommaire

le temps [nom]

1. *Ce château fort craint les atteintes du **temps**.*
DÉF. : suite des années dans le passé, le présent et le futur = la durée.

2. *Il aurait voulu vivre au **temps** des Romains.*
DÉF. : point précis de la suite des années = l'époque, le moment.

N.B. – Le temps désigne aussi ce dont parle la météorologie.

◆ Famille – *Un travail **temporaire** :* qui ne dure que peu de temps, momentané – ***Temporairement** – **Temporiser** :* attendre, pour agir, un moment plus favorable – *La valeur **temporelle** d'un verbe :* passé, présent, futur.

◆ Locutions – ***Vivre de l'air du temps** :* vivre de rien, subsister avec très peu de choses – ***Avoir, se donner, prendre du bon temps** :* se distraire, passer des instants agréables – ***Dans le temps** :* autrefois, jadis. – ***De temps à autre, de temps en temps** :* parfois, occasionnellement, épisodiquement – ***La plupart du temps** :* presque toujours – *L'usage des épées comme armes **a fait son temps** :* est dépassé, n'est plus valable – *Les modes **n'ont qu'un temps** :* sont de courte durée – *Ce vieil homme est **de son temps** :* agit selon les idées de son époque – ***Tuer le temps** :* s'occuper avec peu de chose pour éviter l'ennui – *Il **est temps de** partir :* c'est maintenant qu'il faut partir, c'est l'heure de partir – ***Il était temps !** :* c'était le dernier moment au-delà duquel un événement fâcheux aurait pu se produire.

un moment [nom]

*La jeune fille était sur le point de mourir ; c'est à ce **moment** que surgit sur l'écran le héros qui allait la sauver.*
DÉF. : court espace de temps, par rapport à une durée totale = un instant.

◆ Famille – *Un effort **momentané** :* qui ne dure pas, ne persistera pas = bref (brève) ; passager(ère) ≠ durable ; continuel(elle) – ***Momentanément**.

◆ Expressions – ***Les derniers moments** de quelqu'un :* ceux qui précèdent immédiatement sa mort – ***À ses moments perdus** :* quand il n'a rien d'autre à faire – ***N'avoir pas un moment à soi** :* être très occupé – ***C'est un mauvais moment à passer** :* une circonstance pénible, mais qui ne durera pas.

◆ Locutions – ***Au moment de** partir :* sur le point de – ***Au moment où** :* comme, lorsque – ***À tout moment** :* sans arrêt, continuellement – ***Du moment où (que)** :* dès l'instant où, puisque (TEMPS et CAUSE) – ***D'un moment à l'autre** :* incessamment, sous peu – ***Par moments** :* de temps à autre, à intervalles répétés – ***Pour le moment** :* actuellement, maintenant – ***Pour un moment** :* pendant un certain temps, court ou assez long (IDÉE DE DURÉE).

A. MOTS INDISPENSABLES

Testez-vous ! (corrigé p. 274)

1. S'intéresser à la chronologie :
   - **a.** à l'ordre des événements dans le temps ☐
   - **b.** aux recherches sur l'origine des familles ☐
   - **c.** à l'actualité ☐
   - **d.** sens ignoré ☐

2. Gustave Flaubert fut contemporain de Napoléon III :
   - **a.** vécut avant cet empereur ☐
   - **b.** vécut à la même époque que lui ☐
   - **c.** vécut après lui ☐
   - **d.** sens ignoré ☐

3. Soyons dorénavant respectueux de la nature :
   - **a.** à partir de maintenant ☐
   - **b.** fermement ☐
   - **c.** comme on l'était auparavant ☐
   - **d.** sens ignoré ☐

4. Elle lui fait des visites hebdomadaires :
   - **a.** tous les jours ☐
   - **b.** toutes les semaines ☐
   - **c.** tous les mois ☐
   - **d.** sens ignoré ☐

5. Ses visites périodiques m'agacent :
   - **a.** qui durent longtemps ☐
   - **b.** qui reviennent régulièrement ☐
   - **c.** qui sont trop fréquentes ☐
   - **d.** sens ignoré ☐

6. Sa tristesse persiste :
   - **a.** est de courte durée ☐
   - **b.** durera toujours, ne disparaîtra jamais ☐
   - **c.** dure encore maintenant ☐
   - **d.** sens ignoré ☐

7. Nous visitons les vestiges du château :
   - **a.** ce qu'il en reste ☐
   - **b.** ses parties modernes ☐
   - **c.** les parties qu'on est en train de refaire ☐
   - **d.** sens ignoré ☐

Utilisez vos connaissances (corrigé p. 274)

À l'aide des définitions en italiques, complétez chaque phrase avec l'un des mots placés dans l'encadré ci-dessous. Attention aux accords et aux conjugaisons !
Si vous ne trouvez pas, vous gagnerez du temps en consultant le vocabulaire p. 14 et 15.

☐ antérieur	☐ dorénavant	☐ un millénaire	☐ postérieur
☐ la chronologie	☐ une ère	☐ périodique	☐ précéder
☐ contemporain	☐ hebdomadaire	☐ permanent	☐ récent
☐ un cycle	☐ hivernal	☐ persister	☐ succéder
☐ un délai	☐ jadis	☐ la ponctualité	☐ un vestige

1. *Succession des événements dans le temps.*
Dans les films, il y a souvent des retours en arrière : le cinéma ne respecte pas la ....

2. *À partir de maintenant.*
Il m'a menti : .... je n'aurai plus confiance en lui !

3. *Autrefois.*
.... les habitants des campagnes étaient plus nombreux que ceux des villes.

4. *Qui ne cesse pas.*
En quinze jours de vacances, nous n'avons pas vu le soleil : la pluie a été ....

5. *Qui s'est produit avant un autre fait.*
La découverte de l'électricité est .... à l'invention de la télévision.

6. *Arriver avant.*
Dans l'ordre des saisons, le printemps .... l'été.

7. *Qui revient à intervalles réguliers.*
Les passages des oiseaux migrateurs sont ....

8. *Fait d'arriver toujours à l'heure, au bon moment. Exactitude.*
Roméo apprécie que Juliette arrive toujours à leurs rendez-vous avec ....

9. *Qui appartient à l'hiver.*
Mélanie préfère la montagne en période ....

10. *Temps supplémentaire qui est accordé.*
« Madame, s'il vous plaît, laissez-nous un .... pour vous remettre notre devoir ! »

11. *Qui se produit après un autre fait.*
L'installation informatique est .... à la création de l'entreprise.

12. *Venir après.*
L'apparition des fruits dans les arbres .... à la floraison du printemps.

13. *Période de mille ans.*
Un .... sépare la naissance du Christ du règne des premiers Capétiens.

14. *Période débutant avec un nouveau fait de la civilisation.*
L' .... de l'automobile a commencé au début du XXᵉ siècle.

15. *Qui a eu lieu il y a peu de temps ou date de peu de temps.*
Ses déclarations .... ne permettaient pas de supposer qu'il allait démissionner.

16. *Rester présent, durer.*
Bien qu'Amandine les prépare très bien, le dégoût de Gabriel pour les endives ....

17. *Qui revient chaque semaine.*
Avec mon argent de poche .... je peux m'acheter ma revue d'informatique préférée.

18. *Qui vit ou se produit à la même époque.*
Catherine II de Russie fut .... de Louis XV et de Louis XVI.

19. *Ce qui reste du passé.*
Les historiens qui travaillent sur la préhistoire, époque où l'écriture n'existait pas, ne peuvent qu'en étudier les .... matériels.

20. *Suite qui se reproduit sans cesse.*
La succession des douze mois de l'année est un .... immuable.

*Dorénavant, je n'accepterai plus ce désordre **permanent**. J'exigerai la **ponctualité** de tous.*

ANTÉRIEUR [adj. qual.]
*Le règne de Louis XIII est **antérieur** à celui de Louis XIV.*
DÉF. : se situe avant ≠ postérieur.
N.B. – *Les pattes **antérieures** du chien* : avant ≠ postérieures, arrière (ESPACE).

◆ Famille – ***Antérieurement** – L'**antériorité** du règne de Louis XIII sur celui de Louis XIV.*

LA CHRONOLOGIE [nom]
*L'histoire respecte la **chronologie**.*
DÉF. : succession des événements dans le temps.

◆ Famille – En grec, « chronos » signifie temps – *Un récit **chronologique** – **chronologiquement** – Un manque d'argent **chronique*** : qui dure ≠ passager – *Un **chroniqueur** écrit des **chroniques*** : récits de faits (souvent historiques) dans l'ordre où ils se sont produits ou articles de journal, émissions de radio ou de télévision consacrées à certains sujets de l'actualité – *Un **chronomètre** – Un **anachronisme**.*

(UN) CONTEMPORAIN [nom ou adj. qual.]
1. *Molière et Racine furent des **contemporains**.*
DÉF. : vécurent à la même époque.
2. *L'importance grandissante de la télévision est un fait **contemporain**.*
DÉF. : qui appartient à l'époque actuelle = moderne ≠ ancien(enne).

UN CYCLE [nom]
*Le **cycle** des saisons reste toujours le même.*
DÉF. : suite d'événements, de phénomènes qui se reproduisent de façon identique.
N.B. – *un **cycle** littéraire* : série d'œuvres avec un sujet et des personnages qui reviennent – *Il est élève du premier **cycle*** : dans l'enseignement, suite de classes formant un ensemble.

◆ Famille – *Des crises **cycliques**.*

UN DÉLAI [nom]
1. *Nous avons un **délai** d'une semaine pour faire notre rédaction.*
DÉF. : temps qui est accordé pour faire quelque chose = un laps de temps.
2. *J'ai obtenu un **délai** de trois jours pour payer ma facture.*
DÉF. : temps donné en plus du temps normal = un sursis, un répit.
3. *Vous devez partir **sans délai**.*
DÉF. : sur le champ, tout de suite, sans attendre = immédiatement ≠ ultérieurement.

DORÉNAVANT [adverbe]
*Jusqu'ici, il prenait ses vacances en été ; **dorénavant**, il les prendra en hiver.*
DÉF. : à partir de maintenant = désormais ≠ auparavant.

UNE ÈRE [nom]
1. *L'**ère** chrétienne débute avec la naissance du Christ.*
DÉF. : longue période qui commence à un point fixe = une époque.
2. *La formation des Alpes date de l'**ère** tertiaire.*
DÉF. : grande division de l'histoire de la Terre (GÉOLOGIE).
3. *L'**ère** industrielle commence à la fin du XVIIIᵉ siècle.*
DÉF. : période débutant avec un nouveau fait de civilisation.

HEBDOMADAIRE [adj. qual.]
*Ce boulanger a fixé sa fermeture **hebdomadaire** le mercredi.*
DÉF. : qui revient chaque semaine.

◆ Famille – ***Hebdomadairement** – Un **hebdomadaire*** : une publication qui paraît chaque semaine – ***Bihebdomadaire*** : deux fois par semaine.

HIVERNAL [adj. qual.]
*En ce matin de mai, un froid **hivernal** envahit la France.*
DÉF. : qui appartient à l'hiver ≠ estival.

◆ Famille – *Un **hiver** – L'expédition polaire **hiverne** dans son camp* : passe la mauvaise saison à l'abri – *L'**hivernage** des bateaux, des animaux – Une **hibernation*** : abaissement de la température de certains animaux en hiver – ***Hiberner**.*

JADIS [adverbe]
***Jadis**, les hommes portaient des braies et non des pantalons.*
DÉF. : dans les temps anciens = autrefois ≠ aujourd'hui.

(UN) MILLÉNAIRE [nom ou adj. qual.]
1. *New York ne fêtera pas de si tôt son **millénaire**.*
DÉF. : millième anniversaire.
2. *L'ère chrétienne a bientôt deux **millénaires**.*
DÉF. : période de mille ans.
3. *Les pyramides sont des monuments **millénaires**.*
DÉF. : qui datent de plusieurs milliers d'années.

PÉRIODIQUE [adj. qual.]
*La mousson entraîne des inondations **périodiques**.*
DÉF. : qui reviennent à intervalles réguliers = cycliques.

◆ Famille – ***Périodiquement*** – *Une **période** :* espace de temps plus ou moins long – *La **périodicité** de la publication d'un journal :* la fréquence à laquelle il paraît – *Un **périodique**.*
N.B. – *Une **période** :* mesure physique.

PERMANENT [adj. qual.]
1. *Les satellites assurent une liaison **permanente** entre les continents.*
DÉF. : qui ne cesse pas = durable ≠ momentanée.
2. *La chaîne donne la parole à son correspondant **permanent** à Tokyo.*
DÉF. : qui s'y trouve toujours ≠ intermittent.
N.B. – *Un spectacle **permanent** :* donné plusieurs fois de suite.

◆ Famille – *La **permanence** d'un phénomène* – *Assurer une **permanence** dans un organisme :* une présence ininterrompue – *Les élèves sont en **permanence**.*
◆ Locution – ***En permanence** :* tout le temps, sans interruption.

PERSISTER [verbe]
1. *Malgré l'arrivée du printemps, le froid **persiste**.*
DÉF. : dure, subsiste = continue ≠ cesse.
2. *Arthur **persiste** dans son refus.*
DÉF. : ne veut pas changer d'avis = s'obstine ≠ renonce à.

◆ Famille – *Un froid **persistant*** – *Un arbre à feuilles **persistantes**, comme le sapin :* qui sont vertes toute l'année ≠ caduc (caduque) – *La **persistance** dans une attitude* = l'entêtement.

LA PONCTUALITÉ [nom]
*Victor est apprécié pour sa **ponctualité**.*
DÉF. : fait d'arriver toujours à l'heure = l'exactitude.

◆ Famille – *Une personne **ponctuelle*** – ***Ponctuellement**.*
◆ Locutions – *Être **sur le point de** partir :* prêt à partir dans l'instant – *Partir **à point** :* au moment voulu = à propos – *Arriver **à point nommé** :* arriver au bon moment.

POSTÉRIEUR [adj. qual.]
*Les événements **postérieurs** à 1788 ont apporté d'immenses changements.*
DÉF. : qui se sont produits après 1788 ≠ antérieurs.

◆ Famille – ***Postérieurement*** – *La **postérité** :* les individus qui vivront après une personne.

PRÉCÉDER [verbe]
1. *Grégoire a perdu la course, son concurrent l'a **précédé**.*
DÉF. : est arrivé avant lui = l'a devancé ≠ lui a succédé.
2. *Des rumeurs diverses **ont précédé** l'arrivée du nouveau patron.*
DÉF. : ont circulé avant.
N.B. – *Les musiciens **précèdent** les majorettes :* sont devant elles (LIEU).

◆ Famille – *Le jour **précédent*** – ***Précédemment*** – *Créer **un précédent** :* une situation qui servira d'exemple ensuite.

RÉCENT [adj. qual.]
*Cet immeuble aux parois de verre est **récent**.*
DÉF. : date de peu de temps ≠ ancien.
◆ Famille – ***Récemment**.*

SUCCÉDER, SE SUCCÉDER [verbe]
1. *Le fils **succède** à son père comme patron de l'usine.*
DÉF. : vient après son père, prend sa suite ≠ précède.
2. *Mes semaines de vacances **se succédèrent** sans événement marquant.*
DÉF. : se suivirent.

◆ Famille – *Un **successeur*** – *La **succession** des événements* – *Des échecs **successifs*** – *La **succession** d'une personne décédée* = l'héritage.

UN VESTIGE [nom]
1. *De ce château du Moyen Âge, on ne voit que des **vestiges**.*
DÉF. : ce qui reste d'un bâtiment détruit par le temps = des ruines.
2. *Il lui reste un seul tableau, dernier **vestige** de sa grandeur passée.*
DÉF. : ce qui existe encore = le reste.
3. *Les **vestiges** de cette civilisation intéressent les historiens (s'emploie surtout au pluriel).*
DÉF. : ce qu'il en reste = les traces, les restes.

JEU

(corrigé p. 274)

Reconstituez l'histoire d'une ville

La ville de X est très visitée pour ses célèbres bâtiments :
- ☐ sa cathédrale
- ☐ son château
- ☐ son complexe sportif
- ☐ son église Saint-Jacques
- ☐ son grand magasin
- ☐ son Palais de la Bourse
- ☐ son théâtre

La cathédrale est postérieure à l'église Saint-Jacques.
La construction du château a succédé à celle de l'église Saint-Jacques.
Le projet de complexe sportif est l'ultime réalisation de la municipalité.
L'église Saint-Jacques est antérieure au théâtre.
Le grand magasin est une construction récente.
La construction du Palais de la Bourse a précédé celle du grand magasin.
La construction du théâtre est postérieure à celles du château et de la cathédrale.

Écrivez ici dans quel ordre ont été construits ces divers bâtiments :

1. ....
2. ....
3. ....
4. ....
5. ....
6. ....
7. ....

l'église Saint Jacques

le grand magasin

le théâtre

le Palais de la Bourse

le complexe sportif

le château

la cathédrale

B. MOTS UN PEU PLUS DIFFICILES

Testez-vous ! (corrigé p. 274)

1. Ce film est plein d'**anachronismes** :
    a. de détails qui l'enrichissent ☐
    b. de défauts techniques ☐
    c. d'erreurs sur ce qui existait à l'époque évoquée ☐
    d. sens ignoré ☐

2. Les habitants de ces campagnes isolées ont des coutumes **ancestrales** :
    a. que seuls les plus vieux respectent ☐
    b. qui datent de temps très anciens ☐
    c. qui sont difficiles à expliquer ☐
    d. sens ignoré ☐

3. La **concomitance** des événements le troubla :
    a. le fait qu'ils se soient produits en même temps ☐
    b. le fait qu'ils aient été identiques ☐
    c. le fait qu'ils se soient succédé immédiatement ☐
    d. sens ignoré ☐

4. Elle a préféré choisir un travail **intermittent** :
    a. qui ne dure qu'une courte période ☐
    b. pour lequel elle n'a pas d'horaire à respecter ☐
    c. qui s'arrête puis reprend par intervalles ☐
    d. sens ignoré ☐

5. Cet arbre est **séculaire** :
    a. il protège bien ceux qui s'y mettent à l'abri ☐
    b. il est vieux d'un ou de plusieurs siècles ☐
    c. il est sur le point de mourir ☐
    d. sens ignoré ☐

6. Ces deux victoires **simultanées** ont bouleversé sa vie de sportif :
    a. identiques, similaires ☐
    b. auxquelles il a cru, mais dont l'annonce était fausse ☐
    c. qui se sont produites en même temps ☐
    d. sens ignoré ☐

7. Il n'a que des meubles **vétustes** chez lui :
    a. anciens et de valeur ☐
    b. de peu de valeur ☐
    c. vieux et en mauvais état ☐
    d. sens ignoré ☐

EXERCICES

Utilisez vos connaissances (corrigé p. 274)

À l'aide de la définition en italiques, complétez chaque phrase avec l'un des mots placés dans l'encadré ci-dessous. Attention aux accords et aux conjugaisons ! Si vous hésitez, prenez le temps de consulter le vocabulaire des pages 20 et 21.

☐ un anachronisme	☐ différer	☐ périmé	☐ simultané
☐ ancestral	☐ éphémère	☐ précoce	☐ temporiser
☐ les antécédents	☐ immémorial	☐ prématuré	☐ ultérieur
☐ anticiper	☐ imminent	☐ provisoire	☐ ultime
☐ la concomitance	☐ intermittent	☐ séculaire	☐ vétuste

1. *De courte durée.*
Rien ne passionne vraiment Grégoire ; ses emballements sont ....

2. *Qui interviendra à une date future, non fixée.*
Les tableaux de ce peintre sont médiocres, mais ses œuvres .... seront peut-être meilleures.

3. *Fait de placer à une époque ce qui appartient à une autre.*
Juliette a inventé une suite à un texte de Balzac et a fait intervenir une automobile : quel .... !

4. *Qui ne va pas durer toujours.*
Notre installation dans cet appartement n'est que .... : nous attendons que notre maison soit terminée.

5. *Qui est sur le point de se produire.*
Ma fille, qui m'avait accompagné dans le wagon, sauta sur le quai, car le départ du train était ....

6. *Qui ont lieu en même temps.*
Bien évidemment, les anniversaires de deux jumeaux sont .... !

7. *Ce qui a été fait ou vécu dans le passé.*
Les .... de ce jeune homme bien élevé rendent incroyable la violence dont il vient de faire preuve.

8. *Qui est tout dernier.*
Après avoir échoué à ses deux premiers essais, le perchiste franchit la barre des six mètres à son .... tentative.

9. *Qui a au moins un siècle, ou même plusieurs siècles.*
Ce parc est magnifique, on peut y admirer plusieurs arbres ....

10. *Remettre à plus tard.*
Sa grippe risque de l'obliger à .... son départ en vacances.

11. *Qui est vieux et en mauvais état.*
L'installation électrique est .... et on risque un accident.

12. *Fait que deux ou plusieurs événements se produisent en même temps.*
La .... de l'anniversaire de Juliette et de son succès à l'examen a rendu la fête particulièrement joyeuse.

13. *Qui se produit plus tôt que la normale.*
La jeune femme est très malheureuse à cause des rides .... qui apparaissent sur son visage.

14. *Si ancien qu'il n'est pas dans la mémoire des hommes.*
Les statues de l'île de Pâques sont ....

15. *Reculer volontairement le moment de prendre une décision.*
Le commandant en chef a eu tort de .... car l'ennemi en a profité pour faire venir des troupes fraîches.

16. *Qui remonte au temps de nos aïeux.*
Fêter la nouvelle année est une coutume ....

17. *Qui s'arrête puis reprend par intervalles.*
Le travail des comédiens est le plus souvent ....

18. *Considérer comme déjà arrivé un fait avant qu'il n'ait lieu.*
Il a .... : il s'est acheté une voiture sans savoir s'il aurait son permis de conduire.

19. *Qui est trop vieux et ne vaut plus rien.*
Je n'ai pas pu me soigner avec les médicaments qui me restaient car ils étaient ....

20. *Qui intervient trop tôt.*
« Je t'interdis de sortir, ce serait .... car tu n'es pas encore guéri ! »

Cherchez les
anachronismes.

VOCABULAIRE

UN ANACHRONISME [nom]
*Quel **anachronisme** que d'imaginer Victor Hugo sur une mobylette !*
DÉF. : fait de placer à une époque ce qui appartient à une autre.

◆ Famille – Tous les mots de la famille de **chronologie** – *Se déplacer en carrosse aujourd'hui est **anachronique*** – Le **synchronisme** de deux événements historiques : le fait qu'ils se sont produits au même moment.

ANCESTRAL [adj. qual.]
*Fêter le carnaval est une pratique **ancestrale**.*
DÉF. : qui remonte à un passé très ancien (au temps des ancêtres) = ancienne ≠ récente.

◆ Famille – *Un **ancêtre** :* une personne qui a vécu longtemps avant nous et dont nous descendons = un aïeul (des aïeux).

UN ANTÉCÉDENT [nom]
*Les **antécédents** du candidat ont favorisé son embauche.*
DÉF. : ce qu'il a fait ou vécu dans le passé, qui a un rapport avec sa vie présente (dans ce sens, le mot s'emploie au pluriel) = le passé.
N.B. – *La moto que je voudrais avoir :* grammaticalement, « la moto » est l'***antécédent*** du pronom relatif « que ».

ANTICIPER [verbe]
1. *« N'**anticipe** pas, tu n'es pas encore reçu à ton examen ! »*
DÉF. : ne fais pas comme si les choses étaient déjà arrivées.
2. *Il a fallu **anticiper** les élections.*
DÉF. : les faire avant la date prévue = avancer ≠ différer.

◆ Famille – *Un paiement **anticipé*** – *Un film ou un roman d'**anticipation** :* œuvres dans lesquelles l'avenir est imaginé.

LA CONCOMITANCE [nom]
*La **concomitance** entre le passage d'une comète et un tremblement de terre frappait beaucoup les Anciens.*
DÉF. : fait que deux ou plusieurs événements se produisent en même temps = la simultanéité, la coïncidence.

◆ Famille – *Des faits **concomitants*** (Attention à l'orthographe !).

DIFFÉRER [verbe]
1. *À cause des grèves, Gabriel a dû **différer** son départ.*
DÉF. : le remettre à une autre date = le repousser.
2. *Le match est retransmis en **différé*** (verbe utilisé comme nom).
DÉF. : après qu'il a vraiment été joué.
N.B. – *Nos opinions **diffèrent** :* sont différentes (OPPOSITION).

ÉPHÉMÈRE [adj. qual.]
*Je ne connais pas ce chanteur : il a dû connaître un succès **éphémère**.*
DÉF. : qui est de courte durée = fugitif(ive) ≠ durable.

◆ Famille – *Une **éphéméride** :* calendrier dont on détache chaque jour une feuille – *Un **éphémère** :* petit insecte qui ne vit qu'une journée.

IMMÉMORIAL [adj. qual.]
*Les alignements de Carnac, en Bretagne, remontent à des temps **immémoriaux**.*
DÉF. : qui sont si anciens qu'il n'y en a aucune trace dans la mémoire des hommes ≠ historiques.

◆ Famille – *La **mémoire** :* la capacité qu'a l'homme de se souvenir.

IMMINENT [adj. qual.]
*Les pompiers sont intervenus alors que la catastrophe était **imminente**.*
DÉF. : sur le point de se produire = proche ≠ lointaine.

◆ Famille – *L'**imminence** d'une catastrophe.*

INTERMITTENT [adj. qual.]
*Des pluies **intermittentes** sont annoncées pour demain.*
DÉF. : qui s'arrêteront puis reprendront par intervalles = discontinues ≠ continues, continuelles.

◆ Famille – *L'**intermittence** d'un phénomène* – *Travailler par **intermittence*** – *Les **intermittents** du spectacle :* les artistes qui ne travaillent pas de façon continue.

VOCABULAIRE

PÉRIMÉ [adj. qual.]
1. *L'éclairage avec des lampes à pétrole est* ***périmé***.
DÉF. : n'est plus en usage = démodé ≠ actuel.
2. *Victor n'a pu partir pour l'étranger : son passeport est* ***périmé***.
DÉF. : est trop vieux et n'est donc plus valable ≠ valide.

◆ Famille – *Les produits frais se* ***périment*** *vite :* ne sont plus utilisables après une date limite – *La* ***date de péremption*** *d'un médicament :* date au-delà de laquelle un médicament ne doit plus être utilisé.

PRÉCOCE [adj. qual.]
1. *Certaines variétés de pêches sont* ***précoces***.
DÉF. : mûrissent avant le temps normal = hâtives ≠ tardives.
2. *Mozart fut un musicien* ***précoce***.
DÉF. : dont le talent se manifesta très tôt.

◆ Famille – *La* ***précocité*** *de Mozart –* ***Précocement***.

PRÉMATURÉ [adj. qual.]
1. *Il serait* ***prématuré*** *d'organiser dès Noël nos vacances d'été.*
DÉF. : trop tôt.
2. *À cinquante ans, il a dû prendre une retraite* ***prématurée***.
DÉF. : qui survient avant le moment normal.

◆ Famille – ***Prématurément*** *– Un enfant* ***prématuré***, *un* ***prématuré*** *:* un enfant né avant le terme habituel de la grossesse.

PROVISOIRE [adj. qual.]
1. *Loger les réfugiés sous des tentes est une solution* ***provisoire***.
DÉF. : d'attente, qui ne peut pas durer longtemps = temporaire ≠ définitive.
2. *Un gouvernement* ***provisoire*** *ne peut prendre de grandes décisions.*
DÉF. : qui est mis en place pour une courte durée, en attendant un gouvernement stable = transitoire ≠ définitif (ive).

◆ Famille – ***Provisoirement***.

◆ Locution – ***À titre provisoire*** *:* de façon momentanée, non définitive.

SÉCULAIRE [adj. qual.]
Ce temple grec est un monument ***séculaire***.
DÉF. : qui existe depuis un ou plusieurs siècles = ancien ≠ récent.

◆ Famille – *Un* ***siècle*** *:* période de cent ans.

SIMULTANÉ [adj. qual.]
L'éclair et le coup de tonnerre furent ***simultanés***, signe que l'orage était sur nous.
DÉF. : eurent lieu en même temps = concomitants ≠ successifs (ives).

◆ Famille – *La* ***simultanéité*** *de deux événements :* fait qu'ils se produisent en même temps – ***Simultanément***.

TEMPORISER [verbe]
Il n'a pas pris de décision immédiate : il a ***temporisé*** *pour être sûr de ne pas se tromper.*
DÉF. : a volontairement reculé le moment de prendre une décision ou d'agir, en attendant un moment plus favorable = a attendu ≠ s'est hâté.

◆ Famille – *La* ***temporisation*** *– Un* ***temporisateur***, *une* ***temporisatrice*** *:* celui ou celle qui temporise.

ULTÉRIEUR [adj. qual.]
En raison de la neige, le match a été renvoyé à une date ***ultérieure***.
DÉF. : qui est future, mais non fixée.

◆ Famille – ***Ultérieurement***.

ULTIME [adj. qual.]
Ses ***ultimes*** *paroles avant son départ furent pour son fils.*
DÉF. : qui sont toutes dernières dans le temps ≠ premières.

◆ Famille – *Un* ***ultimatum*** *:* dernières conditions imposées à un adversaire ; si elles ne sont pas acceptées, il y a conflit.

VÉTUSTE [adj. qual.]
Cet appartement ne vaut pas cher parce qu'il est ***vétuste***.
DÉF. : vieux et en mauvais état = délabré.

◆ Famille – *La* ***vétusté*** *d'un local.*

CONTRÔLEZ VOS CONNAISSANCES

(corrigé p. 274)

Pour découvrir la mésaventure arrivée à Désiré, placez correctement les mots du tableau dans le texte ci-dessous :

☐ anachronique	☐ différé	☐ ponctualité	☐ temporisa
☐ ancestrale	☐ dorénavant	☐ précédé	☐ ultérieure
☐ antérieur	☐ éphémère	☐ provisoire	☐ ultime
☐ contemporain	☐ hivernale	☐ récente	☐ vestiges
☐ délai	☐ périmée	☐ se succédaient	☐ vétuste

La querelle de l'ancien et du moderne

C'est avec .... 1 que Désiré se présenta au rendez-vous pour visiter l'appartement. Il vivait alors de façon .... 2 chez un ami et avait jusqu'ici .... 3 le moment de vivre seul de nouveau. Son logement .... 4 était .... 5 et il souhaitait .... 6 trouver une habitation plus .... 7 dans laquelle il pourrait mettre son mobilier .... 8 afin que celui-ci ne paraisse plus .... 9.

L'agent immobilier l'avait .... 10 sur les lieux et la visite put commencer. Horreur ! L'enthousiasme de Désiré fut .... 11. En fait, seule la façade de l'immeuble avait été rénovée, mais l'intérieur était dans un état lamentable. Des .... 12 de peinture couvraient les murs des couloirs. Dans l'appartement même, l'installation électrique était .... 13 et la salle d'eau paraissait .... 14. Ainsi .... 15 les surprises, l'............ 16 étant qu'il n'y avait pas de chauffage ; en période .... 17, comment ferait-il ?

Poliment, Désiré demanda un .... 18 de réflexion à l'agent immobilier, mais il ne .... 19 guère pour exclure l'idée de louer cet appartement.

Et il remit sa décision de vivre seul à une date .... 20.

L'espace, le lieu

Promenade aux fortifications

Les Parisiens montrent aujourd'hui un goût immodéré pour la campagne. […] Le dimanche, la population, qui étouffe, en est réduite à faire plusieurs kilomètres à pied, pour aller voir la campagne, du haut des fortifications.

Cette promenade aux fortifications est la promenade classique du peuple ouvrier et des petits bourgeois. Je la trouve attendrissante, car les Parisiens ne sauraient donner une preuve plus grande de leur passion malheureuse pour l'herbe et les vastes horizons.

Ils ont suivi les rues encombrées, ils arrivent éreintés et suants, dans le flot de poussière que leurs pieds soulèvent ; et ils s'assoient en famille sur le gazon brûlé du talus, en plein soleil, parfois à l'ombre grêle d'un arbre souffreteux, rongé de chenilles. Derrière eux, Paris gronde, écrasé sous la chaleur de juillet : le chemin de fer de ceinture siffle furieusement, tandis que, dans les terrains vagues, des industries louches empoisonnent l'air. Devant eux, s'étend la zone militaire, nue, déserte, blanche de gravats, à peine égayée de loin en loin par un cabaret de planches. Des usines dressent leurs hautes cheminées de brique, qui coupent le paysage et le salissent de longs panaches de fumée noire.

Mais, qu'importe ! par-delà les cheminées, par-delà les terrains dévastés, les braves gens aperçoivent les coteaux lointains, des prés qui font des tables vertes, grandes comme des nappes, des arbres nains qui ressemblent aux arbres en papier frisé des ménageries d'enfant ; et cela leur suffit, ils sont enchantés, ils regardent la nature, à deux ou trois lieues. Les hommes retirent leurs vestes, les femmes se couchent sur leurs mouchoirs étalés ; tous restent là jusqu'au soir, à s'emplir la poitrine du vent qui a passé sur les bois. Puis, quand ils rentrent dans la fournaise des rues, ils disent sans rire : « Nous revenons de la campagne. »

Émile ZOLA, *Le Messager de l'Europe* (1875).

FICHES D'ENTRÉE

l'espace [nom masc.]

1. *« Laisse un **espace** entre la marge et le début de ton texte. »*
DÉF. : en une dimension : écart entre deux points ou deux lignes = une distance.

2. *Nous recouvrirons d'un tapis l'**espace** taché sur le sol.*
DÉF. : en deux dimensions : étendue bien déterminée = la surface.

3. *Un nouveau satellite vient d'être lancé dans l'**espace**.*
DÉF. : en trois dimensions : immensité extra-terrestre = l'Univers, le Ciel ≠ la Terre.
N.B. – *L'**espace** occupé par un meuble dans une pièce :* son volume – *Les **espaces verts** :* les jardins dans les villes – *L'**espace publicitaire** :* réservé à la publicité dans les divers médias.

◆ Famille – ***Espacer :*** laisser un espace entre deux éléments – ***Spacieux (euse) :*** vaste, où il y a beaucoup de place – ***Spatial :*** relatif à l'espace extra-terrestre.
◆ Locution – ***En l'espace d'un an :*** dans la durée d'un an (TEMPS).

le lieu [nom]

*Il a caché son trésor dans un **lieu** ignoré de tous.*
DÉF. : partie bien déterminée de l'espace, qu'il soit en une, deux ou trois dimensions = un endroit.
N.B. – *Un **lieu public** :* endroit où tous peuvent aller (cinéma, parc, etc.) – *Un **haut lieu** :* endroit où s'est passé un événement qui reste dans les mémoires.

◆ Famille – ***Localiser :*** situer en quel lieu se trouve quelque chose – *La **localisation** – Les habitudes **locales** :* du lieu, de l'endroit – *Un **local** :* un endroit fermé, une pièce.
◆ Expression – *Un **lieu commun** :* idée banale, partagée par tous = un cliché.
◆ Locutions – ***Au lieu de :*** à la place de, pour – ***En haut lieu :*** auprès de personnages influents, ayant de l'autorité – ***Il y a lieu de le faire :*** il est opportun, il convient de le faire – *Une couverture peut lui **tenir lieu de** manteau :* le remplacer, en faire fonction – ***En premier lieu, en dernier lieu*** (TEMPS OU IMPORTANCE).

A. TERMES GÉNÉRAUX

Testez-vous ! (corrigé p. 274)

1. Notre appartement est bien agencé :
> **a.** il est mis en location dans une bonne agence immobilière ☐
> **b.** ses pièces sont intelligemment disposées ☐
> **c.** il se situe dans un cadre agréable ☐
> **d.** sens ignoré ☐

2. Avant de commencer les travaux, il a fallu circonscrire le terrain :
> **a.** l'égaliser, le rendre plat ☐
> **b.** le nettoyer, en enlever herbes et objets ☐
> **c.** marquer ses limites ☐
> **d.** sens ignoré ☐

3. On visite cette ville pour son enceinte :
> **a.** son jardin public ☐
> **b.** le mur qui la clôture ☐
> **c.** son vieux quartier ☐
> **d.** sens ignoré ☐

4. La porte latérale est fermée à clef :
> **a.** principale ☐
> **b.** qui se trouve sur le côté ☐
> **c.** de secours ☐
> **d.** sens ignoré ☐

5. Les deux maisons sont séparées par un mur mitoyen :
> **a.** commun aux deux maisons ☐
> **b.** construit à mi-hauteur ☐
> **c.** appartenant à la municipalité ☐
> **d.** sens ignoré ☐

6. J'habite à proximité du centre :
> **a.** en plein centre de la ville ☐
> **b.** à l'écart de la ville ☐
> **c.** à peu de distance du centre ☐
> **d.** sens ignoré ☐

7. L'enfant admire cette voiture spacieuse :
> **a.** vue dans un film, qui peut aller dans l'espace ☐
> **b.** où l'on a beaucoup de place ☐
> **c.** très chère ☐
> **d.** sens ignoré ☐

Utilisez vos connaissances (corrigé p. 274)

À l'aide de la définition en italique, complétez chaque phrase avec l'un des mots placés dans l'encadré ci-dessous. Attention aux accords et aux conjugaisons ! Au lieu d'hésiter, consultez le vocabulaire des pages 28 et 29 !

☐ agencer	☐ un écart	☐ infini	☐ une perspective
☐ une aire	☐ une échelle	☐ un interstice	☐ la proximité
☐ un champ	☐ une enceinte	☐ un intervalle	☐ repérer
☐ circonscrire	☐ un environnement	☐ latéral	☐ spacieux
☐ délimiter	☐ une étendue	☐ mitoyen	☐ une superficie

1. *Rapport entre la distance représentée sur une carte et la distance réelle sur le terrain.*
Les cartes de l'Institut géographique national, à très grande ...., donnent de nombreux détails sur les terrains.

2. *Qui n'a réellement aucune borne, aucune limite.*
Le poète rêve face à l'océan qui lui semble ....

3. *Endroit où vit un individu et les personnes qui l'entourent.*
Les habitants des banlieues vivent dans un .... qui n'est pas satisfaisant.

4. *Domaine où s'exerce l'activité de quelqu'un.*
Son travail n'ayant donné aucun résultat, ce scientifique a élargi le .... de ses recherches.

5. *Espace fermé par un mur qui le clôture.*
À Avignon, Gilles vit à l'intérieur des remparts, dans l' .... de la vieille ville.

6. *Tracer la limite d'un espace.*
Un employé du complexe sportif .... le terrain de basket avec de la peinture.

7. *Tout petit espace entre deux éléments.*
Juliette, surprise dans sa lecture, glissa rapidement sa lettre dans un .... entre le mur et les étagères.

8. *Qui est commun à deux maisons ou à deux terrains.*
On entend la radio de nos voisins car les deux maisons ont un mur ....

9. *Surface plane.*
Les techniciens doivent quitter l'............ de lancement deux heures avant la fin du compte à rebours.

10. *Règles qui permettent de donner au dessin une impression de volume.*
Cela fait peu de temps que les dessins d'Arthur ne représentent plus tous les éléments sur le même plan, sans ....

11. *Surface ou espace.*
Les vastes .... désertiques ne sont pas très accueillantes !

12. *Marquer précisément un lieu avec des signes.*
Le Petit Poucet avait .... le chemin qu'il avait pris à l'aide de petits cailloux.

13. *Fait d'être proche, à peu de distance.*
Victor et Mélanie regrettent qu'il n'y ait aucune piscine à .... de leur domicile, pour Arthur qui aime nager.

14. *Nombre qui caractérise une surface.*
Certes, il ne vit que dans un studio, mais celui-ci a une .... de 40 m^2.

15. *Espace entre deux éléments.*
L' .... entre l'évier et le mur est trop petit pour qu'on y place un lave-linge.

16. *Qui se trouve sur le côté.*
Des ouvriers sont en train de refaire les portes .... de la cathédrale.

17. *Disposer des lieux selon une certaine organisation.*
L'aéroport de Roissy est .... de façon circulaire.

18. *Où l'on ne manque pas de place, où l'on est au large.*
Quittant notre petit appartement, nous emménageons dans un logement plus ....

19. *Distance que l'on établit entre deux points en les éloignant l'un de l'autre.*
Le professeur de gymnastique nous conseille d'augmenter l' .... entre nos deux pieds pour être plus stables.

20. *Tracer une ligne tout autour d'un espace.*
Des flotteurs .... l'espace dans lequel les enfants peuvent se baigner.

*Les remparts **circonscrivent** la vieille ville dans son **enceinte**, **délimitant** une **étendue** peu **spacieuse**.*

VOCABULAIRE

AGENCER [verbe]

*L'architecte a vraiment bien **agencé** cet appartement.*

DÉF. : a bien disposé les pièces = arrangé.

◆ Famille – *L'**agencement** d'un appartement – L'**agencement** d'un récit : son organisation.*

UNE AIRE [nom]

1. *Les passagers aperçoivent l'**aire** d'atterrissage.*

DÉF. : surface plane.

2. *Calculez l'**aire** de ce trapèze* (GÉOMÉTRIE).

DÉF. : mesure d'une surface limitée = la superficie.

3. *L'aigle se pose sur son **aire**.*

DÉF. : nid de l'aigle ou du vautour.

UN CHAMP [nom]

1. *Des **champs** de tournesols couvraient la campagne.*

DÉF. : étendues de terre cultivées ou cultivables.

2. *Un **champ** de foire, un champ de course, un champ de bataille…*

DÉF. : espaces destinés à un usage précis = un emplacement.

3. *« Tu es hors de mon **champ** visuel. »*

DÉF. : partie de l'espace vue par l'œil immobile.

◆ Famille – *Une vie **champêtre** :* à la campagne = rustique.

◆ Expressions, locutions – ***Champ d'action :*** domaine où peut s'étendre l'activité de quelqu'un – ***Prendre du champ :*** prendre de la distance pour mieux voir un ensemble ou mieux réfléchir – ***Prendre la clé des champs :*** s'éloigner rapidement, partir = s'enfuir – ***Sur-le-champ :*** tout de suite, aussitôt – ***À tout bout de champ :*** de façon répétée, sans arrêt = à tout propos ≠ rarement.

CIRCONSCRIRE [verbe]

*Le propriétaire **a circonscrit** son terrain par une clôture.*

DÉF. : a tracé les limites tout autour de son terrain = a délimité (conjug. : comme ***écrire***).

◆ Famille – *Une **circonscription** :* division administrative du territoire.

◆ Expression – ***Circonscrire** un incendie :* l'empêcher de s'étendre.

DÉLIMITER [verbe]

*Une série de piquets **délimite** le champ.*

DÉF. : en trace les limites.

◆ Famille – *La **délimitation** du champ.*

◆ Expression – ***Délimiter** le pouvoir de quelqu'un :* en fixer les limites = définir.

UN ÉCART [nom]

*« Pour que ton cercle soit plus grand, tu dois augmenter l'**écart** entre les deux branches de ton compas. »*

DÉF. : distance établie entre deux éléments que l'on éloigne l'un de l'autre = l'intervalle, l'éloignement ≠ le rapprochement.

N.B. – *Faire un **écart** pour éviter un accident :* action de s'éloigner de la direction normale – *Faire le grand **écart**, en danse* (MOUVEMENT).

◆ Famille – ***Écarter** – Un **écartement** :* action d'écarter, distance entre deux choses – ***Écarteler** :* tirer dans des directions opposées – *Un **écartèlement**.*

UNE ÉCHELLE [nom]

1. *Une carte à une **échelle** de 1/500ᵉ est facile à lire.*

DÉF. : rapport entre la distance représentée sur la carte et la distance sur le terrain.

2. *L'importance d'un tremblement de terre est indiquée par les divisions de l'**échelle** de Richter.*

DÉF. : indications chiffrées sur un instrument de mesure = la graduation.

UNE ENCEINTE [nom]

1. *Autrefois, une **enceinte** de fossés empêchait l'accès aux châteaux forts.*

DÉF. : ce qui entoure un espace, comme une clôture.

2. *Les athlètes s'entraînent dans l'**enceinte** du stade.*

DÉF. : l'espace clos lui-même = un enclos.

◆ Famille – ***Ceindre** une couronne :* mettre autour de sa tête – *Une **ceinture**.*

UN ENVIRONNEMENT [nom]

1. *Cette résidence est située dans un **environnement** agréable.*

DÉF. : espace qui entoure une ville ou un endroit quelconque = un cadre.

2. *L'**environnement** dans lequel vit cet enfant est déplorable.*

DÉF. : l'endroit où il vit et les personnes qui l'entourent = le cadre de vie.

3. *Ce zoo reconstitue l'**environnement** naturel.*

DÉF. : ensemble des éléments du milieu.

◆ Famille – *Les **environs** :* les alentours – *Les bois **environnent** le village* – *Il est **environné** d'amis :* entouré de – *La campagne **environnante** :* proche, voisine.

N.B. – *Il pèse **environ** 50 kg (adverbe)* : à peu près.

UNE ÉTENDUE [nom]
*Le Luxembourg est de faible **étendue**.*
DÉF. : dimension d'une surface = la superficie.
N.B. – *L'**étendue** d'une catastrophe* : sa gravité.

◆ Famille – ***S'étendre*** (conjug. : comme rendre) – *Notre jardin **s'étend** sur 300 m²* : occupe un espace de 300 m².

(L') INFINI [nom masc. ou adj. qual.]
1. *L'astronome observe l'**infini**.*
DÉF. : ce qui n'a aucune borne, aucune limite.
2. *L'espace est **infini**.*
DÉF. : illimité ≠ fini, limité, borné.
N.B. – *Une patience **infinie*** : immense ≠ limitée (IMPORTANCE) – *Une attente **infinie*** : qui n'a pas de fin = interminable (TEMPS) – ***Infiniment***.

◆ Famille – *Une **infinité** d'étoiles* : une très grande quantité.

UN INTERSTICE [nom]
*Les **interstices** des volets laissent passer le jour.*
DÉF. : tout petits espaces vides entre les diverses parties d'un même objet = les fentes.

UN INTERVALLE [nom]
*«Laissons un **intervalle** entre le lit et le mur pour une table de nuit.»*
DÉF. : espace entre deux éléments = un écart.
N.B. – *À six heures d'**intervalle*** (TEMPS).

LATÉRAL [adj. qual.]
*«Veuillez sortir par les portes **latérales**.»*
DÉF. : qui se trouvent sur les côtés.

◆ Famille – ***Latéralement*** – *Un stationnement **unilatéral*** : autorisé d'un seul côté – *Une décision **unilatérale*** : prise par un seul, sans consulter les autres – ***Unilatéralement*** – *Un accord **bilatéral*** : entre deux partenaires – ***Bilatéralement*** – *Un triangle **équilatéral*** : dont tous les côtés sont égaux.

MITOYEN (ENNE) [adj. qual.]
*Mes voisins sont bruyants, je les entends derrière notre mur **mitoyen**.*
DÉF. : qui est commun à deux maisons ou à deux terrains.

◆ Famille – *La **mitoyenneté**.*

LA PERSPECTIVE [nom]
1. *Le professeur de dessin nous a appris à représenter une allée en **perspective**.*
DÉF. : règles qui permettent de représenter sur une surface plane des volumes comme les voit l'œil.
2. *Du sommet du Mont-Blanc on découvre une superbe **perspective**.*
DÉF. : espace vu à distance = un panorama.
N.B. – *Avoir de bons moments **en perspective*** : à venir, en vue (TEMPS).

LA PROXIMITÉ [nom]
*J'ai choisi cette maison en raison de la **proximité** d'un centre commercial.*
DÉF. : fait d'être proche, à peu de distance ≠ l'éloignement.
N.B. – *La **proximité** de ses examens l'angoisse* : le fait qu'ils soient proches (TEMPS).

◆ Locution – ***À proximité*** : tout près, à côté.

REPÉRER [verbe]
1. *Lors des dernières crues du fleuve, le niveau de l'eau **a été repéré**.*
DÉF. : a été inscrit par un signe qui restera ensuite = a été marqué.
2. *Sur sa carte d'état-major, le général **repère** la position ennemie.*
DÉF. : trouve précisément en s'aidant d'indications qu'il a reçues = situe.
N.B. – ***Repérer** quelqu'un ou quelque chose* (fam.) : apercevoir.

◆ Famille – *Un **repère** – Un **repérage*** : action de repérer – *Un avion **repérable*** : dont on peut trouver la position – *Un point de **repère*** : un élément choisi pour permettre de se retrouver dans un endroit précis et convenu.

◆ Expression – *Se faire **repérer*** : attirer l'attention sur soi (fam.).

SPACIEUX (EUSE) [adj. qual.]
*Nous disposons d'un logement très **spacieux**.*
DÉF. : où l'on ne manque pas de place, où l'on est au large = vaste ≠ exigu (exiguë).

◆ Famille – *Un **espace** – **Spacieusement**.*

LA SUPERFICIE [nom]
*15 m² : telle est la **superficie** de ce studio !*
DÉF. : mesure d'une surface = une aire.

◆ Famille – *Des brûlures **superficielles*** : en surface seulement, mais pas en profondeur.

◆ Expression – *Des idées **superficielles*** : qui s'arrêtent à la surface des choses et qui manquent de profondeur.

(corrigé p. 274)

1. Chut ! Ne le dites pas à votre professeur de mathématiques, mais 3 x 2 = ... 3 !
Voici deux séries de trois phrases. Un mot de sens voisin aurait pu être utilisé dans chaque série, à la place des mots en gras. Lequel ? Si nécessaire, allez voir aussi le vocabulaire des pages 34 et 35.

Série a.
– La vie **campagnarde** tente beaucoup les gens de la ville.
– Son exploitation **agricole** lui demande du travail.
– Se lever à l'apparition du soleil est une habitude **paysanne.**

Réponse : ....

Série b.
– L'**intervalle** entre le lit et le mur permet qu'on y mette une table de nuit !
– La **zone** sans arbres au milieu de la forêt l'éclairait.
– Les hommes envisagent de pouvoir vivre dans le **cosmos.**

Réponse : ....

2. Les antonymes (mots de sens contraire). Complétez chacune des phrases suivantes avec un antonyme du mot en gras.

a. Ne crois pas que cet homme est un **autochtone** : c'est un ....

b. Sa maison ne se trouve pas en **aval** de Toulouse ; au contraire, elle se trouve en ....

c. Tu croyais qu'il vivait aux **confins** de l'agglomération ? Mais non, il vit en plein .... !

d. Nous pensons que l'univers est **infini** ; peut-être est-il en fait ....

e. Les Britanniques sont tous des **insulaires** ; la plupart des Français sont des ....

f. Il n'y avait aucune école à **proximité** ; j'ai été inscrit dans un établissement dont l'............ pose problème.

g. La vie **rurale** a des agréments que n'a pas la vie ....

h. Moi qui rêvais d'un appartement **spacieux,** je me suis retrouvé dans une chambre ....

B. SUR TERRE ET DANS L'ESPACE

Testez-vous ! (corrigé p. 274)

1. Découragé par ses échecs dans son pays, il décida d'aller vivre aux antipodes :

      a. dans un pays dont le mode de vie est totalement différent ☐
      b. dans un endroit diamétralement opposé sur le globe ☐
      c. sur un autre continent ☐
      d. sens ignoré ☐

2. Les peuples autochtones de ce continent sont menacés :

      a. nés et vivant sur ce continent ☐
      b. qui vivent de leur propre production ☐
      c. nomades, qui se déplacent ☐
      d. sens ignoré ☐

3. Pour aller le voir, j'aurai bien deux heures de route : il vit aux confins du département :

      a. à la limite du département, près d'un département voisin ☐
      b. en plein milieu du département ☐
      c. dans un département voisin ☐
      d. sens ignoré ☐

4. Les insulaires sont nombreux dans le monde :

      a. ceux qui vivent sur la terre ferme ☐
      b. ceux qui vivent sur une île ☐
      c. ceux qui préfèrent vivre sur l'eau ☐
      d. sens ignoré ☐

5. Le vaisseau spatial a été placé en orbite :

      a. dans une vitrine, pour être exposé ☐
      b. en attente dans un hangar ☐
      c. sur une ligne courbe et fermée, autour de la Terre ☐
      d. sens ignoré ☐

6. La vie rurale n'est pas toujours facile :

      a. dans les rues ☐
      b. sans confort ☐
      c. à la campagne ☐
      d. sens ignoré ☐

7. Les ingénieurs surveillent la trajectoire de la fusée :

      a. sa position dans le ciel ☐
      b. la ligne selon laquelle elle se déplace ☐
      c. le point vers lequel elle se dirige ☐
      d. sens ignoré ☐

Utilisez vos connaissances (corrigé p. 274)

À l'aide de la définition en italique, complétez chaque phrase avec l'un des mots placés dans l'encadré ci-dessous. Attention aux accords et aux conjugaisons ! S'il y a lieu de consulter le vocabulaire des pages 34 et 35, n'hésitez pas !

☐ un abîme	☐ citadin	☐ insulaire	☐ un site
☐ une agglomération	☐ les confins	☐ limitrophe	☐ spatial
☐ les antipodes	☐ le cosmos	☐ une orbite	☐ une trajectoire
☐ autochtone	☐ une étoile	☐ un pôle	☐ le zénith
☐ un aval	☐ un horizon	☐ rural	☐ une zone

1. *Qui concerne la ville.*
Pour Juliette et Grégoire, la vie .... est plus attrayante que la vie à la campagne.

2. *Habitant né dans un pays et y vivant.*
Après la découverte du Nouveau Monde, les populations .... ont été presque entièrement exterminées.

3. *Situation géographique.*
Les châteaux du Moyen Âge étaient construits sur des .... que les ennemis pouvaient difficilement atteindre.

4. *Ensemble formé par une ville et sa banlieue.*
La deuxième .... française est celle de Lyon.

5. *Astre qui brille par sa lumière propre.*
Rien n'est plus agréable, l'été, que de dormir sous les ....

6. *Partie inférieure d'un fleuve, en descendant vers l'embouchure.*
La Garonne, en .... de Bordeaux, change de nom : elle est appelée la Gironde.

7. *Qui se situe à la campagne.*
Lassés de la vie urbaine, Victor et Mélanie ont loué un gîte .... pour s'y reposer.

8. *Gouffre profond dont on ne voit pas le fond.*
Victor Hugo aimait contempler les .... creusés dans les flots par la tempête.

9. *Qui est en rapport avec l'espace.*
Les premiers pas de l'homme sur la Lune ont été une grande victoire de la recherche ....

10. *Habitant d'une île.*
Les habitants de la Guadeloupe et de la Martinique sont des ....

11. *Point qui retient l'attention ou attire vers lui.*
La ville vient de construire un centre de loisirs qui constitue un important .... d'attraction.

12. *Limite de la Terre telle que la voit l'œil.*
Le ciel rougeoyait encore, alors que le soleil avait disparu à l' ....

13. *Point du ciel juste à la verticale de l'observateur.*
Dans *Lucky Luke,* on comprend que le Soleil est à son .... lorsque presque aucune ombre n'apparaît sur le sol.

14. *Ligne décrite par un objet en mouvement.*
Les bons joueurs de golf contrôlent parfaitement la .... de leur balle.

15. *L'Univers dans son ensemble.*
Les hommes rêvent de connaître le .... dans ses moindres détails ; peut-être n'y parviendront-ils jamais.

16. *Courbe fermée parcourue par un objet.*
La Lune, satellite de la Terre, parcourt une .... autour de celle-ci.

17. *Lieu situé diamétralement à l'opposé d'un autre point, sur le globe.*
Le continent antarctique se situe aux .... de l'océan arctique.

18. *Simple indication d'un espace délimité.*
Sur la photo, une .... d'ombre empêche de distinguer le deuxième personnage.

19. *Partie extrême d'un territoire, à la frontière d'une autre région.*
En Thaïlande, je n'ai pas pu rencontrer mon vieil ami, car il vit aux .... du pays, près de la frontière birmane.

20. *Qui a une limite commune avec un autre territoire.*
La région Nord-Pas-de-Calais est .... de la Belgique.

Une **zone** forestière borde le village apportant à ce **site rural** un charme apprécié des **autochtones.**

VOCABULAIRE

UN ABÎME [nom]

Du haut de la paroi verticale, l'alpiniste a failli tomber dans un abîme.

DÉF. : cavité profonde dont on ne voit pas le fond = un précipice ≠ un sommet.

◆ Famille – *L'avion s'est abîmé en pleine mer :* y est tombé comme dans un abîme.

UNE AGGLOMÉRATION [nom]

1. *Dans une agglomération, la vitesse est limitée.*

DÉF. : ensemble de maisons.

2. *L'agglomération parisienne regroupe près du dixième de la population française.*

DÉF. : ensemble formé par une ville, ses banlieues et les villes qui les touchent.

◆ Famille – *Agglomérer :* réunir en une masse compacte – *Une planche en aggloméré :* faite de petits morceaux de bois pressés ensemble.

UN ANTIPODE [nom]

L'Australie est aux antipodes de l'Europe (mot employé surtout au pluriel).

DÉF. : région diamétralement opposée à l'Europe, sur le globe.

(UN) AUTOCHTONE [nom ou adj. qual.]

1. *Dans les pays où je voyage, j'aime rencontrer les autochtones.*

DÉF. : habitants nés dans le pays où ils vivent = les indigènes ≠ les étrangers (étrangères).

2. *Les Indiens d'Amérique constituent un peuple autochtone.*

DÉF. : originaire du pays ≠ immigré.

L'AVAL [nom masc.]

Par rapport à Tours, la ville de Nantes est située sur la Loire, vers l'aval.

DÉF. : direction vers laquelle descend un cours d'eau ≠ l'amont.

◆ Famille – *Une avalanche :* coulée de neige qui descend vers la vallée – *Une vallée – Dévaler :* descendre très rapidement.

◆ Locution – *En aval de Tours :* au-delà de Tours en descendant le fleuve.

(UN) CITADIN [nom ou adj. qual.]

1. *Les citadins envient souvent les habitants des campagnes.*

DÉF. : habitants des villes ≠ les campagnards.

2. *Certains préfèrent la vie citadine.*

DÉF. : de la ville = urbaine.

◆ Famille – *La cité :* ville importante – *Une cité ouvrière, universitaire :* groupe d'immeubles.

◆ Locution – *Avoir droit de cité dans une association :* y avoir une place et pouvoir y agir.

LES CONFINS [nom masc. plur.]

L'Alsace et la Lorraine se situent aux confins de la France.

DÉF. : partie extrême d'un territoire à la frontière d'un autre pays = une extrémité ≠ un centre.

◆ Famille – *Notre terrain confine à la rivière :* touche la rivière = côtoie.

LE COSMOS [nom]

1. *Le système solaire n'occupe qu'une minuscule partie du cosmos.*

DÉF. : l'univers dans son ensemble = l'Univers.

2. *Dans ce film de science-fiction, la navette spatiale traverse le cosmos en un éclair.*

DÉF. : l'espace compris entre les étoiles = l'Espace.

◆ Famille – *Le préfixe cosmo- signifie « univers ordonné »* – *Un être cosmopolite :* qui se considère chez lui partout dans le monde – *Une ville cosmopolite :* qui est habitée par des gens venant de nombreux pays.

UNE ÉTOILE [nom]

La nuit tombe, et les étoiles apparaissent.

DÉF. : astres qui brillent par leur lumière propre.

◆ Famille – *Étoilé :* garni d'étoiles – *Étoiler – La lumière stellaire :* des étoiles – *L'espace interstellaire :* qui est compris entre les étoiles – *Une constellation :* un groupe d'étoiles.

UN HORIZON [nom]

1. *La mer et le ciel semblent se confondre à l'horizon.*

DÉF. : limite de ce que l'on voit de l'endroit où l'on se trouve.

2. *Du haut de la montagne on découvre un horizon magnifique.*

DÉF. : espace immense = une étendue.

◆ Famille – *Une table horizontale* (≠ un mur vertical) – *Horizontalement – L'horizontalité.*

◆ Expressions – *La lecture de cet article m'a ouvert de nouveaux horizons :* m'a donné de nouvelles idées ou connaissances, de nouvelles perspectives – *Faire un tour d'horizon :* passer en revue tous les éléments d'une situation.

(UN) INSULAIRE [nom ou adj. qual.]
1. *Les Britanniques sont un peuple insulaire.*
DÉF.: qui habite une île ≠ continental.
2. *Les insulaires guadeloupéens sont français.*
DÉF.: habitants d'une île ≠ les continentaux.
   ◆ Famille – *L'insularité:* ce qui est caractéristique d'une île ou de ses habitants.

LIMITROPHE [adj. qual.]
1. *La Belgique est un pays limitrophe de la France.*
DÉF.: qui a une frontière commune avec un autre pays.
2. *La Normandie et la Bretagne sont deux provinces limitrophes.*
DÉF.: qui se touchent = contiguës ≠ éloignées.
   ◆ Famille – *Une limite – Limiter – Délimiter – La limitation d'un pouvoir – Une mesure limitative.*

UNE ORBITE [nom]
La Terre parcourt une orbite autour du Soleil en 365 jours 1/4.
DÉF.: trajectoire courbe et fermée d'un objet sous l'influence d'une force = une révolution.
N.B. – *Les orbites des yeux:* les creux dans lesquels se trouvent les yeux = les cavités – *Des yeux exorbités:* qui paraissent sortir de leurs orbites.
   ◆ Famille – Un déplacement **orbital** (pluriel: ORBITAUX): en orbite.
   N.B. – *Un prix exorbitant:* excessif(ive).

UN PÔLE [nom]
1. *Les pôles Nord et Sud sont des points géographiques.*
DÉF.: points de rencontre de la surface terrestre avec l'axe autour duquel tourne la Terre.
2. *Les Esquimaux vivent au pôle Nord.*
DÉF.: région qui entoure le point du pôle.
   ◆ Famille – *Un climat polaire – Bipolaire:* qui a deux pôles.
   ◆ Expression – *Ses installations touristiques sont un pôle d'attraction pour cette région:* ce qui attire, retient l'intérêt, l'attention.

(UN) RURAL [nom ou adj. qual.]
1. *Les régions rurales se sont peu à peu dépeuplées au xxᵉ siècle.*
DÉF.: qui se situent à la campagne = campagnardes, agricoles ≠ urbaines, citadines.
2. *Les ruraux mènent une vie plus saine que les citadins.*

DÉF.: habitants des campagnes = les paysans ≠ les citadins.
   ◆ Famille – *Un mobilier rustique:* comme on en voit à la campagne = campagnard (et pas forcément ancien!).

UN SITE [nom]
1. *Le site de Paris était favorable au développement d'une grande cité.*
DÉF.: disposition naturelle d'un lieu.
2. *Certaines villes d'Alsace et de Lorraine sont des sites industriels.*
DÉF.: lieux géographiques définis par leur activité principale.
3. *Les Cévennes sont visitées pour leurs très beaux sites.*
DÉF.: lieux naturels considérés d'un point de vue esthétique = les paysages.
   ◆ Famille – *La situation – Situer.*

SPATIAL [adj. qual.]
Un nouvel engin spatial vient d'être lancé.
DÉF.: qui va dans l'espace extra-terrestre.
   ◆ Famille – *Spatio-temporel:* relatif à l'espace et au temps – *Un spationaute.*

LA TRAJECTOIRE [nom]
Arthur suit des yeux la trajectoire du ballon.
DÉF.: ligne suivie par un objet en mouvement.
   ◆ Famille – *Un trajet:* distance parcourue par une personne.

LE ZÉNITH [nom]
C'est le 24 juin que le Soleil est le plus proche du zénith dans nos régions.
DÉF.: point du ciel juste à la verticale de l'observateur ≠ le nadir.
   ◆ Famille – *Un éclairage zénithal:* qui provient d'un point situé à la verticale d'un lieu.

UNE ZONE [nom]
1. *Les zones tropicales sont plus chaudes que les zones polaires!*
DÉF.: parties du globe terrestre délimitées par des cercles parallèles à l'Équateur.
2. *Une zone de forêt longe le village.*
DÉF.: espace de forme allongée = une bande.
3. *Un parc naturel est une zone protégée.*
DÉF.: portion de territoire = une région, un secteur.
N.B. – *La zone, aux alentours d'une ville:* ses quartiers misérables – *Un zonard:* celui qui fréquente ces quartiers.

(corrigé p. 275)

1. Trouvez l'intrus

    a. le cosmos – un délai – une étoile – une orbite – spatial.

    b. agencer – circonscrire – délimiter – différer – repérer.

2. Charades

    a. – Mon premier est une division du temps.
       – On qualifie souvent mon deuxième en disant qu'il est bon ou qu'il est brave
        et parfois qu'il est sale !
       – Mon troisième est une forme poétique chantée.
       – Mon tout est un point géographique.

    b. – Mon premier sert à jouer.
       – Je dors dans mon deuxième.
       – Mon troisième est une note de musique.
       – Mon quatrième est la boisson favorite des Anglais.
       – Mon tout est un verbe se rattachant à l'idée de lieu.

3. Rébus

Le mouvement

La conquête de l'Annapurna

Nous dominons les arêtes vertigineuses qui filent vers l'abîme. En bas, tout là-bas, les glaciers sont minuscules. Les sommets qui nous étaient familiers jaillissent, hauts dans le ciel, comme des flèches.

Brusquement Lachenal me saisit : « Si je retourne, qu'est-ce que tu fais ? »

En un éclair, un monde d'images défile dans ma tête : les journées de marche sous la chaleur torride, les rudes escalades, les efforts exceptionnels déployés par tous pour assiéger la montagne, l'héroïsme quotidien de mes camarades pour installer, aménager les camps… À présent, nous touchons au but ! Dans une heure, deux peut-être… Mon être tout entier refuse. Je suis décidé, absolument décidé ! Aujourd'hui, nous consacrons un idéal. Rien n'est assez grand.

La voix sonne clair : « Je continuerai seul ! »

J'irai seul. S'il veut redescendre, je ne peux pas le retenir. Il doit choisir en pleine liberté.

Mon camarade avait besoin que cette volonté s'affirmât. Il n'est pas le moins du monde découragé ; la prudence seule, la présence du risque lui ont dicté ces paroles. Sans hésiter, il choisit : « Alors, je te suis ! »

Nous allons l'un derrière l'autre, nous arrêtant à chaque pas. Couchés sur nos piolets, nous essayons de rétablir notre respiration et de calmer les coups de notre cœur qui bat à tout rompre.

Maintenant, nous sentons que nous y sommes. Nulle difficulté ne peut nous arrêter. Inutile de nous consulter du regard : chacun ne lirait dans les yeux de l'autre qu'une ferme détermination. Un petit détour sur la gauche, encore quelques pas… (L'arête sommitale se rapproche insensiblement.) Quelques blocs rocheux à éviter. Nous nous hissons comme nous pouvons. Est-ce possible ?…

Mais oui ! Un vent brutal nous gifle.

Nous sommes… sur l'Annapurna. 8 075 mètres.

Notre cœur déborde d'une joie immense. « Ah, les autres ! S'ils savaient ! » Si tous savaient !

Maurice HERZOG,
Annapurna premier 8 000 (1951), © Flammarion.

Sommaire

FICHES D'ENTRÉE

le mouvement [nom]

1. *Les scientifiques étudient le mouvement des astres dans le ciel.*
DÉF. : changement de position dans l'espace en fonction du temps = la trajectoire.

2. *Les mouvements de la foule s'accentuent aux heures de pointe.*
DÉF. : déplacements de personnes ou d'objets.

N.B. – *Un mouvement révolutionnaire* : action d'un groupe pour changer les idées ou la société – *Un mouvement d'horlogerie* : un mécanisme.

◆ Famille – *Mouvoir, se mouvoir* – *Un terrain mouvementé* : qui n'est pas plat ou régulier.

◆ Expressions – *Le premier mouvement* : la réaction la plus spontanée – *Un bon mouvement* : une manifestation de générosité (SENTIMENT) – *Un mouvement de colère* : réaction instinctive de colère, sans réflexion – *Être dans le mouvement* : suivre les idées à la mode, « être dans le vent » – *Une vie mouvementée* : qui est agitée.

◆ Locutions – *En deux temps, trois mouvements* : très rapidement – *Se donner, prendre du mouvement* : remuer, faire de l'exercice.

mouvoir, se mouvoir [nom]

1. *Épuisé, l'alpiniste mouvait son corps avec difficulté.*
DÉF. : le mettait en mouvement = remuait, bougeait.

2. *Cette vieille femme marche encore, mais se meut avec lenteur.*
DÉF. : se déplace.

◆ Conjugaison – *Je meus, il meut, nous mouvons, ils meuvent ; je mouvais ; je mus ; je mouvrai ; que je meuve, que nous mouvions* ; part. passé : *mû,* fém. : *mue,* plur. : *mus.*

◆ Famille – Tous les mots de la famille de *mouvement, mobile. Des sables mouvants* : qui ne sont pas stables.

A. LE MONDE NON VIVANT

Testez-vous ! (corrigé p. 275)

1. La table de camping a des pieds amovibles :
      a. on ne peut les dévisser ☐
      b. on peut les enlever ☐
      c. on peut les replier ☐
      d. sens ignoré ☐

2. Les marchandises sont ballottées :
      a. regroupées en paquets ☐
      b. agitées, secouées en tous sens ☐
      c. déchargées ☐
      d. sens ignoré ☐

3. Sa vieille voiture brinquebale :
      a. a des hoquets parce qu'elle fonctionne mal ☐
      b. cale souvent ☐
      c. penche d'un côté et de l'autre ☐
      d. sens ignoré ☐

4. Sous l'impulsion du choc, je suis tombé :
      a. sous la violence du choc ☐
      b. à cause de la poussée qui m'a déséquilibré ☐
      c. en voulant éviter le choc ☐
      d. sens ignoré ☐

5. La flamme oscille :
      a. va d'un côté et de l'autre ☐
      b. s'éteint ☐
      c. grandit ☐
      d. sens ignoré ☐

6. Mon fauteuil de bureau pivote :
      a. est monté sur des roues ☐
      b. peut basculer ☐
      c. tourne sur lui-même autour d'un axe ☐
      d. sens ignoré ☐

7. Le navire tangue :
      a. se balance de droite à gauche, de tribord à bâbord ☐
      b. chavire ☐
      c. se balance d'avant en arrière ☐
      d. sens ignoré ☐

EXERCICES

Utilisez vos connaissances (corrigé p. 275)

À l'aide de la définition en italique, complétez chaque phrase avec l'un des mots placés dans l'encadré ci-dessous. Attention aux accords et aux conjugaisons ! Au besoin, engouffrez-vous dans le vocabulaire des pages 42 et 43.

☐ affluer	☐ cahoter	☐ une impulsion	☐ pivoter
☐ amovible	☐ converger	☐ s'infléchir	☐ un remous
☐ ballotter	☐ s'ébranler	☐ mobile	☐ une saccade
☐ bifurquer	☐ émerger	☐ obliquer	☐ tanguer
☐ brinquebaler	☐ s'engouffrer	☐ osciller	☐ une trépidation

1. *Pencher d'un côté puis de l'autre, selon un rythme irrégulier.*
Ma vieille 2 CV .... sur les chemins de campagne.

2. *Sortir d'un liquide.*
Arthur a à peine pied, et seule sa tête .... de la piscine.

3. *Se courber vers le bas.*
Il y a trop de vêtements dans la penderie : la tringle ....

4. *Être agité, secoué comme une balle.*
Les œufs risquent de se casser : ils .... dans leur boîte.

5. *Aller régulièrement de part et d'autre d'un point fixe.*
Le professeur Tournesol observe son pendule qui ....

6. *Poussée qui met en mouvement.*
De son index, Arthur donne une .... à sa bille.

7. *Couler en abondance.*
Lors de la rupture du barrage, l'eau .... dans la vallée.

8. *Être secoué, remué, faire de petits sauts.*
La charrette .... sur le mauvais chemin.

9. *Secousse, mouvement brusque qui reprend irrégulièrement.*
L'allumage de la voiture de Victor est mal réglé et elle avance par ....

10. *Se balancer d'avant en arrière.*
Les jeunes éprouvent des sensations fortes dans les manèges qui ....

11. *Tourner sur soi-même.*
Arthur a reçu à Noël un globe terrestre qui .... et lui sert de lampe.

12. *Que l'on peut enlever ou déplacer.*
Mon vélo a un porte-bagages ....

13. *Mouvement tournant dans un liquide ou un fluide.*
Les pêcheurs n'aiment pas que les bateaux provoquent des .... dans l'eau.

14. *Petites secousses rapides et régulières.*
Dans cet appartement parisien, je suis réveillé par les .... du métro.

15. *Se mettre en marche, se mettre en mouvement.*
Le convoi militaire .... lentement.

16. *Se diriger vers un même point comme vers un centre.*
La Mayenne, la Sarthe et le Loir sont trois rivières qui .... pour former la Maine.

17. *Se diviser en deux, former une fourche.*
À l'endroit où la route ...., il faut prendre à droite.

18. *Changer de direction.*
À hauteur de la boulangerie, il faut .... à gauche pour parvenir à la mairie.

19. *Qui peut changer de place, être déplacé.*
Nous installons des panneaux .... pour notre exposition.

20. *Entrer, pénétrer brutalement.*
Lorsque Mélanie ouvrit la porte, le vent .... dans la maison.

*Grégoire, pris dans un **remous**, **ballotté** par les vagues, a beaucoup de mal à **émerger**.*

41

VOCABULAIRE

AFFLUER [verbe]
1. *Le sang **afflue** vers le cœur.*
DÉF. : coule en abondance ≠ reflue.
2. *Les manifestants **affluèrent** vers la place centrale.*
DÉF. : arrivèrent en grand nombre ≠ refluèrent.

◆ Famille – *Un **afflux** de sang* – *L'**affluence** dans les magasins* – *Un **affluent** :* cours d'eau se jetant dans un autre – *Le **flux** et le **reflux** de la mer.*

AMOVIBLE [adj. qual.]
1. *Mélanie a choisi ce canapé parce que ses housses sont **amovibles**.*
DÉF. : peuvent être enlevées facilement.
2. *Certains fonctionnaires sont **amovibles**.*
DÉF. : peuvent être déplacés ou privés de leur fonction ≠ inamovibles.

◆ Famille – Tous les mots de la famille de ***mouvoir*** et de ***mobile*** – *Un juge **inamovible** ; son **inamovibilité**.*

BALLOTTER [verbe]
1. *La mer agitée nous **ballotte** dans le bateau.*
DÉF. : fait aller dans un sens, puis dans l'autre, comme des balles = secoue.
2. *Le saxophone **ballotte** dans un étui trop grand.*
DÉF. : est agité, secoué en tous sens = remue.

◆ Famille – *Un **ballottement*** – *Une **balle**.*

BIFURQUER [verbe]
1. *« Là où la route **bifurque**, tu prendras à gauche ».*
DÉF. : se divise en deux, forme une fourche = se dédouble.
2. *Gabriel n'a pu éviter l'autobus qui a brusquement **bifurqué**.*
DÉF. : a quitté sa direction pour en prendre une autre = a changé de voie.

◆ Famille – *La **bifurcation** d'une route.*

BRINQUEBALER [verbe]
(On dit aussi « bringuebaler » ou « brimbaler »).
*La charrette **brinquebale** sur les mauvaises routes.*
DÉF. : se balance avec des mouvements irréguliers.

◆ Famille – *Le **brinquebalement** d'une voiture* – *Une voiture **brinquebalante**.*

CAHOTER [verbe]
1. *Sur cette route forestière, la voiture nous **cahotait**.*
DÉF. : nous secouait en nous faisant faire de petits sauts = ballottait.

2. *L'autocar **cahote** sur les pistes du désert.*
DÉF. : est secoué, brinquebalé.

◆ Famille – *Un **cahot** :* la secousse elle-même – *Un autocar **cahotant*** – *Un chemin (une route) **cahoteux(euse)** :* inégal et qui provoque des cahots.

CONVERGER [verbe]
*La plupart des voies ferrées françaises **convergent** vers Paris.*
DÉF. : se dirigent vers un même point = se concentrent ≠ divergent.

◆ Famille – *La **convergence** des voies ferrées* – *Des lignes **convergentes**.*

ÉBRANLER, S'ÉBRANLER [verbe]
1. *L'avion passant le mur du son **ébranla** les vitres.*
DÉF. : fit vibrer violemment = secoua.
2. *Le vieil autobus **s'ébranla** lentement.*
DÉF. : se mit en marche, en mouvement = démarra ≠ s'arrêta.
N.B. – ***Ébranler*** *les convictions de quelqu'un :* les rendre moins fermes.

◆ Famille – *L'**ébranlement** des vitres* – ***Branler** :* une chaise qui branle – *Une chaise **branlante*** – *Mettre en **branle** une cloche.*

ÉMERGER [verbe]
1. *Les icebergs n'**émergent** que du cinquième de leur hauteur.*
DÉF. : sortent au-dessus de la surface de l'eau ≠ sont immergés.
2. *Le chef **émergea** de la foule des manifestants.*
DÉF. : sortit et se distingua = apparut ≠ disparut.

◆ Famille – *L'**émergence** d'un iceberg.*

ENGOUFFRER, S'ENGOUFFRER [verbe]
1. *En un éclair, l'eau **s'engouffra** dans les rues.*
DÉF. : pénétra avec violence = envahit.
2. *Le voleur **s'engouffre** dans une entrée d'immeuble.*
DÉF. : pénètre précipitamment = se jette dans ≠ sort.
N.B. – ***Engouffrer*** *une tarte entière :* l'avaler très vite = dévorer.

◆ Famille : *Un **gouffre** :* un trou énorme, très large et très profond (LIEU).

UNE IMPULSION [nom]
*Le choc communiqua une **impulsion** à la voiture en stationnement.*
DÉF. : poussée qui provoqua un mouvement.

N.B. – *Céder à ses **impulsions** :* agir sans réflexion – ***Impulsif (ive)** :* irréfléchi. – *L'**impulsivité**, les **pulsions*** (CARACTÈRE).

◆ Famille – ***Propulser** :* faire avancer par une poussée – *La **propulsion** – Prendre, tâter le **pouls** :* battement des artères dû aux poussées de sang envoyé par le cœur – *Les **pulsations** du cœur.*

INFLÉCHIR, S'INFLÉCHIR [verbe]
1. *Le soleil semble **infléchir** sa course vers l'Ouest.*
DÉF. : prendre une certaine direction de manière à former une courbe = incliner ≠ redresser.
2. *Les étagères surchargées **s'infléchissent**.*
DÉF. : plient en se courbant vers le bas = s'affaissent ≠ se redressent.

◆ Famille – *Il sent ses genoux **fléchir** – La **flexion** du genou.*
N.B. – *Les **inflexions** de la voix :* ses changements d'accent ou de ton (SENSATION).

(UN) MOBILE [nom ou adj. qual.]
1. *Je me suis acheté un classeur à feuillets **mobiles**.*
DÉF. : que l'on peut enlever ou remettre comme on veut = amovibles.
2. *Par définition, les peuples nomades sont des populations **mobiles**.*
DÉF. : qui se déplacent sans cesse = itinérantes ≠ fixes, sédentaires.
3. *Des **mobiles** décorent sa chambre.*
DÉF. : objets, corps en mouvement.
N.B. – *une fête **mobile** :* dont la date peut changer ≠ fixe (TEMPS) – *Un visage **mobile** :* dont les expressions changent rapidement ≠ figé (GESTE) – *Un **mobile*** (RAISONNEMENT).

◆ Famille – *La **mobilité** des nomades – Le **mobilier** :* ensemble des meubles déplaçables – *Des biens **immobiliers** – Des immeubles – **Mobiliser** des soldats :* les rappeler à l'approche d'un conflit. – *La **mobilisation** – Une automobile.*
N.B. – ***Mobiliser** ses connaissances :* y faire appel.

OBLIQUER [verbe]
1. *Sur les écrans radars, on vit très bien l'avion **obliquer** vers l'Est.*
DÉF. : changer de direction = dévier.
2. *«Après l'église, tu **obliques** à droite et tu y es !»*
DÉF. : même sens pour une personne.

◆ Famille – *Une ligne **oblique**, une **oblique** :* une ligne droite qui s'écarte de la verticale ou de l'horizontale – ***Obliquement**.*

OSCILLER [verbe]
*L'aiguille de la boussole **oscille** sur son axe.*
DÉF. : bouge régulièrement de part et d'autre d'un point fixe.

◆ Famille – *Une **oscillation** – **Oscillant** – Un mouvement **oscillatoire**.*

PIVOTER [verbe]
1. *Gabriel a acheté un fauteuil de bureau qui **pivote**.*
DÉF. : tourne sur lui-même autour d'un axe.
2. *Vexé, Arthur **pivote** sur ses talons et s'en va.*
DÉF. : tourne sur place = tourne les talons.

◆ Famille – *Le **pivot** d'une boussole :* axe vertical autour duquel oscille l'aiguille – *Un fauteuil **pivotant**.*

UN REMOUS (avec un s au singulier) [nom]
1. *Le passage du bateau provoque des **remous**.*
DÉF. : mouvement tournant dans un liquide ou un fluide = un tourbillon.
2. *Aux déclarations du témoin, il y eut des **remous** dans la salle.*
DÉF. : mouvements désordonnés d'une foule.

UNE SACCADE [nom]
*Le robot avance par **saccades**.*
DÉF. : mouvements brusques et irréguliers qui s'arrêtent pour reprendre ensuite = des secousses.

◆ Famille – *Un rythme **saccadé**.*

TANGUER [verbe]
1. *La mer est forte et le navire **tangue**.*
DÉF. : se balance d'avant en arrière.
2. *Il se sentait mal ; tout **tanguait** autour de lui.*
DÉF. : semblait bouger d'un côté sur l'autre.

◆ Famille – *Le **tangage** d'un navire* (le mouvement de gauche à droite est le roulis).

UNE TRÉPIDATION [nom]
*Les **trépidations** du train me bercent.*
DÉF. : petites secousses très rapides et régulières.

◆ Famille – *Je sens le train **trépider** – Un marteau piqueur **trépidant**.*

POUR EN SAVOIR PLUS

Connaissez-vous le sens de tous les verbes de mouvement présentés dans les tableaux ci-dessous ? Attention ! Tous n'ont pas été traités.

MODES DE DÉPLACEMENT	**départ d'un mouvement**	s'ébranler ; enclencher ; donner une impulsion ; jaillir ; propulser ; se propulser.
	indication de la marche	arpenter ; côtoyer ; déambuler ; errer ; trotter.
	indication de course rapide	s'engouffrer ; filer ; foncer sur ; se ruer sur.
	indication de fuite rapide	décamper ; déguerpir ; détaler ; s'esquiver ; se faufiler.
CHANGEMENT DANS LE MOUVEMENT	**changement de direction ou de lieu**	bifurquer ; dévier ; faire volte-face ; infléchir sa course ; obliquer ; rebrousser chemin.
	changement de volume	se déployer ; se détendre ; se dilater ; gonfler.
AUTRES TYPES DE MOUVEMENTS	**mouvements violents**	choquer ; entrer en collision ; heurter.
	mouvements irréguliers	cahoter ; donner une saccade.
	mouvements répétés plus ou moins rapides	ballotter ; brimbaler/bringuebaler ; cadencer ; osciller ; palpiter ; ricocher ; tanguer ; trépider ; vibrer ; bouillonner ; onduler ; faire des remous.
	mouvements traduisant l'instabilité ou le retour à la stabilité	basculer ; culbuter ; chanceler ; équilibrer ; s'équilibrer ; se rétablir ; vaciller ; zigzaguer.

VERS LE HAUT	↑	accéder ; se cabrer ; croître ; émerger ; ériger ; s'ériger ; se hausser ; se hisser.
VERS LE BAS	↓	s'abattre sur ; s'affaisser ; crouler ; dévaler ; s'écrouler ; fléchir ; fondre sur ; immerger.
PAR RAPPORT À UN POINT	**vers un point** →•	affluer ; converger ; exercer une traction.
	en s'éloignant d'un point •→	diverger ; refluer ; rétrograder.
	d'un point à un autre •←→•	ramper ; transférer ; parcourir ; se déplacer.
MOUVEMENTS EN ROND	◯	pirouetter ; pivoter ; faire une révolution ; faire une rotation ; tortiller ; virevolter ; voltiger.

B. LE MONDE VIVANT

Testez-vous ! (corrigé p. 275)

1. Il arpente le hall d'entrée :
  a. le découvre progressivement ☐
  b. le cherche alors qu'il est devant le bâtiment ☐
  c. le parcourt à grands pas ☐
  d. sens ignoré ☐

2. Les visiteurs **déambulent** dans le musée :
  a. s'y déplacent sans but précis ☐
  b. le parcourent très vite ☐
  c. suivent le guide ☐
  d. sens ignoré ☐

3. Les voleurs déguerpissent :
  a. s'activent pour préparer un cambriolage ☐
  b. cessent leurs activités condamnables ☐
  c. s'enfuient rapidement ☐
  d. sens ignoré ☐

4. Les gamins s'ébattent :
  a. s'agitent en toute liberté pour se détendre ☐
  b. se bagarrent ☐
  c. se dispersent ☐
  d. sens ignoré ☐

5. On vient d'ériger une statue :
  a. de l'abîmer ☐
  b. de la retirer ☐
  c. de la dresser ☐
  d. sens ignoré ☐

6. Le visiteur s'est esquivé :
  a. s'est caché ☐
  b. est parti sans qu'on le voie ☐
  c. s'est excusé puis est parti ☐
  d. sens ignoré ☐

7. Les ennemis ont fondu sur leurs adversaires :
  a. ont perdu la bataille ☐
  b. ont jeté sur eux du liquide bouillant ☐
  c. se sont précipités sur eux ☐
  d. sens ignoré ☐

Utilisez vos connaissances (corrigé p. 275)

À l'aide de la définition en italique, complétez chaque phrase avec l'un des mots placés dans l'encadré ci-dessous. Attention aux accords et aux conjugaisons !
On ne chancelle pas, on ne se cabre pas... on s'élance vers le vocabulaire des pages 48 et 49 !

☐ accéder	☐ côtoyer	☐ s'ébattre	☐ fondre
☐ arpenter	☐ culbuter	☐ un élan	☐ se hisser
☐ se cabrer	☐ déambuler	☐ ériger	☐ palpiter
☐ une cabriole	☐ déguerpir	☐ s'esquiver	☐ vaciller
☐ chanceler	☐ déployer	☐ se faufiler	☐ virevolter

1. *Mouvement qui consiste à se jeter en avant.*
Dans son ...., Grégoire n'a pas pu éviter la barrière et s'est fait mal.

2. *Tomber tête en bas, jambes en l'air.*
Le cavalier a .... par-dessus la tête de son cheval.

3. *Pencher de côté et d'autre comme si on allait tomber.*
À peine guéri, Gabriel veut marcher, mais il est trop faible et il ....

4. *S'en aller en évitant d'être vu.*
Roméo ne fit qu'une apparition à la fête et .... rapidement.

5. *Abandonner la place qu'on occupe.*
Lorsque les propriétaires de la maison apparemment abandonnée arrivent, les enfants ....

6. *Parcourir à grands pas.*
Roméo .... le trottoir en attendant Juliette.

7. *Longer, aller le long de.*
Aux débuts de la navigation, les bateaux se contentaient de .... les terres.

8. *S'introduire, se glisser habilement dans un endroit.*
Pour échapper à ses poursuivants, il .... dans un cortège de manifestants.

9. *Se précipiter vers quelqu'un ou vers quelque chose.*
À Roncevaux, les Sarrasins .... sur Roland et ses compagnons.

10. *Se dresser sur ses pattes de derrière.*
Au Carrousel, à Saumur, on voit les chevaux ....

11. *Perdre l'équilibre et être sur le point de tomber.*
Je vis la vieille dame .... sous la violence du vent.

12. *Marcher sans but précis, en se promenant.*
À Lyon, il est très agréable de .... dans les vieilles rues.

13. *S'élever en faisant des efforts.*
Le petit mousse .... en haut du grand mât.

14. *Se donner librement du mouvement.*
Victor et Mélanie emmènent leurs enfants le dimanche à la campagne pour qu'ils ....

15. *Tourner rapidement sur soi-même ou faire un demi-tour.*
Les clowns .... sur la piste.

16. *Petit saut où l'on tourne sur soi-même.*
L'acrobate amusait la foule en faisant des ....

17. *Frémir, battre.*
Lorsque le vétérinaire arriva, le cœur du cheval .... encore.

18. *Ouvrir et étaler en grand.*
Mélanie .... la nappe sur la table.

19. *Dresser, élever.*
Au temps des pharaons, les Égyptiens ont .... de nombreux obélisques.

20. *Pouvoir entrer, pénétrer.*
Pour .... à ce musée, il faut payer un droit d'entrée particulièrement élevé.

Jouez avec les mots (corrigé p. 275)

À l'aide des définitions suivantes, trouvez 8 verbes de mouvement et placez-les dans l'étoile ci-contre à l'endroit indiqué.

1. Changer de direction.

2. Tomber, tête en bas et jambes en l'air.

3. Ouvrir et étaler en grand.

4. Perdre l'équilibre et être près de tomber.

5. Frémir, être agité de légers mouvements.

6. Éviter adroitement un coup.

7. Bouger rapidement de part et d'autre d'un point fixe.

8. Parcourir à grands pas.

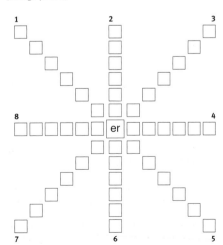

ACCÉDER [verbe]
1. *Les passagers **accèdent** à la salle d'embarquement par un escalier mécanique.*
DÉF. : entrent, pénètrent = ont accès ≠ sortent de.
2. *Ses grandes qualités lui ont permis d'**accéder** à un poste de haut niveau.*
DÉF. : arriver, parvenir à = atteindre.
N.B. – ***Accéder** aux désirs de quelqu'un* : consentir (ACCORD).

◆ Famille – *L'**accès** à une salle* – **Avoir accès** *auprès de quelqu'un* : avoir la possibilité de l'approcher – *L'**accession** au trône, à l'indépendance, à la propriété...* : le fait d'accéder à une situation nouvelle.

ARPENTER [verbe]
*Le futur papa **arpente** le couloir de la maternité.*
DÉF. : marche à grands pas, à grandes enjambées (comme on le fait quand on mesure les dimensions d'une terre) = parcourt (parcourir).
N.B. – ***Arpenter** des terres* : mesurer leurs dimensions.

◆ Famille – *Un **arpent** :* ancienne mesure de surface utilisée à la campagne (entre 20 et 50 ares) – *Un **arpenteur** :* celui qui mesure – *L'**arpentage** des champs* (QUANTITÉ).

CABRER, SE CABRER [verbe]
1. *Le cavalier fait **cabrer** son cheval.*
DÉF. : le fait se dresser sur ses jambes de derrière.
2. *Le pilote **cabre** son avion.*
DÉF. : en relève la partie avant = redresse ≠ abaisse.

◆ Expressions – ***Se cabrer** contre une autorité* : s'y opposer, marquer son refus. – *Cette personne **se cabre*** : s'oppose avec colère = se rebiffe ≠ se montre accommodante, se soumet (se soumettre).

UNE CABRIOLE [nom]
1. *Le petit chevreau fait des **cabrioles** dans la prairie.*
DÉF. : petits bonds légers et désordonnés = des gambades.
2. *Le clown amuse les enfants avec ses **cabrioles**.*
DÉF. : sortes de petits sauts périlleux = des pirouettes.

◆ Famille – ***Cabrioler** :* faire des cabrioles, comme les petits chevreaux appelés aussi cabris – *Un **cabriolet** :* 1) voiture à cheval et à deux roues ; ses mouvements étaient sautillants. 2) automobile décapotable.

CHANCELER [verbe]
*Sous la violence de la gifle, il **chancelle**.*
DÉF. : penche de côté et d'autre comme s'il allait tomber, en perdant l'équilibre = vacille.

◆ Conjugaison – *je **chancelle**, nous **chancelons** ; tu **chancelais** ; il **chancellera**.*

◆ Famille – *Une démarche **chancelante**.*

CÔTOYER, SE CÔTOYER [verbe]
*Dans la fable de La Fontaine, le héron « **côtoyait** une rivière ».*
DÉF. : avançait le long de = longeait.

◆ Famille – *La **côte** :* le rivage de la mer – *Le **côté** :* le bord.

◆ Expression – *Des personnes d'origines différentes **se côtoient** dans certaines banlieues* : vivent près les unes des autres.

CULBUTER [verbe]
1. *Le cycliste **a culbuté** dans le fossé.*
DÉF. : est tombé, tête en bas et jambes en l'air = a basculé.
2. *Le chien, tout fou, **a culbuté** une vieille dame.*
DÉF. : l'a fait tomber brutalement = l'a renversée.

◆ Famille – *Une **culbute**.*

◆ Expression – ***Culbuter** un ennemi, un obstacle* : le mettre à bas, le repousser, le bousculer.

DÉAMBULER [verbe]
*Les touristes **déambulent** à travers la ville.*
DÉF. : marchent sans but précis = errent = se promènent.

◆ Famille – *Les **déambulations** – Un marchand **ambulant** – Une **ambulance** – Un **ambulancier**, une **ambulancière** – Un **somnambule** :* celui qui marche en dormant.

DÉGUERPIR [verbe]
1. *Les chasseurs arrivent et les lapins **déguerpissent**.*
DÉF. : abandonnent très vite la place, par peur = filent = détalent ≠ restent.
2. *Le propriétaire a fait **déguerpir** son locataire.*
DÉF. : abandonner, sous la contrainte, l'occupation du lieu = décamper ≠ demeurer.

DÉPLOYER, SE DÉPLOYER [verbe]
1. *Mon père **déploie** la carte sur la table.*
DÉF. : l'ouvre et l'étale en grand = la déplie ≠ la plie.
2. *Ses ailes **se déployèrent** et l'aigle s'envola.*
DÉF. : s'ouvrirent, s'étendirent ≠ se replièrent.

3. *Le général **déploie** ses troupes.*
DÉF. : dispose sur une plus grande étendue, face à l'ennemi.

◆ Famille – *le **déploiement** des ailes – Rire à gorge **déployée** :* rire aux éclats.

S'ÉBATTRE [verbe]
*Les enfants **s'ébattent** dans le jardin public.*
DÉF. : s'y donnent du mouvement, librement, en toute fantaisie (conjug. comme *battre*).

◆ Famille – *Des **ébats** d'oiseaux – Des **ébats** amoureux.*

UN ÉLAN [nom]
*L'athlète prend son **élan** pour sauter le plus loin possible.*
DÉF. : mouvement consistant à se jeter en avant avec force.

◆ Famille – ***S'élancer :*** se jeter en avant = bondir ≠ reculer – *Une femme **élancée** :* grande et mince.
N.B. – *Un **élancement** :* une douleur brusque, vive – ***Élancer :*** *mon doigt foulé **m'élance**.*

ÉRIGER, S'ÉRIGER [verbe]
1. *La municipalité **a érigé** une statue sur la place centrale.*
DÉF. : l'a élevée ou construite = a dressé ≠ a renversé.
2. *Un obélisque **s'érige** place de la Concorde, à Paris.*
DÉF. : se dresse = s'élève.
N.B. – ***Ériger*** *des règles, un tribunal etc. :* les créer, les fonder = établir.

◆ Famille – ***L'érection*** *d'une statue.*

ESQUIVER, S'ESQUIVER [verbe]
*Victor s'ennuie à cette réception et **s'esquive** rapidement.*
DÉF. : s'en va en évitant d'être vu = s'échappe = file ≠ reste.
N.B. – ***Esquiver*** *une difficulté, un gêneur...* l'éviter adroitement = se soustraire à ≠ affronter (COMPORTEMENT).

◆ Famille – *Une **esquive** :* action d'éviter un coup.

SE FAUFILER [verbe]
1. *Le voleur poursuivi **se faufile** dans la foule et s'y cache.*
DÉF. : s'introduit, se glisse adroitement = se coule.
2. *Le petit train **se faufile** dans la montagne.*
DÉF. : progresse par des lieux étroits.

◆ Famille – *Un **fil** – Une **file** :* suite de personnes ou d'objets placés les uns derrière les autres – *Un **défilé** militaire – **Défiler**.*
N.B. – *Un **défilé** :* passage étroit entre deux montagnes (ESPACE).

FONDRE SUR [verbe]
1. *Le faucon **fond sur** sa proie.*
DÉF. : il s'abat, se jette, se précipite sur sa proie (TERME DE CHASSE).
2. *Les adversaires **fondent sur** lui.*
DÉF. : foncent sur lui = tombent sur, se ruent sur.
N.B. – Ne pas confondre avec ***fondre*** = faire passer à l'état liquide !

HISSER, SE HISSER [verbe]
1. *J'ai eu du mal à **hisser** la valise sur le haut de l'armoire.*
DÉF. : élever en faisant des efforts.
2. *L'évadé **se hisse** difficilement au sommet du mur.*
DÉF. : monte en faisant des efforts = grimpe.
N.B. – À distinguer de ***hausser, se hausser*** (GESTE).

PALPITER [verbe]
*Le cœur de Roméo **palpite**.*
DÉF. : bat irrégulièrement et violemment.

◆ Famille – *Les **palpitations** du cœur, sous l'effet d'un sentiment violent ou d'un malaise. – Un oiseau blessé tout **palpitant**.*

◆ Expression – *Un film **palpitant** :* qui fait battre le cœur, qui crée l'émotion, qui déclenche un grand intérêt = passionnant ≠ ennuyeux, plat.

VACILLER [verbe]
1. *Sous le coup de l'émotion, Amandine **vacille** sur ses jambes.*
DÉF. : est sur le point de perdre l'équilibre et risque de tomber = chancelle.
2. *La flamme de la bougie **vacille**.*
DÉF. : tremble, est sur le point de s'éteindre = tremblote.

◆ Famille – *Une flamme **vacillante** – Les **vacillements**.*

VIREVOLTER [verbe]
*La danseuse **virevolte** sur la scène.*
DÉF. : tourne rapidement sur elle-même ou fait des demi-tours.

◆ Famille – *Les **virevoltes** de la danseuse. – Une robe **virevoltante** – Faire **volte-face** :* se retourner pour faire face.

(corrigé p. 275)

Copiez le tableau ci-dessous sur une feuille ou sur votre cahier.

VERS LE HAUT	↑	
PAR RAPPORT À UN POINT	↓	
PAR RAPPORT À UN POINT	vers un point •►•	
	en s'éloignant d'un point •►	
	d'un point à un autre •◄►•	
MOUVEMENTS EN ROND	⟳	

Après cela, classez les verbes de l'encadré ci-dessous en les plaçant dans la partie vide du tableau.

☐ affluer	☐ cahoter	☐ une impulsion	☐ pivoter
☐ amovible	☐ converger	☐ s'infléchir	☐ un remous
☐ ballotter	☐ s'ébranler	☐ mobile	☐ une saccade
☐ bifurquer	☐ émerger	☐ obliquer	☐ tanguer
☐ brinquebaler	☐ s'engouffrer	☐ osciller	☐ une trépidation

En cas de difficulté, rétrogradez jusqu'à la page 44.

La quantité, la valeur

Une ombre énorme

Après le dîner, comme Jeanne et Julien se disposaient à partir, M. de Fourville les retint encore pour leur montrer une pêche au flambeau.

Il les posta, ainsi que la comtesse, sur le perron qui descendait à l'étang ; et il monta dans sa barque avec un valet portant un épervier et une torche allumée. La nuit était claire et piquante sous un ciel semé d'or.

La torche faisait ramper sur l'eau des traînées de feu étranges et mouvantes, jetait des lueurs dansantes sur les roseaux, illuminait le rideau de sapins. Et soudain, la barque ayant tourné, une ombre colossale, fantastique, une ombre d'homme se dressa sur cette lisière éclairée du bois. La tête dépassait les arbres, se perdait dans le ciel, et les pieds plongeaient dans l'étang. Puis l'être démesuré éleva les bras comme pour prendre les étoiles. Ils se dressèrent brusquement, ces bras immenses, puis retombèrent ; et on entendit aussitôt un petit bruit d'eau fouettée.

La barque alors ayant encore viré doucement, le prodigieux fantôme sembla courir le long du bois, qu'éclairait, en tournant, la lumière ; puis il s'enfonça dans l'invisible horizon, puis soudain il reparut, moins grand mais plus net, avec ses mouvements singuliers, sur la façade du château.

Et la grosse voix du comte criait : «Gilberte, j'en ai huit !»

Les avirons battirent l'onde. L'ombre énorme restait maintenant debout immobile sur la muraille, mais diminuant peu à peu de taille et d'ampleur ; sa tête paraissait descendre, son corps maigrir ; et quand M. de Fourville remonta les marches du perron, toujours suivi de son valet portant le feu, elle était réduite aux proportions de sa personne, et répétait tous ses gestes.

Il avait dans un filet huit gros poissons qui frétillaient.

Guy de MAUPASSANT, *Une vie* (1883).

Sommaire

FICHES D'ENTRÉE

la quantité [nom]

1. *Pour réussir son gâteau, Mélanie met la **quantité** exacte de farine.*
DÉF. : poids ou volume qui peut être mesuré.

2. *Sa collection comporte une grande **quantité** de timbres.*
DÉF. : nombre (ce qui peut être compté).

3. *En sciences, nous étudions les **quantités**.*
DÉF. : tout ce qui peut être mesuré ≠ une qualité.

◆ Famille – ***Quantifier*** (terme scientifique) : déterminer la quantité, la chiffrer – La ***quantification*** – Un changement ***quantitatif :*** en quantité, en nombre – ***Quantitativement*** – « Beaucoup », « peu » sont des ***adverbes de quantité***.
◆ Locutions – ***En quantité :*** en grand nombre – ***Quantité de*** *gens :* un grand nombre de = beaucoup – ***En quantité industrielle :*** en très grande quantité.

la valeur [nom]

1. *La Joconde est un tableau de grande **valeur**.*
DÉF. : importance et prix.

2. *« N'écoute pas ce qu'il dit, ses paroles sont sans **valeur** ».*
DÉF. : intérêt.

3. *« Ajoutez ensuite la **valeur** d'une cuillerée à soupe de cognac ».*
DÉF. : quantité approximative, mal définie.
N.B. – Une ***valeur***, en mathématiques : mesure d'une grandeur ou d'une quantité – Un homme ***de valeur :*** qui a des qualités exceptionnelles, qui est estimable (QUALITÉS).

◆ Famille – *Cette voiture doit **valoir** cher* – *L'expert va **évaluer** le tableau :* fixer son prix – *Sa réussite à l'examen va le **valoriser** ≠ **dévaloriser*** – La ***valorisation*** ≠ la ***dévalorisation*** – *Des résultats **valables*** – ***Valablement***.
N.B. – Un chevalier ***valeureux :*** brave, courageux (QUALITÉS).
◆ Expression – *Se mettre **en valeur** :* souligner ses qualités et montrer son importance = se faire valoir.
◆ Locutions – *Cela **vaut** la peine, le coup de… :* est assez important pour qu'on y consacre des efforts – *Il **vaut** mieux (mieux vaut) que tu partes :* il est préférable que… – ***Vaille que vaille :*** tant bien que mal, difficilement – *Cela ne me dit **rien qui vaille** :* rien qui ait une valeur, rien de bon.

A. LE PLUS

Testez-vous ! (corrigé p. 275)

1. Un problème d'**envergure** :
> **a.** d'une grande importance ☐
> **b.** qui ne mérite pas qu'on s'y arrête ☐
> **c.** qui concerne très peu de gens ☐
> **d.** sens ignoré ☐

2. **Exacerber** la colère de quelqu'un :
> **a.** la faire disparaître ☐
> **b.** la rendre très forte, très vive ☐
> **c.** la contenir ☐
> **d.** sens ignoré ☐

3. Une idée **fondamentale** :
> **a.** que l'on garde au fond de soi sans jamais l'exprimer ☐
> **b.** qui est essentielle et déterminante ☐
> **c.** qui est secondaire et n'a pas d'importance ☐
> **d.** sens ignoré ☐

4. Un geste **insigne** :
> **a.** qui sort de l'ordinaire et retient l'attention ☐
> **b.** qui n'a aucune importance ☐
> **c.** que l'on voit à peine ☐
> **d.** sens ignoré ☐

5. Un récit **outré** :
> **a.** qui est incomplet ☐
> **b.** qui ne présente aucun intérêt ☐
> **c.** qui exagère ce qu'il relate ☐
> **d.** sens ignoré ☐

6. Les enfants **stimulent** leur père :
> **a.** cherchent à l'imiter ☐
> **b.** ont une forte admiration pour lui ☐
> **c.** lui donnent plus de force, d'énergie pour agir ☐
> **d.** sens ignoré ☐

7. Des avantages **substantiels** :
> **a.** dont on bénéficie immédiatement ☐
> **b.** que présentent certaines substances ☐
> **c.** qui sont importants ☐
> **d.** sens ignoré ☐

Utilisez vos connaissances (corrigé p. 275)

À l'aide des définitions en italiques, complétez chaque phrase avec l'un des mots placés dans l'encadré ci-dessous. Attention aux accords et aux conjugaisons ! Si l'ampleur du problème vous effraie, pas de panique ! Puisez dans le vocabulaire des pages 56 et 57... Il a de la valeur !

☐ amplifier	☐ évaluer	☐ insigne	☐ la portée
☐ capital	☐ exacerber	☐ une intensité	☐ prodigieux
☐ croître	☐ un excès	☐ majeur	☐ une profusion
☐ une envergure	☐ une extension	☐ un monceau	☐ stimuler
☐ essentiel	☐ fondamental	☐ outrer	☐ substantiel

1. *Quantité qui dépasse la quantité normale.*
En fin de compte, les .... de gentillesse d'Amandine agacent tout le monde.

2. *Tas d'objets accumulés en désordre.*
Un .... de vêtements encombre la salle de bain.

3. *Fait de prendre une plus grande dimension.*
On prit des mesures rapides pour éviter l'............ de la catastrophe.

4. *Devenir plus grand, plus important ou plus long.*
Certaines variétés de bambous peuvent .... de plus d'un mètre par jour.

5. *D'une très grande importance.*
Les déclarations de ce témoin de dernière heure furent .... dans ce procès.

6. *Force ou puissance.*
Vu l' .... des efforts que fournit Grégoire, on peut espérer qu'il sera reçu à son examen !

7. *Force, influence.*
Il est dans l'ensemble assez inconscient et la .... de ses actes lui échappe souvent.

8. *Qui est étonnant et surprenant par sa grandeur.*
Les progrès de Grégoire au troisième trimestre auront été ....

9. *Donner plus de force, plus d'énergie.*
Mes parents m'ont promis une mobylette si je passe en seconde ; cela me ....

10. *Le plus grand, le plus important.*
Écouter de la musique toute la journée semble être la préoccupation .... de Juliette.

11. *Placer à son degré le plus aigu, le plus violent.*
La Coupe d'Europe était en jeu et cela .... la rage de vaincre des joueurs.

12. *Très grande quantité.*
Une .... de lumière envahit la pièce lorsque j'ouvris les volets.

13. *Qui sort de l'ordinaire et retient l'attention.*
Ma fille a si bien réussi son examen qu'elle a eu l'............ honneur de recevoir les félicitations du jury.

14. *Qui existe profondément et totalement en quelqu'un.*
Victor est un homme extrêmement sérieux : le respect de la loi est chez lui ....

15. *Qui est absolument nécessaire.*
La bonne volonté de toute la famille est .... pour la réussite de nos vacances.

16. *Étendue, ampleur, importance.*
L'............ de son projet fit peur à plus d'un, et peu osèrent s'y engager.

17. *Augmenter l'importance, exagérer.*
Je suis très déçue que mon amie ait répété ce que je lui avais confié, en l'............ considérablement.

18. *Exagérer une chose, l'amplifier à l'excès.*
Les Marseillais sont réputés pour .... facilement les histoires qu'ils racontent.

19. *Qui est important, peut-être même principal.*
Le patron de Victor lui a promis une augmentation ....

20. *Mesurer à peu près l'importance ou le prix de quelque chose.*
Les experts .... les dégâts causés par les inondations.

*Performance **insigne** ! L'athlète, **stimulé** par les spectateurs, fait un bond **prodigieux**.*

VOCABULAIRE

AMPLIFIER [verbe]
Ces haut-parleurs amplifient bien le son de ma chaîne.
DÉF. : rendent plus fort = augmentent.

◆ Famille – *Ample* : large, développé – *Amplement* – *L'ampleur* d'un vêtement : sa largeur – *L'ampleur des inondations* : leur étendue, leur importance – *L'amplification d'un phénomène* – *L'amplificateur (l'ampli)* d'une chaîne.

CAPITAL [adj. qual.]
Sa rage de vaincre a été capitale dans la réussite de cet athlète.
DÉF. : extrêmement importante, essentielle = primordiale ≠ secondaire.

◆ Famille – *La capitale* : la première ville d'un État – *Un capitaine* : celui qui est à la tête de ses troupes, de son équipe.

CROÎTRE [verbe]
1. *Toute sa vie, sa fortune n'a cessé de croître.*
DÉF. : devenir plus grande, plus importante = grandir = se développer ≠ diminuer, décroître.
2. *Dès le mois de janvier, les jours croissent.*
DÉF. : deviennent plus longs, en durée = rallongent ≠ raccourcissent.

◆ Conjugaison – *je croîs, il crût, vous croîtrez, il a crû,* mais, *je croissais, que je croisse.*

◆ Famille – *La croissance* d'une ville – *Un nombre croissant* de visiteurs – *Accroître* ses biens – *L'accroissement* d'une fortune – *Décroître* : diminuer.

UNE ENVERGURE [nom]
1. *L'envergure du héron est impressionnante.*
DÉF. : étendue des ailes d'un oiseau (ou d'un avion) = la largeur.
2. *Son entreprise prend de l'envergure.*
DÉF. : ampleur, importance = l'extension.

ESSENTIEL (ELLE) [adj. qual.]
L'ESSENTIEL [nom masc.]
1. *Le sommeil est essentiel à la survie de l'homme.*
DÉF. : absolument nécessaire = indispensable ≠ superflu.
2. *Tu as oublié l'essentiel.*
DÉF. : ce qui est le plus important.

◆ Famille – *Essentiellement.*

EXACERBER, S'EXACERBER [verbe]
1. *L'application d'alcool à 90° sur une plaie exacerbe la douleur.*
DÉF. : rend plus aiguë, plus violente, plus intense = intensifie, irrite ≠ apaise, atténue.
2. *L'amour de Roméo pour Juliette s'exacerbe.*
DÉF. : devient plus violent, plus vif ≠ se calme.

◆ Famille – *L'exacerbation* d'un sentiment – Un orgueil *exacerbé.*

UN EXCÈS [nom]
1. *L'excès de nourriture l'a rendu malade.*
DÉF. : trop grande quantité = un abus.
2. *L'excès de vitesse est sévèrement puni.*
DÉF. : action qui dépasse la mesure permise ≠ la modération.

◆ Famille – *Un excédent* : ce qui est en plus du nombre fixé – *Le poids des bagages excède la limite autorisée* : dépasse – *Un poids excessif* – *Excéder quelqu'un* : dépasser les limites de ce qu'il peut supporter = exaspérer.

UNE EXTENSION [nom]
Les pompiers ont eu du mal à freiner l'extension de l'incendie.
DÉF. : fait de prendre une plus grande dimension = l'accroissement ≠ la diminution.
N.B. – *L'extension* d'un bras, d'une jambe : le fait de l'étendre – *Un muscle extenseur* : qui permet l'extension d'un membre (MOUVEMENT).

◆ Famille – *Une matière extensible* : qui peut s'agrandir – *Un compte rendu in extenso* : complet.

FONDAMENTAL [adj. qual.]
La Déclaration des Droits de l'Homme est fondamentale dans notre société.
DÉF. : qui sert de base et a une influence très importante = essentielle ≠ secondaire.

◆ Famille – *Fondamentalement.*
N.B. – *Le fondement* d'une société, d'un système : ce qui en est la base, le principe.

INSIGNE [adj. qual.]
Mon voisin qui ignore toujours tout le monde a fait le geste insigne de me serrer la main !
DÉF. : remarquable ≠ banal, anodin.

◆ Famille – *Un insigne* : marque qui signale une dignité ou l'appartenance à un groupe.

UNE INTENSITÉ [nom]
Une lumière de faible intensité éclairait la pièce.
DÉF. : force ou puissance.

◆ Famille – *Une lumière intense* – *Une émotion intense* – *Vivre intensément* : en déployant une forte activité – *Un travail intensif* : pour lequel on fournit des efforts soutenus – *Intensivement* – *Intensifier ses efforts* : les augmenter – *Leur intensification.*

MAJEUR [adj. qual.]
1. *La majeure partie du château date du XVᵉ siècle.*
DÉF. : plus grande ≠ mineure.
2. *Je rencontre dans mon travail un problème majeur.*
DÉF. : qui est très grand, très important = considérable ≠ insignifiant.
N.B. – *Un jeune qui devient majeur* : qui atteint l'âge légal de la majorité, 18 ans actuellement.

◆ Famille – *Le majeur* : le plus grand doigt de la main – *Le major* : titre donné à certains chefs – *La majorité* : le groupe qui a le plus de voix – *Majorer un prix, une facture* : l'augmenter – *La majoration.*

UN MONCEAU [nom]
Un monceau de branches barrait la route.
DÉF. : tas d'objets qui s'élève en hauteur = un amoncellement.

◆ Famille – *Amonceler des journaux* – *Amonceler des connaissances* : en acquérir sans cesse de nouvelles = emmagasiner.

OUTRER [verbe]
Par définition, une caricature outre les traits physiques de la personne représentée.
DÉF. : exagère = force.

◆ Famille – *L'outrance* : l'excès – *Des propos outranciers* – *Je suis outré* : scandalisé.
N.B. – *Outre* : au-delà. Ex : Outre-Atlantique.

LA PORTÉE [nom]
1. *Un arc a une portée assez courte.*
DÉF. : distance maximale que peut atteindre la flèche.
2. *La portée de ta décision est immense.*
DÉF. : la force, l'influence = l'effet.
N.B. – *Une portée de chiots* : ensemble des petits qu'un animal met bas en une seule fois – *La portée musicale* : les cinq lignes horizontales sur et entre lesquelles on écrit les notes.

◆ Famille – *Une remarque qui porte* : qui a beaucoup d'effet sur celui à qui elle s'adresse.

PRODIGIEUX (EUSE) [adj. qual.]
L'athlète fit un bond prodigieux.
DÉF. : qui est étonnant et surprenant = extraordinaire, considérable ≠ banal.

◆ Famille – *Prodigieusement* – *Des prodiges* : événements extraordinaires qui ne sont pas naturels – *Un enfant prodige* : exceptionnellement doué pour son âge.

LA PROFUSION [nom]
Le jour de Noël, une profusion de gâteaux a été offerte aux enfants de l'école maternelle.
DÉF. : très grande quantité = une abondance.

SOUPESER [verbe]
1. *Le poissonnier soupèse le crabe pour s'assurer qu'il est bien plein.*
DÉF. : le prend dans la main pour juger à peu près du poids.
2. *« Soupèse les conséquences de ce que tu t'apprêtes à faire ! »*
DÉF. : mesure l'importance de = évalue.

◆ Famille – *Peser* – *Le pesage* = *la pesée* – *Une charge pesante* : lourde.

STIMULER [verbe]
Sa réussite à la première épreuve l'a stimulé pour la suite de son examen.
DÉF. : lui a donné plus de force, plus d'énergie = l'a encouragé.

◆ Famille – *La stimulation* – *Un stimulant* : produit que l'on absorbe et qui donne plus d'énergie – *Un stimulateur cardiaque* : appareil qui aide le cœur à battre correctement.

SUBSTANTIEL (ELLE) [adj. qual.]
Il a un petit salaire, mais il bénéficie d'avantages substantiels dans son métier.
DÉF. : qui sont importants ≠ réduits, minuscules.
N.B. – *Un repas substantiel* : nourrissant.

◆ Famille – *Substantiellement* – *La substance d'un discours* : l'essentiel de son contenu – *La substance d'un organisme* : la matière dont il est formé.

◆ Locution – *En substance* : en ne retenant que l'essentiel = en résumé.

(corrigé p. 276)

Les 10 phrases de cet exercice contiennent, chacune, un mot en gras maintenant connu de vous. Trouvez dans l'encadré ci-dessous un synonyme pour chacun d'eux c'est-à-dire un mot ayant à peu près le même sens. Attention aux accords et aux conjugaisons.

☐ un abus   ☐ augmenter   ☐ exagérer   ☐ grandir   ☐ puissance
☐ un amoncellement   ☐ encourager   ☐ intensifier   ☐ primordial   ☐ remarquable

1. Notre professeur ne peut vraiment pas tolérer les **excès** de notre camarade. ....
2. Sa bonne forme physique, ce jour-là, fut **capitale** dans son succès. ....
3. Proposer de l'aide est de sa part un geste **insigne**. ....
4. Le portrait qu'il fait de celui qu'il prétend être son ami **outre** vraiment ses défauts. ....
5. L'approche des vacances me **stimule**. ....
6. Le **monceau** de lettres sur son bureau est tel que la star ne sait pas à laquelle répondre en premier. ....
7. Le bombardement **amplifie** la terreur des habitants. ....
8. Son audition a diminué d'**intensité**. ....
9. Une autre mauvaise nouvelle **exacerba** sa colère. ....
10. Certaines variétés de bambous **croissent** d'un mètre par jour. ....

JEU (corrigé p. 276)

Ça monte ou ça descend ?

Voici 12 verbes : **amoindrir** – **amortir** – **amplifier** – **atténuer** – **exacerber** – **modérer** – **outrer** – **rapetisser** – **réduire** – **restreindre** – **stimuler** – **tempérer**.

Placez-les le long de la flèche descendante ou de la flèche montante selon qu'ils diminuent la quantité ou la valeur d'une chose ou au contraire qu'ils l'augmentent. Inutile de chercher à les ordonner ! En cas de doute, consultez les pages 62-63.

B. LE MOINS

Testez-vous ! (corrigé p. 276)

1. Amortir un coup :
- **a.** le rendre plus fort, plus violent ☐
- **b.** le supporter ☐
- **c.** le rendre plus faible, moins violent ☐
- **d.** sens ignoré ☐

2. Atténuer les termes d'une lettre :
- **a.** en diminuer la force ☐
- **b.** les rendre plus clairs, plus explicites ☐
- **c.** en réduire le nombre ☐
- **d.** sens ignoré ☐

3. Une somme infime :
- **a.** très élevée ☐
- **b.** très petite ☐
- **c.** insuffisante ☐
- **d.** sens ignoré ☐

4. Ce devoir présente des lacunes :
- **a.** des manques, l'absence de certains éléments ☐
- **b.** d'excellents passages ☐
- **c.** des erreurs ☐
- **d.** sens ignoré ☐

5. Respecter les proportions :
- **a.** les quantités les unes par rapport aux autres ☐
- **b.** les indications, de façon générale ☐
- **c.** les prix ☐
- **d.** sens ignoré ☐

6. Restreindre sa façon de vivre :
- **a.** la ramener dans des limites plus étroites ☐
- **b.** l'élargir, lui donner plus d'ampleur ☐
- **c.** la maintenir dans des limites clairement fixées ☐
- **d.** sens ignoré ☐

7. Un être qui se tempère :
- **a.** prend son temps ☐
- **b.** fait preuve de retenue, de modération ☐
- **c.** se rafraîchit parce qu'il a trop chaud ☐
- **d.** sens ignoré ☐

EXERCICES

Utilisez vos connaissances (corrigé p. 276)

À l'aide des définitions en italiques, complétez chaque phrase avec l'un des mots placés dans l'encadré ci-dessous. Attention aux accords et aux conjugaisons !
Votre patience s'émousse ? Votre courage s'atténue ? Le vocabulaire des pages 62 et 63 est là pour réduire votre lassitude !

☐ amoindrir	☐ déprécier	☐ insignifiant	☐ une proportion
☐ amortir	☐ détériorer	☐ jauger	☐ rapetisser
☐ atténuer	☐ une dose	☐ une lacune	☐ réduire
☐ une bribe	☐ estimer	☐ minime	☐ restreindre
☐ un degré	☐ infime	☐ modérer	☐ tempérer

1. *Rendre plus faible, moins violent.*
Dans les trains désormais, les dispositifs qui .... les secousses sont perfectionnés.

2. *Ne pas attribuer la valeur réelle, mais une valeur inférieure.*
Grégoire et Arthur ne s'aiment guère et chacun .... sans cesse ce que fait l'autre.

3. *Étape par laquelle on s'élève ou on s'abaisse.*
Grégoire a franchi les divers .... de la compétition pour terminer premier du concours final.

4. *Mesurer ce que contient un récipient, évaluer son contenu.*
Le vigneron .... ce qu'il reste de vin dans sa barrique.

5. *Qui est au degré le plus bas dans une série.*
Je n'ai rapporté qu'une .... quantité de champignons dans mon panier.

6. *Qui est très petit, très peu important.*
Juliette n'a commis qu'une erreur ...., et a obtenu 19/20.

7. *Quantité déterminée.*
La publicité prétend que ce produit est si performant, qu'une toute petite .... suffit.

8. *Absence d'un ou de plusieurs éléments dans un ensemble.*
Le dossier proposé par ce journal est sans intérêt : les .... y sont trop nombreuses.

9. *Ramener dans des limites plus étroites.*
Juliette n'a presque plus d'argent, ce qui .... ses possibilités de sortir avec ses amis.

10. *Qui ne veut pas dire grand'chose et a peu d'importance.*
Amandine est très critique et s'attache toujours à des détails ....

11. *Rendre moins nombreux ou moins important.*
Depuis quelque temps, Juliette a .... ses visites chez Amandine qui s'en désole.

12. *Maintenir dans des limites raisonnables.*
Il sentit qu'il avait blessé son interlocuteur et s'obligea ensuite à .... ses propos.

13. *Déterminer le prix, la valeur.*
Le cheval de course a été .... à 3 millions de francs.

14. *Rendre moins grave, moins violent.*
Sa mauvaise santé mentale au moment des faits .... sa responsabilité.

15. *Tout petits bouts, tout petits morceaux.*
J'étais caché derrière la porte et n'ai pu saisir que des .... de leur dispute.

16. *Adoucir, enlever de la force.*
Arthur reconnaît son mensonge, ce qui .... la colère de son père.

17. *Rendre moins important, plus faible.*
Une attitude aussi déplaisante .... l'estime qu'on avait pour lui.

18. *Devenir plus petit ou diminuer de taille.*
Lorsqu'il arriva chez les Géants, Gulliver se demanda si c'était lui qui avait ....

19. *Mettre en mauvais état au point de rendre inutilisable.*
Victor n'aime pas beaucoup prêter sa voiture car il craint qu'on ne la ....

20. *Rapport de quantité entre deux éléments.*
Pour réussir ce gâteau, Mélanie utilise une .... égale de farine et de sucre.

*Pour donner bon goût, il suffit d'une **dose infime** d'essence de vanille concentrée. Respectez les **proportions** pour réussir ce dessert.*

61

VOCABULAIRE

AMOINDRIR [verbe]
«Loin des yeux, loin du cœur», dit-on : l'éloignement amoindrit-il l'amour ?
Déf. : rend moins fort, affaiblit = diminue ≠ accroît.

◆ Famille – **Moins** – *Le moindre effort :* le plus petit, le plus faible – *Un effectif moindre :* moins nombreux – *C'est la moindre des choses :* le minimum que l'on puisse faire.

AMORTIR [verbe]
L'enfant est tombé du premier étage mais est sain et sauf car des arbustes ont amorti sa chute.
Déf. : ont rendu moins violente = ont affaibli, ont atténué ≠ ont aggravé.

ATTÉNUER [verbe]
Les câlins de sa mère atténuent le chagrin d'Arthur.
Déf. : rendent moins violent = adoucissent, apaisent ≠ aggravent.

◆ Famille – *L'atténuation d'une expression* – *Un fil ténu :* très mince, très fin.
N.B. – *Des circonstances atténuantes :* qui diminuent la gravité d'une faute (DROIT).

UNE BRIBE [nom]
J'ai emporté sous mes chaussures des bribes de feuilles.
Déf. : petits bouts, morceaux = des fragments.

◆ Expression – *Des bribes de conversation :* certains passages seulement.

UN DEGRÉ [nom]
1. *Il descendit rapidement les degrés du perron.*
Déf. : les marches.
2. *Parti de rien, il a progressivement franchi tous les degrés de l'échelle sociale.*
Déf. : étapes par lesquelles on s'élève ou on s'abaisse = les échelons = les grades.
N.B. – *Les degrés Celsius, Fahrenheit* (PHYSIQUE).

◆ Famille – *La graduation d'un thermomètre* – *Graduer une éprouvette* – *Des exercices gradués :* dont les difficultés augmentent progressivement – *Des progrès graduels :* progressifs ≠ brusques – *Graduellement.*

DÉPRÉCIER, SE DÉPRÉCIER [verbe]
1. *Lorsqu'ils parlent de leur fils, ces parents le déprécient toujours.*
Déf. : le présentent avec moins de valeur qu'il n'en a ≠ le mettent en valeur.

2. *Cette œuvre d'art s'est dépréciée rapidement.*
Déf. : a perdu de sa valeur = s'est dévalorisée.

◆ Famille – *Le prix d'un objet :* son coût ou sa valeur – *La dépréciation d'une monnaie :* sa dévalorisation.

DÉTÉRIORER [verbe]
Le copain de Roméo a détérioré son baladeur.
Déf. : a mis en mauvais état au point de rendre inutilisable = a démoli, abîmé ≠ a réparé.

◆ Famille – *La détérioration d'un objet.*

UNE DOSE [nom]
Le médecin m'a bien précisé de ne pas dépasser la dose prescrite.
Déf. : quantité déterminée = la mesure.

◆ Famille – *Doser un médicament* – *Faire un dosage* – *Un bouchon doseur.*

◆ Expression, locution – *Forcer la dose :* exagérer – *À haute dose :* en grande quantité, beaucoup.

ESTIMER [verbe]
1. *L'expert a estimé un tableau de Van Gogh à vingt millions de francs.*
Déf. : a déterminé le prix, la valeur = a évalué.
2. *J'estime qu'il nous faudra quatre heures pour arriver là-bas.*
Déf. : calcule approximativement, à peu près = évalue.

◆ Famille – *L'estimation d'un tableau* – *Un objet d'une valeur inestimable :* trop grande pour qu'on puisse l'estimer – *Sous-estimer ou surestimer une personne ou un objet.*
N.B. – *Une personne estimable,* pour laquelle on peut avoir de l'estime.

INFIME [adj. qual.]
1. *Il travaille dans une société internationale, mais il y occupe un poste infime.*
Déf. : qui est au degré le plus bas dans une série ≠ éminent.
2. *Je n'ai lu qu'une infime partie de ce livre.*
Déf. : toute petite = minuscule ≠ énorme.

INSIGNIFIANT [adj. qual.]
J'ai trouvé ce film insignifiant.
Déf. : qui a peu d'intérêt = négligeable ≠ remarquable.

◆ Famille – *L'insignifiance d'une personne.*

JAUGER [verbe]
1. *Il fallait **jauger** le réservoir des premières voitures pour savoir ce qu'il restait d'essence.*
DÉF. : mesurer ce que contient un récipient.
2. *Ce navire **jauge** 1 200 tonneaux.*
DÉF. : a une contenance de = contient.

◆ Famille – *La **jauge** d'un récipient :* le volume qu'il peut contenir – *Une **jauge** :* baguette graduée qui sert à jauger.

UNE LACUNE [nom]
1. *Cet élève a des **lacunes**.*
DÉF. : des manques dans ses connaissances.
2. *Ce manuel présente des **lacunes**.*
DÉF. : il ne traite pas tout le programme = des omissions.
◆ Famille – *Un texte **lacunaire**.*

MINIME [adj. qual.]
*«Ta faute est **minime** ; va, je te pardonne».*
DÉF. : très petite, infime ≠ considérable.

◆ Famille – *Les **minimes** :* en sport, catégorie d'enfants de 14 à 16 ans – ***Minimiser** des incidents :* en réduire l'importance ≠ amplifier – *Un **minimum** de temps :* la quantité la plus petite possible ≠ un maximum.

MODÉRER [verbe]
*Victor s'oblige à **modérer** sa vitesse en voiture.*
DÉF. : maintenir dans des limites raisonnables = réduire ≠ augmenter.

◆ Famille – *La **modération** de la vitesse – Une influence **modératrice** :* qui empêche les excès – *Un loyer **modéré** :* pas trop élevé – *En politique, les **modérés** :* ceux qui ont des idées éloignées des extrêmes ≠ les extrémistes.

LA PROPORTION [nom]
1. *La **proportion** entre la hauteur et la longueur du bateau est élégante.*
DÉF. : rapport de grandeur entre deux éléments.
2. *Dans la classe, il y a une **proportion** égale de garçons et de filles.*
DÉF. : rapport de quantité = un pourcentage.
3. *La rumeur a pris des **proportions** inquiétantes (au pluriel).*
DÉF. : des dimensions = une importance.

◆ Famille – ***Proportionnel** – **Proportionnellement** – La **proportionnalité** de deux grandeurs – **Proportionner**.*
◆ Locution – ***Toutes proportions gardées** :* en tenant compte des différences entre ce que l'on compare.

RAPETISSER [verbe]
1. *Je regarde dans mes jumelles à l'envers : cela **rapetisse** ce que je vois.*
DÉF. : fait paraître plus petit = réduit.
2. *Les gens ont tendance à **rapetisser** en vieillissant.*
DÉF. : diminuer de taille ≠ grandir.

◆ Famille – ***Petit** – Le **rapetissement** d'un objet.*

RÉDUIRE [verbe]
1. *En fin de mois, je dois toujours **réduire** mes dépenses.*
DÉF. : rendre moins importantes, moins nombreuses = restreindre, limiter ≠ augmenter.
2. *La guerre **réduit** la population du pays au désespoir.*
DÉF. : amène à un état inférieur ou pénible.

◆ Famille – *Une **réduction** :* action de réduire ou objet réduit lui-même – *Obtenir une **réduction**, lors d'un achat :* un rabais – *La **réduction** de textes :* le fait de les condenser = la contraction – *Un **réduit** :* petit local.
N.B. – *La **réduction** d'une fraction – Une fraction **réductible** (MATHS) – La **réduction** d'une fracture :* sa remise en place (VIE PHYSIQUE).

◆ Locution – ***Être réduit à sa plus simple expression** :* être simplifié au maximum.

RESTREINDRE, SE RESTREINDRE [verbe]
1. *Étant chômeur, il doit **restreindre** ses dépenses.*
DÉF. : ramener dans des limites plus étroites = limiter, réduire, comprimer ≠ augmenter.
2. *Il **se restreint**.*
DÉF. : fait attention à ne pas trop dépenser = fait des économies.

◆ Conjugaison – *Je restreins, il restreint, nous restreignons ; il restreignait ; il restreignit ; je restreindrai ; que je restreigne ; restreint.*
◆ Famille – *La **restriction** des dépenses – Une remarque **restrictive** :* qui limite.

TEMPÉRER [verbe]
*La forte chaleur **tempère** mes envies de bouger.*
DÉF. : diminue l'intensité, la force de = modère, atténue ≠ renforce.
N.B. – ***Tempérer** :* adoucir la force du froid ou du chaud – *Un climat **tempéré**.*

◆ Famille – *La **tempérance** :* la modération, notamment pour la nourriture et les boissons ≠ l'intempérance – *Une personne **tempérante** :* sobre.

CONTRÔLEZ VOS CONNAISSANCES

(corrigé p. 276)

1. Utilisez les noms de l'encadré ci-dessous pour compléter les expressions proposées. Vous voyez qu'ils désignent une petite quantité !

| ☐ un brin | ☐ un grain | ☐ une parcelle | ☐ un rien | ☐ un soupçon |
| ☐ un doigt | ☐ un nuage | ☐ une pointe | ☐ un souffle | |

a. un .... de temps   **d.** une .... d'humour   **g.** un .... de rouge
b. un .... de fantaisie   **e.** un .... de lait   **h.** une .... de vérité
c. un .... de folie   **f.** un .... de vent   **i.** un .... de vin

Si vous n'y arrivez pas, consultez le corrigé.

2. La taille ou le poids sont souvent indiqués par comparaison. Établissez la relation entre les adjectifs de gauche et les comparaisons de droite à l'aide de flèches.

mince	comme trois pommes
haut	comme un fil
large	comme une plume
léger	comme un clou
maigre	comme la main

JEU (corrigé p. 276)

Illustrez la fleur !

Retrouvez, dans la liste des mots de l'encadré page 60, neuf verbes exprimant une idée de diminution et garnissez-en les pétales de cette fleur.

Percevoir le monde

la vue

l'odorat

le toucher

le goût

l'ouïe

Examiner, contempler l'eau minérale, la **sentir**, la **flairer**, la **goûter**, la **siroter**, en **écouter** pétiller les bulles : tels sont les plaisirs du dégustateur.

Les sensations

Les trois messes basses

Au château de Trinquelage, le chapelain Dom Balaguère se prépare à dire les trois messes basses qui précèdent le réveillon de Noël. Pendant ce temps, les fidèles rejoignent le château pour assister aux messes.

La nuit était claire, les étoiles avivées de froid ; la bise piquait, et un fin grésil, glissant sur les vêtements sans les mouiller, gardait fidèlement la tradition des Noëls blancs de neige. Tout en haut de la côte, le château apparaissait comme le but, avec sa masse énorme de tours, de pignons, le clocher de sa chapelle montant dans le ciel bleu-noir, et une foule de petites lumières qui clignotaient, allaient, venaient, s'agitaient à toutes les fenêtres, et ressemblaient, sur le fond sombre du bâtiment, aux étincelles courant dans des cendres de papier brûlé… Passé le pont-levis et la poterne il fallait, pour se rendre à la chapelle, traverser la première cour, pleine de carrosses, de valets, de chaises à porteurs, toute claire du feu des torches et de la flambée des cuisines. On entendait le tintement des tournebroches, le fracas des casseroles, le choc des cristaux et de l'argenterie remués dans les apprêts d'un repas ; par là-dessus, une vapeur tiède, qui sentait bon les chairs rôties et les herbes fortes des sauces compliquées, faisait dire aux métayers, comme au chapelain, comme au bailli, comme à tout le monde : « Quel bon réveillon nous allons faire après la messe ! »
(Le chapelain dit sa première messe.)
« Dépêchons-nous, dépêchons-nous… Plus tôt nous aurons fini, plus tôt nous serons à table. »

Le fait est qu'à chaque fois qu'elle tinte, cette sonnette du diable, le chapelain oublie sa messe et ne pense plus qu'au réveillon. Il se figure les cuisiniers en rumeur, les fourneaux où brûle un feu de forge, la buée qui monte des couvercles entrouverts, et dans cette buée, deux dindes magnifiques, bourrées, tendues, marbrées de truffes…
Ou bien encore il voit passer des files de pages portant des plats enveloppés de vapeurs tentantes, et avec eux il entre dans la grande salle déjà prête pour le festin. O délices ! Voilà l'immense table toute chargée et flamboyante, les paons habillés de leurs plumes, les faisans écartant leurs ailes mordorées, les flacons couleur de rubis, les pyramides de fruits éclatants parmi les branches vertes, et ces merveilleux poissons dont parlait Garrigou (ah ! bien oui, Garrigou !) étalés sur un lit de fenouil, l'écaille nacrée comme s'ils sortaient de l'eau, avec un bouquet d'herbes odorantes dans leurs narines de monstres. Si vive est la vision de ces merveilles, qu'il semble à Dom Balaguère que tous ces plats mirifiques sont servis devant lui sur les broderies de la nappe d'autel, et deux ou trois fois, au lieu de *Dominus vobiscum !* il se surprend à dire le *Benedicite.*
(Le chapelain sera puni de sa gourmandise.)

Alphonse DAUDET,
Les Lettres de mon moulin (1866).

une sensation [nom]

1. *J'éprouve une **sensation** de froid.*
DÉF. : information donnée sur le monde extérieur par l'un des cinq sens : la vue, l'ouïe, le toucher, le goût et l'odorat.

2. *Une **sensation** d'étouffement m'oppresse.*
DÉF. : impression intérieure en rapport avec le corps.

N.B. – *Une **sensation** visuelle :* donnée par la vue ; *auditive :* donnée par l'ouïe ; *tactile :* donnée par le toucher ; *gustative :* donnée par le goût ; *olfactive :* donnée par l'odorat.

◆ Famille – *Une nouvelle **sensationnelle** :* qui surprend et émeut le public.
◆ Expression – *Son apparition **a fait sensation** :* a produit une forte impression sur ceux qui y ont assisté.
◆ Locution – *La presse **à sensation** :* destinée à émouvoir les lecteurs.

percevoir [verbe]

1. *Je **perçois** le bruit d'un avion. Je **perçois** un goût de cannelle dans ce plat.*
DÉF. : je prends conscience à travers une sensation = je distingue.

2. *Je **perçois** la différence de sens entre voir et regarder.*
DÉF. : je comprends par l'esprit ou la réflexion = je discerne, je saisis.

◆ Conjugaison – Je perçois, nous percevons ; je percevais ; je percevrai ; que je perçoive.
◆ Famille – ***Voir** – La **vue** – **Apercevoir** :* voir d'un rapide coup d'œil = ***Entrevoir** – **Apercevoir** des difficultés :* commencer à les voir – ***S'apercevoir de** son erreur :* en prendre conscience – *Un bruit à peine **perceptible**, presque **imperceptible** – Un **aperçu** de la situation :* une première vue.

discerner [verbe]

1. *Lucky Luke **discerne** une ombre dans la nuit : c'est son cheval.*
DÉF. : parvient à voir en faisant des efforts.

2. *Dans le tumulte de la rue, il **discerne** une plainte.*
DÉF. : perçoit un élément précis dans un ensemble = distingue.

3. *Il **discerne** un reproche dans le ton du professeur.*
DÉF. : saisit une nuance qui demande de la finesse pour être distinguée = sent.

◆ Famille – *Agir avec **discernement** :* en exerçant sa capacité de bien juger (PENSÉE).
◆ Expression – ***Discerner** le bien du mal :* bien faire la différence entre l'un et l'autre = distinguer.

La vue

Les lumières du soir

Nous rentrions toujours de bonne heure de nos promenades pour pouvoir faire une visite à ma tante Léonie avant le dîner. Au commencement de la saison où le jour finit tôt, quand nous arrivions rue du Saint-Esprit, il y avait encore un reflet du couchant sur les vitres de la maison et un bandeau de pourpre au fond des bois du Calvaire qui se reflétait plus loin sur l'étang…

Dans l'été, au contraire, quand nous rentrions, le soleil ne se couchait pas encore ; et, pendant la visite que nous faisions chez ma tante Léonie, sa lumière, qui s'abaissait et touchait la fenêtre, était arrêtée entre les grands rideaux et les embrasses, divisée, ramifiée, filtrée, et, incrustant de petits morceaux d'or le bois de citronnier de la commode, illuminait obliquement la chambre avec la délicatesse qu'elle prend dans les sous-bois.

Mais certains jours fort rares, quand nous rentrions, il y avait bien longtemps que la commode avait perdu ses incrustations momentanées ; il n'y avait plus, quand nous arrivions rue du Saint-Esprit, nul reflet du couchant étendu sur les vitres, et l'étang au pied du calvaire avait perdu sa rougeur ; quelquefois il était déjà couleur d'opale et un long rayon de lune qui allait en s'élargissant et se fendillait de toutes les rides de l'eau le traversait tout entier.

Marcel PROUST, *Du côté de chez Swann* (1913).

Violettes

Plus mauves… non, plus bleues… Je revois des prés, des bois profonds que la première poussée des bourgeons embrume d'un vert insaisissable, – des ruisseaux froids, des sources perdues, bues par le sable aussitôt que nées, des primevères de Pâques, des jeannettes jaunes au cœur safrané, et des violettes, des violettes, des violettes… Je revois une enfant silencieuse que le printemps enchantait déjà d'un bonheur sauvage, d'une triste et mystérieuse joie… Une enfant prisonnière, le jour, dans une école, et qui échangeait des jouets, des images, contre les premiers bouquets de violettes des bois, noués d'un fil de coton rouge, rapportés par les petites bergères des fermes environnantes… Violettes à courte tige, violettes blanches et violettes bleues, et violettes d'un blanc-bleu veiné de nacre mauve, – violettes de coucou anémiques et larges, qui haussent sur de longues tiges leurs pâles corolles inodores… Violettes de février, fleuries sous la neige, déchiquetées, roussies de gel, laideronnes, pauvresses parfumées… Ô violettes de mon enfance !

COLETTE, *Les Vrilles de la vigne* (1913), © LGF.

Sommaire

FICHES D'ENTRÉE

la vue [nom]

1. *Les aigles ont une **vue** perçante.*
DÉF. : faculté de percevoir lumières, couleurs et formes par le regard = la vision.

2. *Du haut du château, on a une belle **vue** sur la campagne.*
DÉF. : étendue de ce qu'on peut voir d'un lieu = un panorama.

3. *La **vue** d'un lézard fait fuir Mélanie.*
DÉF. : le fait de voir quelque chose.

N.B. – *Une **vue** d'un lieu :* une image, une photographie.

◆ Famille – ***Voir** – **Apercevoir** – **Entrevoir** – **La vision** – Une sensation **visuelle** – Un objet **visible** ≠ **invisible** – La **visibilité** ≠ l'**invisibilité** – **Visiblement** ≠ **invisiblement** – Piloter sans **visibilité** :* sans rien voir *– Le **viseur** d'une arme à feu permet d'effectuer une **visée** – Le **rétroviseur** d'un véhicule – Un **voyant** ≠ un **non-voyant** = un aveugle – Une **voyante** :* femme qui prétend voir le passé et l'avenir *– Un **voyeur** :* personne poussée par une curiosité malsaine *– Une **entrevue** :* rencontre entre deux ou plusieurs personnes *– **Prévoir** :* imaginer, organiser ce qui peut arriver *– Être **prévoyant** – La **prévoyance** ≠ l'**imprévoyance** – L'**imprévu** – **Prévisible** ≠ **imprévisible** – Une **prévision**.*

◆ Expression *– Une personne **en vue** :* qui est connue, dont on parle *– Avoir des **visées** ambitieuses :* objectifs, buts.

◆ Locution *– Des champs qui s'étendent **à perte de vue** :* très loin *– Connaître une personne **de vue** :* pour l'avoir vue, sans lui avoir parlé *– **Une vue de l'esprit** :* une vue théorique, sans rapport avec la réalité *– Changer **à vue d'œil** :* très vite *– En mettre **plein la vue** (FAM.) :* éblouir quelqu'un par ce qu'on lui raconte ou par ce qu'on fait *– **En vue de** :* dans le but de.

la vision [nom]

1. *L'oculiste dit que j'ai une bonne **vision**.*
DÉF. : une bonne vue.

2. *Le poète nous donne sa **vision** de la réalité.*
DÉF. : l'image personnelle qu'il a de la réalité = la représentation.

3. *C'est une personne qui a des **visions**.*
DÉF. : des images irréelles = des hallucinations.

N.B. – *Des **visions** d'origine surnaturelle :* des apparitions.

◆ Famille *– Un **visionnaire** :* un illuminé, ou une personne capable d'avoir une représentation mentale très étendue *– L'art de Victor Hugo est **visionnaire** – **Visionner** un film – Utiliser une **visionneuse**.*

A. VOIR ET REGARDER

Utilisez vos connaissances (corrigé p. 276)

À l'aide des définitions en italiques, complétez chaque phrase avec l'un des mots placés dans l'encadré ci-dessous. Attention aux conjugaisons !
N'hésitez pas à examiner, observer, inspecter le vocabulaire de la page 72.

☐ contempler	☐ épier	☐ guetter	☐ lorgner	☐ scruter
☐ dévisager	☐ examiner	☐ inspecter	☐ observer	☐ toiser

1. *Regarder le visage de quelqu'un de façon insistante.*
Tous les élèves de la classe .... le nouveau venu.

2. *Regarder longuement, considérer en se concentrant.*
À Guernesey, Victor Hugo .... la mer qui lui inspirait des poèmes.

3. *Regarder avec attention afin d'augmenter ses connaissances.*
Le haut d'une falaise est un bon endroit pour .... les évolutions des oiseaux.

4. *Regarder de près, très attentivement.*
Le collectionneur .... le timbre qu'il veut acheter.

5. *Regarder de côté en essayant de ne pas se faire remarquer.*
Arthur trouve la cérémonie longue et .... vers les pâtisseries.

6. *Regarder avec attention dans le but de découvrir ce qui n'est pas encore visible.*
L'homme de vigie .... l'horizon pour apercevoir les bateaux corsaires.

7. *Regarder de haut avec un certain mépris.*
Les catcheurs se .... avant de se battre.

8. *Regarder attentivement dans le but de découvrir quelque chose qui ne va pas.*
L'officier .... les soldats pour vérifier si leur tenue est impeccable.

9. *Observer en se cachant.*
Le policier .... les rencontres du suspect.

10. *Surveiller avec attention tout en attendant.*
Les « fans » .... la sortie de leur idole.

VOCABULAIRE

CONTEMPLER [verbe]
*L'artiste **contemplait** le coucher du soleil.*
DÉF. : le regardait longuement, le considérait attentivement, en se concentrant.

◆ Famille – *La **contemplation*** – *Un être **contemplatif** :* qui se plaît dans la contemplation.

DÉVISAGER [verbe]
*En entrant dans la pièce, il me **dévisagea** comme s'il me reconnaissait.*
DÉF. : regarda mon visage avec insistance, de façon gênante.

◆ Famille – *Le **visage** :* la figure.

N.B. – ***Envisager** de partir :* étudier le projet, s'apprêter à.

◆ Expression – ***Envisager les choses sous un certain angle :*** avoir un certain point de vue sur elles.

ÉPIER [verbe]
*Derrière les rideaux de sa fenêtre, elle **épie** les allées et venues de ses voisins.*
DÉF. : les observe en se cachant = les guette.

◆ Famille – ***Espionner :*** chercher à savoir, en restant dans l'ombre, ce qui est secret, au bénéfice d'un État, d'un parti politique, d'une entreprise – *Un **espion**, une **espionne*** – *L'**espionnage**.*

EXAMINER [verbe]
*L'horloger **examine** la montre à réparer.*
DÉF. : regarde de près, très attentivement.

◆ Famille – *Il a été reçu à son **examen** :* épreuve où l'on juge du niveau d'un candidat – *Un **examinateur**, une **examinatrice*** – *Il a passé un **examen** médical :* contrôle qui permet de juger de son état de santé.

GUETTER [verbe]
*Sœur Anne **guette** l'arrivée de son frère.*
DÉF. : l'attend en surveillant la route avec attention.

◆ Famille – ***Faire le guet :*** action de guetter – *Le **guetteur** :* celui qui est chargé de guetter – *Tomber dans un **guet-apens** :* rencontre organisée pour exercer des violences sur une personne.

◆ Expressions, locution – *La maladie le **guette** :* le menace – ***Guetter** une occasion favorable :* l'attendre – ***Être aux aguets :*** guetter attentivement pour éviter un danger.

INSPECTER [verbe]
*Le pompier de service **inspecte** la salle de spectacle.*
DÉF. : regarde attentivement dans le but de contrôler ou de découvrir quelque chose = examine, surveille.

◆ Famille – *Un **inspecteur** :* celui qui est chargé de surveiller et de contrôler – *Le pompier est chargé de l'**inspection** de la salle.*

LORGNER [verbe]
*Comme il ne savait pas répondre, il **lorgnait** sur le cahier de son voisin.*
DÉF. : regardait de côté à la dérobée (en essayant de ne pas être remarqué).

N.B. – ***Lorgner** le poste de chef du personnel :* désirer l'obtenir (SENTIMENT OU BUT).

◆ Famille – *Un **lorgnon** :* sorte de lunettes sans branches – *Une **lorgnette** :* instrument d'optique grossissant, comme des jumelles.

◆ Expression – *Voir les choses **par le petit bout de la lorgnette** :* avoir une vue étroite au lieu d'une vue d'ensemble.

OBSERVER [verbe]
*L'astronome **observe** le mouvement des astres.*
DÉF. : regarde avec attention.

◆ Famille – *L'**observation** du ciel :* son étude scientifique – *Un **observatoire** :* bâtiment permettant l'observation du ciel – *Un **observateur** politique.*

SCRUTER [verbe]
1. *Napoléon **scrutait** les collines par où pouvait arriver l'ennemi.*
DÉF. : examinait avec attention dans le but de découvrir ce qui était caché = fouillait du regard.
2. *Il **scrute** les intentions du candidat.*
DÉF. : cherche à les connaître en profondeur.

◆ Famille – *Un regard **scrutateur** :* qui examine avec attention – *Un **scrutin** :* vote (qui permet d'observer les opinions des électeurs) – *Un **scrutateur** :* personne qui compte les bulletins de vote.

TOISER [verbe]
*La marquise **toisa** le nouveau serviteur.*
DÉF. : le regarda de haut avec un certain mépris.

◆ Famille – *Une **toise** :* instrument permettant de mesurer la taille d'une personne.

72

B. LES LUMIÈRES

Testez-vous ! (corrigé p. 276)

1. Une lumière blafarde :
> **a.** trop forte, qui aveugle ☐
> **b.** pâle et sans éclat ☐
> **c.** très claire et agréable au regard ☐
> **d.** sens ignoré ☐

2. Une perle irisée :
> **a.** a des reflets de la couleur de la fleur appelée iris ☐
> **b.** a les reflets des couleurs de l'arc-en-ciel ☐
> **c.** rappelle la couleur de l'iris d'un œil (la partie colorée) ☐
> **d.** sens ignoré ☐

3. Une journée radieuse :
> **a.** plutôt brumeuse ☐
> **b.** obscurcie par de gros nuages ☐
> **c.** pendant laquelle le soleil brille d'un vif éclat ☐
> **d.** sens ignoré ☐

4. Une lumière tamisée :
> **a.** atténuée, douce ☐
> **b.** diffusée par un projecteur ☐
> **c.** renvoyée par un miroir ☐
> **d.** sens ignoré ☐

5. Les ténèbres :
> **a.** l'obscurité totale ☐
> **b.** le demi-jour, à la tombée de la nuit ☐
> **c.** la grande clarté ☐
> **d.** sens ignoré ☐

6. Une vitre translucide :
> **a.** est totalement transparente ☐
> **b.** est peinte en blanc ☐
> **c.** laisse passer la lumière sans être transparente ☐
> **d.** sens ignoré ☐

7. Réverbérer la lumière :
> **a.** renvoyer une lumière vive ☐
> **b.** émettre une faible lumière ☐
> **c.** diffuser de la lumière, en parlant d'un appareil d'éclairage ☐
> **d.** sens ignoré ☐

Utilisez vos connaissances (corrigé p. 276)

À l'aide des définitions en italiques, complétez chaque phrase avec l'un des mots placés dans l'encadré ci-dessous. Attention aux accords et aux conjugaisons!
N'ayez pas peur, l'exercice est lumineux! Et si quelque obscurité subsiste, reportez-vous au vocabulaire des pages 76 et 77.

☐ l'aube	☐ le crépuscule	☐ lustrer	☐ rutilant
☐ l'aurore	☐ cru	☐ miroiter	☐ scintiller
☐ blafard	☐ diffus	☐ la pénombre	☐ tamisé
☐ chatoyer	☐ irisé	☐ radieux	☐ les ténèbres
☐ un clair-obscur	☐ une lueur	☐ réverbérer	☐ translucide

1. *Obscurité profonde, totale.*
La nuit sans lune plongeait le paysage dans les ....

2. *Moment où la lumière s'assombrit, après le coucher du soleil.*
Il n'est pas agréable de conduire au ....

3. *Lumière faible, qui est presque de l'ombre.*
J'avance dans la .... de la grotte.

4. *Moment où apparaît une lumière brillante et rosée, juste avant le lever du soleil.*
Grégoire est parfois très matinal : il se lève alors avant l'............ .

5. *Moment où l'horizon blanchit au début du jour.*
Colette aimait se promener très tôt ; elle partait à l'............ .

6. *Une lumière faible.*
Les .... de la piste d'atterrissage apparaissent dans le brouillard.

7. *Effet de lumière et d'ombre.*
La biche apparaît dans le .... de la forêt.

8. *Qualifie une lumière pâle et sans éclat.*
Les spéléologues pénétrèrent dans une grotte éclairée d'une lumière ....

9. *Qualifie une lumière vive, que rien n'atténue.*
Il est aveuglé par la lumière .... du projecteur.

10. *Se dit d'une lumière voilée.*
Par la fenêtre garnie de stores parvenait une lumière ....

11. *Se dit d'une lumière qui n'est pas nette, qui se répand dans toutes les directions.*
Vue de loin, la ville répandait dans le ciel une lumière ....

12. *Qui émet des rayons de lumière vive.*
Le temps était très beau et nous avons pique-niqué sous un soleil ....

13. *Qui brille d'un vif éclat.*
Victor ne passe pas inaperçu, dans sa nouvelle voiture ....

14. *Qui prend les couleurs de l'arc-en-ciel par la décomposition de la lumière.*
Sous le soleil, les jets d'eau ont des reflets ....

15. *Qui laisse passer la lumière sans permettre de distinguer les objets.*
Les porcelaines chinoises sont si fines qu'elles sont ....

16. *Rendre brillant et lisse par le frottement ou par un produit.*
Il faut bien .... les meubles cirés.

17. *Briller doucement en lançant des éclats par moments.*
Sous les lustres, les diamants .... aux cous des danseuses.

18. *Produire des reflets lumineux comme sur un miroir.*
L'eau tranquille de la mare .... doucement sous le soleil.

19. *Avoir des reflets différents suivant le jeu de la lumière.*
Le pelage de la panthère noire .... lorsqu'elle se déplace.

20. *Renvoyer une forte lumière.*
Le sable blanc de la plage .... la lumière du soleil en éblouissant.

*Dès l'**aube**, Grégoire part astiquer sa mobylette aux couleurs **chatoyantes**. Quand vient l'**aurore**, les chromes **lustrés scintillent** sous le soleil levant.*

LA LUMIÈRE [nom]

1. *Que deviendrions-nous sans la **lumière** du jour ?*

DÉF. : ce qui rend visible tout ce qui existe = la clarté ≠ l'obscurité.

2. *Heureusement, la nuit, nous avons d'autres sources de **lumière**.*

DÉF. : éclairage artificiel.

◆ Famille – *Un rayon **lumineux** – La **luminosité** du ciel – Un **luminaire** :* un appareil d'éclairage.

◆ Expression – ***Les lumières** de la science :* ce qui aide à comprendre le monde.

◆ Locutions – ***Faire la lumière** sur une affaire :* la rendre claire, l'élucider – ***Ce n'est pas une lumière !** :* il n'est pas très intelligent.

UNE AUBE [nom]

*Il faut partir dès l'**aube*** (d'un mot latin signifiant blanc).

DÉF. : première lumière faible qui blanchit l'horizon après la nuit ≠ la tombée de la nuit, le crépuscule.

N.B. – *Les communiants sont en **aube** :* tunique blanche (vêtement religieux).

◆ Expression – ***L'aube de la vie** :* son commencement.

UNE AURORE [nom]

*Gabriel a l'habitude de se lever à l'**aurore**.*

DÉF. : lumière brillante et rosée apparaissant dans le ciel après l'aube et annonçant le lever du soleil.

◆ Famille – *Une **aurore** boréale :* phénomène atmosphérique qui rend le ciel rose et changeant au Pôle Nord (au Pôle Sud : aurore australe).

BLAFARD [adj. qual.]

1. *À cause du brouillard, nous avancions dans une lumière **blafarde**.*

DÉF. : pâle et sans éclat = blême ≠ vive et colorée.

2. *À son teint **blafard**, on voyait qu'il était malade.*

DÉF. : d'une blancheur maladive = livide.

CHATOYER [verbe]

*Le satin des robes **chatoyait** sous la lumière des lustres.*

DÉF. : brillait avec des reflets changeants (comme les yeux des chats).

◆ Famille – *Le **chatoiement** du satin – Un satin **chatoyant**.*

UN CLAIR-OBSCUR [nom]

1. *Il s'enfonça dans le **clair-obscur** des sous-bois.*

DÉF. : lumière très atténuée = pénombre.

2. *Le peintre Rembrandt est célèbre pour ses **clairs-obscurs**.*

DÉF. : effets de lumière et d'ombre.

◆ Famille – *La **clarté** – **Éclairer** – L'**éclairage** – Un **éclair** – **Clarifier** :* rendre clair, transparent, compréhensible.

◆ Locutions – *Le **clair** de lune – **Tirer une affaire au clair** :* l'expliquer – *Un message **en clair** :* facile à comprendre, non codé.

LE CRÉPUSCULE [nom]

*L'été, on aime bien se promener au **crépuscule**.*

DÉF. : moment où la lumière s'assombrit après le coucher du soleil = entre chien et loup.

◆ Famille – *Une lumière **crépusculaire**.*

CRU [adj. qual.]

*Dans les supermarchés, l'éclairage est très **cru**.*

DÉF. : violent, que rien n'atténue = brutal, vif (vive) ≠ voilé, doux (douce).

DIFFUS [adj. qual.]

*Sous la pluie, le boulevard baignait dans une clarté **diffuse**.*

DÉF. : dont les contours ne sont pas nets.

◆ Famille – ***Diffuser** :* ma lampe diffuse une douce lumière : l'émet, la répand – *La **diffusion** de la lumière – La **radiodiffusion** :* la diffusion par les ondes = l'émission – ***Diffuser** une nouvelle :* la répandre dans le public. *Sa **diffusion**.*

N.B. – *Ce réalisateur de film cherche des **diffuseurs** :* personnes ou entreprises qui vont faire connaître le film (COMMUNICATION).

◆ Expressions – *Un discours **diffus** :* qui manque de netteté, vague ≠ concis, précis.

IRISÉ [adj. qual.]

*Un arc-en-ciel trace dans le ciel une courbe **irisée**.*

DÉF. : qui comprend les sept couleurs obtenues par la décomposition de la lumière blanche.

◆ Famille – *Les **irisations** d'une opale (pierre précieuse) :* les reflets qu'elle produit.

◆ Locution – *L'écharpe d'**Iris** :* les Anciens croyaient que l'arc-en-ciel était l'écharpe de la déesse Iris.

UNE LUEUR [nom]
1. *Autrefois, il fallait étudier, la nuit, à la **lueur** d'une bougie.*
DÉF. : faible lumière.
2. *Les **lueurs** d'un orage lointain éclairaient le ciel.*
DÉF. : lumière brève et atténuée.
3. *Je vis une **lueur** malicieuse dans son regard.*
DÉF. : éclat vif et momentané.

◆ Famille – *Dans la nuit, on voit le pavé mouillé **luire** sous le lampadaire :* émettre ou refléter de la lumière, briller – *Un ver **luisant** – Les cuivres **reluisent** :* brillent.

◆ Expression – *Une **lueur** d'intelligence :* une manifestation soudaine, faible ou passagère.

LUSTRER [verbe]
*Le frottement a **lustré** les manches de son costume noir.*
DÉF. : a rendu le tissu brillant = a fait luire.

◆ Famille – ***Illustrer** – Ton dessin **illustre** bien ton texte :* l'éclaire – *Rodrigue a **illustré** sa famille :* lui a donné la gloire – *Rodrigue est un personnage **illustre** :* célèbre – *Il a accroché un **lustre** au plafond :* un luminaire – *La **lustrine** est un tissu brillant.*

MIROITER [verbe]
*La surface du lac **miroite** sous le soleil.*
DÉF. : renvoie la lumière comme un miroir, mais avec des mouvements d'ondulation.

◆ Famille – *Un **miroir** – Le **miroitement** des eaux – Des eaux **miroitantes**.*

◆ Expression – ***Faire miroiter** une récompense aux yeux de quelqu'un :* la présenter de façon séduisante et accessible.

LA PÉNOMBRE [nom]
*Les volets fermés plongent la chambre dans la **pénombre**.*
DÉF. : presque dans l'ombre = le demi-jour.

◆ Famille – *L'**ombre** – L'**ombrage** :* ombre donnée par les feuillages – ***Ombrager** :* faire de l'ombre – *Une route **ombragée** :* à l'ombre.
N.B. – *Un homme **ombrageux** :* qui s'inquiète, méfiant, susceptible (CARACTÈRE).

RADIEUX [adj. qual.]
*Nous nous sommes promenés sous un soleil **radieux**.*
DÉF. : qui rayonne et brille donc d'un grand éclat.
N.B. – La racine *radio* vient du mot latin signifiant ***rayon**.*

◆ Famille – *Un **rayon** – **Rayonner** – Une **radiation** – **Irradier** – Une **irradiation**.*

◆ Expression – *Un vainqueur **radieux** :* qui rayonne de joie.

RÉVERBÉRER, SE RÉVERBÉRER [verbe]
1. *Les jours d'été, la mer **réverbère** la lumière du soleil.*
DÉF. : la réfléchit, la renvoie.
2. *Le soleil **se réverbère** sur la mer.*
DÉF. : se reflète.
N.B. – *Le mur blanc **réverbère** la chaleur* (s'emploie aussi pour la chaleur).

◆ Famille – *La **réverbération** du soleil – Un **réverbère** :* lanterne comprenant un miroir, autrefois utilisée pour éclairer les rues.

RUTILANT [adj. qual.]
*La fanfare a des cuivres **rutilants**.*
DÉF. : qui brillent d'un vif éclat avec des reflets rouges.

◆ Famille – ***Rutiler** :* les cuivres rutilent.

SCINTILLER [verbe]
*Les étoiles **scintillent** dans le ciel.*
DÉF. : brillent en jetant des éclats par moments = clignotent.

◆ Famille – *Le **scintillement** des étoiles – Des étoiles **scintillantes**.*

TAMISÉ [adj. qual.]
*L'abat-jour de la lampe de chevet donne une lumière **tamisée**.*
DÉF. : filtrée comme si elle passait à travers un tamis = voilée, donc douce.

◆ Famille – *Mon abat-jour **tamise** la lumière – Un **tamis** :* sorte de passoire fine.

LES TÉNÈBRES [nom fém. plur.]
*Cosette avançait dans les **ténèbres** de la forêt.*
DÉF. : obscurité profonde, totale = une nuit d'encre.

◆ Famille – *Une forêt **ténébreuse*** (POÉTIQUE) ≠ lumineuse, claire.

◆ Expressions – *Les **ténèbres** de la barbarie :* l'obscurité, l'ignorance – *Une **ténébreuse** affaire :* qui est obscure, difficile à comprendre.

TRANSLUCIDE [adj. qual.]
*Le papier-calque est **translucide**, les vitres sont transparentes.*
DÉF. : laisse passer la lumière sans qu'on puisse distinguer les formes ≠ opaque.

CONTRÔLEZ VOS CONNAISSANCES

(corrigé p. 276)

1. Les lumières sont parfois notées par comparaison avec une matière. Écrivez les matières auxquelles sont empruntées les comparaisons suivantes :

Une lumière **a.** cendrée : .... **d.** plombée : ....
b. laiteuse : .... **e.** phosphorescente : ....
c. argentée : .... **f.** nacrée : ....

2. ORALEMENT. On qualifie parfois les lumières par un adjectif abstrait pour exprimer l'effet qu'elles produisent. Souvenez-vous que l'on peut dire :

une lumière ☐ agressive ☐ chaude ☐ intime
☐ brutale ☐ discrète ☐ rassurante

3. Découvrez une journée de Nestor 001 en complétant le texte suivant à l'aide des 20 mots proposés ci-dessous.

☐ aube	☐ crépuscule	☐ lustra	☐ rutilant
☐ aurore	☐ crus	☐ miroitantes	☐ scintillantes
☐ blafardes	☐ diffuse	☐ pénombre	☐ tamisée
☐ chatoyante	☐ irisé	☐ radieux	☐ ténèbres
☐ un clair-obscur	☐ lueurs	☐ réverbéraient	☐ translucides

Nestor 001

Nestor s'était levé dès l'............ 1 et était sorti de chez lui à l'............ 2. Le soleil s'annonçait .... 3 : « Belle journée pour une filature ! », se dit notre détective. Dans les lumières .... 4 du métro, il se mit à rêver d'un coup de fil miraculeux : on le chargerait d'une mission qui lui ferait courir les rues toute la journée. Arrivé à son agence, il s'écroula devant le téléphone, sous les éclairages .... 5 des néons, et se mit à attendre. En vain. Son bureau .... 6 un peu plus ses manches de veston jusqu'au .... 7. En sortant, dans le .... 8 de la rue, le découragement l'envahit.
C'est alors qu'il aperçut, à travers les vitres .... 9 d'un bar devant lequel il passait, une lumière .... 10 qui le tenta. Un bon verre dans une atmosphère feutrée allait lui remonter le moral ! Lorsqu'il entra dans la salle, ce fut l'éblouissement ! Dans la clarté .... 11 des lampes, la robe .... 12 d'une superbe créature .... 13 de tous ses reflets. Le visage de la belle était illuminé par des boucles d'oreilles .... 14 qui se .... 15 sur le cuivre .... 16 du comptoir. Nestor croisa alors un regard .... 17 qui le fascina.
.... 18 d'espoir éphémères ! Il dut se résoudre à quitter seul la .... 19 du bar pour plonger dans les .... 20 de la nuit.

C. LES COULEURS

Testez-vous ! (corrigé p. 277)

1. Un visage basané :
a. brun clair, comme un visage bronzé ☐
b. noir ☐
c. pâle comme celui des habitants des pays nordiques ☐
d. sens ignoré ☐

2. Un tissu cramoisi :
a. marron foncé ☐
b. rouge foncé ☐
c. orangé ☐
d. sens ignoré ☐

3. Un pelage fauve :
a. qui présente des rayures ☐
b. uniformément noir, comme celui d'une panthère ☐
c. jaune tirant sur le roux ☐
d. sens ignoré ☐

4. Des reflets glauques :
a. d'un blanc sale ☐
b. de la couleur de la boue ☐
c. d'un vert tirant sur le bleu ☐
d. sens ignoré ☐

5. Des rideaux pourpres :
a. rouge tirant sur le violet ☐
b. bleu foncé ☐
c. jaune foncé ☐
d. sens ignoré ☐

6. Un vêtement bariolé :
a. taché de salissures ☐
b. très coloré, bigarré ☐
c. rouge cerise ☐
d. sens ignoré ☐

7. Une tapisserie fanée :
a. décorée de fleurs ☐
b. aux multiples couleurs ☐
c. décolorée, passée ☐
d. sens ignoré ☐

Utilisez vos connaissances (corrigé p. 277)

À l'aide des définitions en italiques, complétez chaque phrase avec l'un des mots placés dans l'encadré ci-dessous. Attention aux accords !
Si cet exercice vous en fait voir de toutes les couleurs, aidez-vous du vocabulaire des pages 82 et 83.

☐ bariolé	☐ un coloris	☐ fauve	☐ sourd
☐ basané	☐ cramoisi	☐ froid	☐ soutenu
☐ la carnation	☐ criard	☐ glauque	☐ une teinte
☐ chamarré	☐ écarlate	☐ une nuance	☐ terne
☐ chaud	☐ fané	☐ pourpre	☐ un ton

1. *Degré différent d'une même couleur.*
La vendeuse de la parfumerie m'a proposé quatre .... de rouge à lèvres.

2. *Couleur de la peau, spécialement du visage.*
Cette célèbre actrice, dont la .... est très belle, a un contrat pour la publicité de produits de beauté.

3. *Effet qui résulte du choix et de l'assemblage des couleurs.*
Le .... du tissu que Mélanie a choisi pour ses doubles rideaux est superbe.

4. *Résultat d'un mélange de couleurs.*
Le ciel prend des .... cuivrées au coucher du soleil.

5. *Couleur considérée dans son intensité, son éclat.*
Je voudrais un tissu dans des .... doux.

6. *Rehaussé d'ornements de couleurs vives se détachant sur le fond.*
L'habit des toreros est ....

7. *Qui sont trop vives, laides, qui choquent.*
Les baraques de la fête foraine sont décorées de couleurs ....

8. *Jaune tirant sur le roux.*
Amandine a acheté un sac de voyage en cuir .... qui lui plaît beaucoup.

9. *Qui est coloré de taches ou de barres formant un ensemble bigarré.*
À l'école maternelle, Arthur faisait des dessins tout ....

10. *Qui a le teint brun clair.*
Pour évoquer les pays méditerranéens, ce film publicitaire a utilisé des acteurs au teint ....

11. *Vif, éclatant.*
Nous avons décoré le salon d'accueil avec des couleurs ...., agréables pour les visiteurs.

12. *Qui ne donne pas une impression de chaleur.*
Les murs peints de couleurs .... dans les couloirs de l'hôpital sont déprimants.

13. *Rouge foncé.*
Le rideau de scène du théâtre municipal est en velours ....

14. *D'un vert tirant sur le bleu rappelant l'eau de mer.*
Près des côtes de Bretagne, les algues donnent à la mer une coloration ....

15. *Intense, vif ou foncé.*
Le bleu indigo est plus .... que le bleu ciel.

16. *Atténué, sans éclat.*
Les tons .... de la tapisserie de ma chambre créent une atmosphère très reposante.

17. *Rouge foncé ou rouge vif.*
Arthur s'est coupé en épluchant sa pomme : son doigt s'est teinté de ....

18. *D'un rouge éclatant, très vif.*
Dans certains films, le diable est représenté portant une cape ....

19. *Sans éclat.*
Elle ne s'habille que de vêtements .... qui lui donnent un air de tristesse.

20. *Décoloré par le soleil et l'usure.*
Il faut que je change le tissu de mes fauteuils : il est ....

Aux sports d'hiver, Juliette obtient un teint **basané** qui étonne ceux qui connaissent les **nuances** claires de sa **carnation**.

81

LA COULEUR [nom]

1. *Je vais choisir la **couleur** de ma voiture.*
DÉF. : impression visuelle qui ne concerne pas la forme.
2. *Les premiers films **en couleurs** ont eu beaucoup de succès.*
DÉF. : qui n'étaient plus en noir et blanc.
3. *Quelles sont les **couleurs** de ce club ?*
DÉF. : couleurs de vêtements qui distinguent les membres d'un club.

◆ Famille – ***Colorer :*** le soleil couchant **colore** le ciel – *La **coloration** du ciel* – *Un tableau **coloré :*** qui a des couleurs vives – *L'enfant aime bien **colorier :*** mettre des couleurs sur un dessin* – *Un **coloriage*** – *Un **coloris*** – *Un **colorant*** – *Un produit **décolorant*** – **Incolore** – **Bicolore** – **Tricolore** – **Multicolore.**

◆ Expressions – *Annoncer la **couleur*** (TERME DE JEU DE CARTES) : annoncer ce que l'on a l'intention de faire – ***Couleur locale :*** représentation exacte des personnes et choses dans des lieux et temps donnés.

◆ Locutions – *Mentir sous **couleur** de se justifier :* sous l'apparence de, sous prétexte de – *En faire voir de toutes les **couleurs :*** être insupportable.

BARIOLÉ [adj. qual.]

*Pour le carnaval, elle a préparé un vêtement **bariolé.***
DÉF. : qui est coloré de taches ou de barres de couleurs vives formant un ensemble bizarre = bigarré.

◆ Famille – *Le **bariolage** de son vêtement = la bigarrure.*

BASANÉ [adj. qual.]

*Les Méditerranéens ont le teint **basané.***
DÉF. : de la couleur de la basane, peau fine de teinte brun clair utilisée en maroquinerie = bronzé, hâlé.

◆ Famille – *La **basane.***

LA CARNATION [nom]

*Marilyn Monroe avait une **carnation** très claire.*
DÉF. : couleur, apparence de la peau, spécialement du visage = le teint.

◆ Famille – *La **chair*** – *Un aliment **carné*** – *Un ongle **incarné :*** qui entre dans la chair du doigt – ***Incarner** un personnage :* interpréter son rôle au théâtre ou au cinéma.

CHAMARRÉ [adj. qual. et part. passé]

*Pour la fête, le prince portait un habit **chamarré.***
DÉF. : qui était rehaussé d'ornements de couleurs très vives tranchant sur le fond.

◆ Famille – *La **chamarrure** d'un habit.*

CHAUD [adj. qual.]

*Les couleurs **chaudes** vont du jaune au rouge (jaune, orangé, rouge).*
DÉF. : qui sont vives et éclatantes ≠ froides.

◆ Famille – *Les mots de la famille de **chaleur.***

◆ Expressions – *Avoir le **sang chaud :*** être ardent, sensuel – *Avoir la **tête chaude :*** se mettre facilement en colère – *Un **chaud** partisan :* un partisan passionné.

UN COLORIS [nom]

*Ce tissu imprimé a un joli **coloris.***
DÉF. : effet qui résulte du choix et de l'assemblage des couleurs.

◆ Famille – *Un **coloriste** est un peintre qui travaille particulièrement les coloris.*

CRAMOISI [adj. qual.]

*Elle est restée longtemps devant le feu de la cheminée, ses joues sont **cramoisies.***
DÉF. : rouge foncé.

CRIARD [adj. qual.]

*Les enseignes des magasins ont des couleurs **criardes.***
DÉF. : qui sont trop vives, sont laides et choquent = agressives ≠ douces, harmonieuses.
N.B. – *Une voix **criarde :*** aiguë et désagréable (SON) – *Un **cri** – **Crier** – Une injustice **criante :*** qui frappe vivement l'attention.

ÉCARLATE [adj. qual.]

*Ma question était indiscrète, ses joues devinrent **écarlates.***
DÉF. : d'un rouge vif, éclatant.

◆ Famille – *La **scarlatine** est une maladie qui se manifeste par des taches écarlates sur la peau.*

FANÉ [adj. qual. ou part. passé]

*C'est un vieux rideau aux couleurs **fanées.***
DÉF. : qui sont décolorées par la lumière et l'usure = éteintes, passées ≠ fraîches, vives.
N.B. – *Des fleurs **fanées :*** flétries (SENS PROPRE).

FAUVE [adj. qual.]
Les fauteuils du salon sont recouverts de cuir fauve.
DÉF. : d'un jaune tirant sur le roux, de la couleur du pelage des bêtes sauvages appelées «fauves», le lion par exemple.

FROID [adj. qual.]
Les tons froids vont du violet au vert (violet, bleu, vert).
DÉF. : qui n'ont pas d'éclat et ne donnent pas une impression de chaleur ≠ chauds.

◆ Famille – *Les mots de la famille de froid.*

◆ Expressions, locutions – *Manifester de la froideur :* un manque d'affection – *Jeter un froid :* provoquer un malaise – *Cela me fait froid dans le dos :* me fait peur – *Être en froid avec quelqu'un :* fâché.

GLAUQUE [adj. qual.]
Les fougères abondantes donnaient aux sous-bois une coloration glauque.
DÉF. : d'un vert tirant sur le bleu, rappelant l'eau de mer = verdâtre.

UNE NUANCE [nom]
Cramoisi, écarlate et pourpre sont trois nuances de rouge.
DÉF. : degrés différents dans une même couleur.
N.B. – *Les nuances dans une interprétation musicale* (SON) – *Les nuances du jeu d'un acteur* (SPECTACLE) – *Les nuances du style d'un écrivain* (LITTÉRATURE).

◆ Famille – *Ce peintre a l'art de nuancer les couleurs :* de les faire délicatement varier.

◆ Expressions – *Il y a une nuance entre la mélancolie et la tristesse :* une légère différence – *Nuancer sa pensée :* l'exprimer en tenant compte des différences les plus délicates.

POURPRE [adj. qual.]
Les rideaux pourpres rendaient solennelle la salle de réception.
DÉF. : de couleur rouge foncé.

◆ Famille – *La pourpre :* matière colorante tirée d'un coquillage – *Le pourpre :* le coquillage lui-même ainsi que la couleur pourpre – *Un ciel pourpré :* coloré de pourpre – *Je vis son visage s'empourprer.*

◆ Expression – *La pourpre impériale :* couleur qui était la marque de la dignité de l'Empereur.

SOURD [adj. qual.]
Le décor est réalisé dans des tons sourds pour s'accorder avec l'atmosphère de la pièce de théâtre.
DÉF. : qui sont atténués, sans éclat = mats ≠ éclatants, brillants, gais.
N.B. – *Un son sourd :* qui ne retentit pas, étouffé (SON) – Mots de la famille dans BRUITS ET SONS.

◆ Expressions, locutions – cf. BRUITS ET SONS.

SOUTENU [adj. qual. ou part. passé]
Je voudrais un tapis d'un bleu plus soutenu.
DÉF. : plus intense, plus vif ou plus foncé.
N.B. – *Un langage soutenu :* de bonne tenue, sans familiarité (COMMUNICATION) – *Un effort soutenu :* constant, régulier (QUALITÉ).

◆ Famille – *Soutenir – Un soutien.*

UNE TEINTE [nom]
L'ouvrier-peintre mélange soigneusement les couleurs pour obtenir la teinte demandée.
DÉF. : couleur obtenue par mélange.

◆ Famille – *Un tableau en demi-teinte – J'ai envie de teindre ma robe en bleu :* donner une couleur à un tissu – *Une robe teinte ≠ déteinte – Ma robe a déteint :* les couleurs sont passées – *Le métier des teinturiers consistait d'abord à teindre les tissus – Ils utilisaient de la teinture – Ils travaillaient dans une teinturerie – Je vais teinter la crème avec du caramel :* la colorer légèrement – *Des lunettes à verres teintés – Cette femme a un teint éclatant :* coloration du visage.

◆ Expression, locution – *Une teinte d'ironie :* une petite dose d'ironie – *Un républicain bon teint :* convaincu, dont les opinions sont solides (comme la couleur d'un tissu bon teint).

TERNE [adj. qual.]
Avec cette lessive, les couleurs restent ternes.

◆ Famille – *Ternir* (2ᵉ groupe) – *Les couleurs ternissent :* deviennent ternes.

◆ Expressions – *Un discours terne :* monotone, sans intérêt – *Une personne terne :* insignifiante, falote.

UN TON [nom]
J'aimerais un tapis d'un ton plus vif.
DÉF. : couleur considérée dans son intensité, son éclat.
N.B. – *Le ton de la voix, le ton d'un son :* sa hauteur – *La tonalité* (SON).

CONTRÔLEZ VOS CONNAISSANCES

(corrigé p. 277)

Attention! L'accord des mots (noms ou adjectifs) indiquant des couleurs est délicat. Consultez votre grammaire!

1. Augmentez votre vocabulaire des couleurs : notez les couleurs des tubes et des pastilles de votre boîte de peinture et les couleurs de l'arc en ciel.
....
....

2. Trouvez, dans un dictionnaire illustré, la planche des pierres précieuses ; à l'aide d'un nom ou d'un adjectif composé (par exemple, bleu profond), notez la couleur :
– du rubis : ....   – de l'émeraude : ....   – de l'opale : ....
– du saphir : ....   – de la turquoise : ....   – du corail : ....

3. Voici des objets ou des matières souvent utilisés par comparaison pour exprimer des couleurs. Connaissez-vous l'expression habituellement employée ? Ex. : vert amande.
anthracite = ...   canard = ...   acier = ...   cerise = ...
brique = ...   citron = ...   safran = ...   or = ...
pomme = ...   lavande = ...   sang = ...   émeraude = ...

4. Voici les principaux procédés utilisés pour noter les couleurs :
– nom ou adjectif composé de deux couleurs. Ex : bleu vert ;
– nom ou adjectif accompagné d'une épithète. Ex : bleu pâle ;
– comparaison avec un objet ou une matière. Ex : puce ; ivoire.
Remarquez le procédé utilisé par le peintre Van Gogh dans les extraits suivants des lettres à son frère (il peut y avoir deux procédés dans la même phrase).

Jardin rustique

Ce petit jardin paysan est superbe de couleur : les dahlias sont d'un **pourpre riche et sombre**, la double rangée de fleurs est rose et verte d'un côté et orangée presque sans verdure de l'autre. Au milieu un dahlia blanc bas et un petit grenadier à fleurs du **plus éclatant orangé-rouge**, à fruits **vert-jaune**. Le terrain gris, les hauts roseaux «cannes» d'un vert bleu, les figuiers **émeraude**, le ciel bleu, les maisons blanches à fenêtres vertes, à toits rouges, le matin en plein soleil, le soir entièrement baigné d'ombre, portée, projetée par les figuiers et les roseaux.

Van Gogh, Lettres à son frère Théo, traduction de Louis Roedland, Gallimard (1989).

Le café de nuit

J'ai cherché à exprimer avec le rouge et le vert les terribles passions humaines. La salle est **rouge sang** et **jaune sourd**, un billard vert au milieu, quatre lampes **jaune citron** à rayonnement orangé et vert. C'est partout un combat et une antithèse* des verts et des rouges les plus différents, dans les personnages de voyous. Dans la salle vide et triste, du violet et du bleu.

Van Gogh, Lettres à son frère Théo, traduction de Louis Roedland, Gallimard (1989).

* Opposition.

Ouï dire

Il y a des verbes qui se conjuguent
très irrégulièrement.
Par exemple, le verbe OUÏR.
Le verbe ouïr, au présent, ça fait :
J'ois… j'ois…
Si au lieu de dire «j'entends», je dis
«j'ois»,
les gens vont penser que ce que j'entends
est joyeux
alors que ce que j'entends peut être
particulièrement triste.
Il faudrait préciser :
«Dieu, que ce que j'ois est triste !»
J'ois…
Tu ois…
Tu ois mon chien qui aboie le soir au fond
des bois ?
Il oit…
Oyons-nous ?
Vous oyez…
Ils oient.
C'est bête !
L'oie oit. Elle oit, l'oie !
Ce que nous oyons, l'oie l'oit-elle ?
Si au lieu de dire «l'oreille»,
on dit «l'ouïe», alors :
l'ouïe de l'oie a ouï.
Pour peu que l'oie appartienne à Louis :
«L'ouïe de l'oie de Louis a ouï. »

«Ah oui ?
Et qu'a ouï l'ouïe de l'oie de Louis ?»
«Elle a ouï ce que toute oie oit… »
«Et qu'oit toute oie ?»
«Toute oie oit, quand mon chien aboie
le soir au fond des bois,
toute oie oit :
ouah ! ouah !
Qu'elle oit, l'oie !… »
Au passé, ça fait :
J'ouïs…
J'ouïs !
Il n'y a vraiment pas de quoi !

Raymond DEVOS, *À plus d'un titre* (1989),
© Olivier Orban.

Sommaire

Inventaire de mon silence

J'y trouve d'abord toutes sortes de choses intérieures, secrètes, essentielles ; le bruit de mon cœur, de mes artères, de mes jointures. La profonde musique animale. Ce concert que, souvent, je ne perçois même pas, mais qui, la nuit, suffit à combler l'espace noir de l'univers…

Ils accourent, ils s'offrent, ils s'imposent, tous les bruits de la maison. Les voix d'abord, toutes les voix familières : celle de l'aïeule, celles des enfants, et des femmes, celles des serviteurs. Elles se mêlent au gré des heures, et leur gerbe est si bien connue qu'une seule voix étrangère, introduite dans l'ensemble, suffit à faire bouger les deux oreilles vigilantes : celle du maître de la maison et celle du chien de garde. Les voix, les rires, les appels : musique humaine. Un chœur champêtre y répond : aboiements et miaulements, plaintes des chèvres laitières et des poules couveuses, romance des ramiers, querelle des passereaux. Ajoutez à cela les rumeurs du travail et des machines familières : la scie qui grince dans la bûche, le moteur électrique enterré dans le tréfonds et qui ronronne à tout instant, le long chuintement dans les conduites vibrantes. Quoi donc encore ? Le piano sur lequel flageolent des doigts puérils, le faisan qui, dans sa volière, semble frapper deux fois sur une casserole de tôle avant de prendre son essor, le vent qui tourne autour de nous, monstre inquiet, la pluie qui trépigne à pas aigus sur les gouttières métalliques. À tous nos bruits, répondent, mesure par mesure, les bruits du hameau…

Georges DUHAMEL, *Querelles de famille* (1932),
© Mercure de France.

FICHES D'ENTRÉE

l'ouïe [nom fém.]

*Elle a l'**ouïe** fine.*
DÉF. : sens qui permet d'entendre.

◆ Famille – ***Ouïr*** – *Il a eu un succès **inouï** :* si extraordinaire qu'on n'a jamais entendu parler de rien de semblable.
◆ Conjugaison – ***Ouïr*** n'est habituellement utilisé qu'à l'infinitif et au participe passé *(ouï)*.
◆ Expressions – ***Je suis tout ouïe :*** j'écoute attentivement – *Je le sais **par ouï-dire :*** pour l'avoir entendu dire.

l'audition [nom fém.]

1. *Il souffre de troubles de l'**audition**.*
DÉF. : fonctionnement du sens de l'ouïe – perception des sons.

2. *Le juge a procédé à l'**audition** des témoins.*
DÉF. : action d'entendre et d'écouter.

3. *Le pianiste doit donner une **audition** demain.*
DÉF. : présentation, par un artiste, d'une œuvre musicale ou d'une scène d'une pièce de théâtre.

◆ Famille – *Avoir des problèmes **auditifs** – Un son **audible** ≠ **inaudible** – L'ensemble des **auditeurs** forme l'**auditoire** – Le pianiste doit **auditionner** – Le jury va l'**auditionner :** l'écouter – Un **auditorium :** salle aménagée pour les auditions – L'**audience** du public :* intérêt des personnes qui écoutent – *L'**audience** des téléspectateurs est mesurée par l'**audimat** – Cette émission a dix points d'**audience** – Le ministre m'a accordé une **audience :** un entretien où il a écouté ce que je lui exposais – Une **audience** en justice :* une séance du tribunal où sont écoutés témoignages et dépositions – *L'**audiovisuel**.*

(l')acoustique [nom fém. et adj. qual.]

1. *L'**acoustique** de la salle est très mauvaise et on n'entend pas les acteurs.*
DÉF. : qualité d'un local en ce qui concerne le son.

2. *L'écho est un phénomène **acoustique**.*
DÉF. : qui est relatif au son = sonore.
N.B. – *L'**acoustique** :* une partie de la physique.

◆ Famille – *Un **acousticien** :* un spécialiste de l'acoustique.

FICHES D'ENTRÉE

un bruit [nom]

1. *J'entends les* **bruits** *de la rue.*
DÉF. : ce qui est entendu, sans avoir de qualité musicale ≠ le silence.
2. *Assis à l'écart, Grégoire écoutait le* **bruit** *des conversations.*
DÉF. : mélange de sons confus.

◆ Famille – *Entends-tu* **bruire** *les feuilles ?* : produire un son confus – *Le* **bruissement** *des feuilles* – *Quand un film est fait, le* **bruiteur** *s'occupe du* **bruitage** : reproduction artificielle des bruits naturels – *Des élèves* **bruyants** : qui font du bruit – *Un quartier* **bruyant** : où il y a beaucoup de bruit – **Ébruiter** *une information* : la rendre publique alors qu'elle était secrète = *divulguer.*

◆ Expressions – *L'affaire* **a fait du bruit** : a eu un grand retentissement – **Un bruit qui court** : une nouvelle qui circule parmi le public = une rumeur – **Un faux bruit** : une fausse nouvelle.

un son [nom]

De ma chambre, j'entends le **son** *de la cloche de l'église.*
DÉF. : ce qui est entendu et qui est simple ou musical.
N.B. – *Les* **sons** *des voyelles* : A, E, I, O, U – *Les* **consonnes** : les lettres de l'alphabet et les sons qu'elles représentent qui ne sont pas des voyelles.

◆ Famille – **Sonner** : produire un son – *Une* **sonnerie** – *Une* **sonnette** – *Un* **sonneur** – *Un appel* **sonore** : qui a un son clair et fort – *La* **sonorité** *d'un piano* : la qualité du son – *On entend* **résonner** *(Attention ! ≠ de raisonner !) la cloche* : produire des sons prolongés et amplifiés – *Un phénomène de* **résonance** – *La* **résonance** *d'une voûte* – *La* **consonance** *en musique* : l'accord harmonieux des sons ≠ *la* **dissonance** – *Les* **consonances** *d'une langue* : les sons produits par les mots – *Les* **ultrasons** *(ou* **ultrasons**) : phénomène acoustique qui n'est pas perçu par l'oreille humaine – *Un avion* **supersonique** : qui se déplace plus vite que le son – **Sonoriser** *une salle* : l'équiper de matériel qui amplifie le son – **Insonoriser** *une salle* : la rendre moins sonore, avec des matériaux **insonores**.

◆ Expression – *N'entendre qu'***un son de cloche** : une seule interprétation de ce qui s'est passé.

◆ Locutions – *Dormir comme un* **sonneur** : comme une personne que les cloches ne réveilleront pas – *Elle a cinquante ans* **bien sonnés** : plutôt dépassés – *Un boxeur* **sonné** : assommé par un coup.

A. BRUITS ET SONS

Testez-vous ! <small>(corrigé p. 277)</small>

1. Une cacophonie :
- **a.** mélange désagréable de bruits forts ☐
- **b.** morceau de musique joué dans un concert ☐
- **c.** ensemble de musiciens ☐
- **d.** sens ignoré ☐

2. Une rumeur :
- **a.** son fort mais bref ☐
- **b.** grondement fort comme celui du tonnerre ☐
- **c.** bruit faible et confus ☐
- **d.** sens ignoré ☐

3. Un chuintement :
- **a.** bruit de la vapeur qui s'échappe ☐
- **b.** bruit d'un corps lourd tombant dans l'eau ☐
- **c.** bruit de gouttes d'eau qui tombent ☐
- **d.** sens ignoré ☐

4. Un cliquetis :
- **a.** petits cris de moineaux ☐
- **b.** bruits légers d'objets qui s'entrechoquent ☐
- **c.** bruit produit par le choc de deux objets lourds ☐
- **d.** sens ignoré ☐

5. Tinter :
- **a.** frapper très fort sur un tambour ☐
- **b.** produire des sons clairs qui se succèdent lentement ☐
- **c.** avertir avec une trompette ☐
- **d.** sens ignoré ☐

6. Un bruit strident :
- **a.** aigu, perçant ☐
- **b.** irrégulier, tantôt fort, tantôt faible ☐
- **c.** doux à l'oreille ☐
- **d.** sens ignoré ☐

7. Un son assourdi :
- **a.** très fort, qui rend sourd ☐
- **b.** très clair mais qui semble venir de très loin ☐
- **c.** étouffé, faible ☐
- **d.** sens ignoré ☐

Utilisez vos connaissances (corrigé p. 277)

À l'aide des définitions en italiques, complétez chaque phrase avec l'un des mots placés dans l'encadré ci-dessous. Attention aux accords et aux conjugaisons !
S'il s'installe une cacophonie dans votre tête, reportez-vous au vocabulaire des pages 92 et 93. Vous éviterez de vous en trouver assourdi.

☐ assourdir	☐ un clapotis	☐ discordant	☐ une rumeur
☐ un bruissement	☐ un cliquetis	☐ un fracas	☐ strident
☐ une cacophonie	☐ un crépitement	☐ grave	☐ un timbre
☐ un charivari	☐ un crissement	☐ un grésillement	☐ tinter
☐ un chuintement	☐ une détonation	☐ gronder	☐ un vrombissement

1. *Son continu et assourdi, analogue à celui du son « ch ».*
Un .... venant du moteur nous signale que le système de refroidissement ne fonctionne plus.

2. *Bruit produit par le frottement d'un objet dur sur une surface lisse.*
Le .... de la voiture qui s'arrête brutalement fait penser à un téléfilm américain.

3. *Bruit d'explosion soudain et violent.*
Une forte .... retentit brusquement faisant sortir les habitants et aboyer les chiens.

4. *Bruit très fort d'objets qui se brisent ou qui tombent.*
Les piles de chaises, poussées par un maladroit, s'écroulèrent dans un .... assourdissant.

5. *Bruit faible, léger, confus et continu.*
En approchant de la ruche, on entendait le .... des abeilles au travail.

6. *Bruit caractéristique de petites vagues.*
À la marée montante, les petites vagues battent le rocher avec un léger ....

7. *Petits bruits secs, légers, rapides, caractéristiques de la graisse qui fond.*
J'entends le .... du lard : Mélanie prépare une quiche.

8. *Bruit assourdi et lointain.*
En ville, la nuit n'est jamais totalement silencieuse : une .... indéfinissable subsiste en permanence.

9. *Ronflement irrégulier d'un moteur tournant à haut régime.*
Arthur joue avec ses petites voitures et s'amuse à imiter le .... des voitures de course.

10. *Émettre un son grave et menaçant.*
Dans la tempête, le vent hurle, le tonnerre ...., la pluie cingle les voiles du bateau.

11. *Produire des sons clairs qui se succèdent lentement.*
« Entends-tu .... les clochettes des chèvres dans la montagne ? »

12. *Mélange sans aucune harmonie de bruits ou de voix.*
Au réveillon, les invités se sont amusés avec de petites trompettes et des crécelles, ce qui a fait une belle ....

13. *Ensemble de petits bruits secs et clairs produit par des objets qui s'entrechoquent.*
Le .... des couverts indique que l'on met la table pour le banquet.

14. *Mélange de cris et de huées indiquant un grand désordre.*
La classe de quatrième a fait un grand .... pour la fin de l'année.

15. *Petits bruits secs et clairs comme de petites explosions.*
Dans les fourrés desséchés par la chaleur, le promeneur entendit les .... du feu.

16. *Qualité spécifique d'un son.*
Juliette aime le .... des cuivres dans la musique du groupe Chicago.

17. *Rendre moins sonore.*
J'avance dans la neige qui .... le bruit de mes pas.

18. *Se dit des sons correspondant aux notes basses de la gamme.*
Le son .... de la sirène annonce que le bateau quitte le port.

19. *Qualifie un son aigu, perçant, intense.*
Il fait très chaud. Le bruit .... des cigales nous perce les oreilles.

20. *Se dit des sons qui ne s'accordent pas entre eux.*
Les musiques des différents manèges de la fête foraine forment un ensemble ....

Dans une scène du film Les trois mousquetaires,
*le **cliquetis** des épées est couvert par le **grésillement**
de la friture et par
le **grondement**
du chien.*

ÉCOUTER [verbe]

J'écoute un concert.

DÉF. : je fais un effort d'attention pour percevoir des bruits, des sons, des voix.

ENTENDRE [verbe]

J'entends une voiture arriver.

DÉF. : je perçois par le sens de l'ouïe.

N.B. – Entendre peut avoir le sens de comprendre. *« Je ne vous entends pas, expliquez-vous mieux. »*

ASSOURDIR [verbe]

1. *La moquette assourdit le bruit des pas.*

DÉF. : les rend moins sonores = atténue, affaiblit = amortit.

2. *Le bruit des machines assourdit les ouvriers.*

DÉF. : les rend presque sourds tant il est fort.

◆ Famille – *L'assourdissement* – **Sourd** – *La surdité* – *Un vacarme assourdissant* : qui rend presque sourd (≠ **assourdi** !).

LE BRUISSEMENT [nom]

J'écoute le bruissement des feuilles.

DÉF. : bruit faible, léger, confus et continu = le frémissement.

◆ Famille – **Bruit** – *On entend les arbres bruire* (se conjugue comme un verbe du 2e groupe, utilisé surtout à l'infinitif et à la 3e pers.).

UNE CACOPHONIE [nom]

Autrefois, les cris des marchands formaient dans les rues une cacophonie assourdissante.

DÉF. : mélange discordant de bruits ou de voix.

N.B. – En grec ancien, le radical « *phônê* » signifiait la voix, le son – Ex : *un téléphone* – *La phonétique* : étude des sons du langage.

UN CHARIVARI [nom]

Jadis, à Carnaval, les gens faisaient un grand charivari.

DÉF. : mélange de cris ou de huées traduisant un grand désordre ou un grand mécontentement contre quelqu'un = un tapage, un chahut.

UN CHUINTEMENT [nom]

J'entends le chuintement de la vapeur qui s'échappe de l'autocuiseur.

DÉF. : son continu et assourdi analogue à celui du son « ch ».

N.B. – *Le chuintement qu'il produit lorsqu'il parle fait sourire* : le fait de prononcer le son « ch » au lieu de « s » ou « z » (VOIX).

◆ Famille – *On entend l'autocuiseur chuinter* – « *Ch* » et « *je* » sont des **chuintantes**.

UN CLAPOTIS [nom]

Le jet d'eau retombe dans le bassin en faisant entendre un léger clapotis.

DÉF. : bruit caractéristique de petites vagues.

◆ Famille – *Un clapotement = un clapotis* – *On entend l'eau clapoter.*

UN CLIQUETIS [nom]

Le cliquetis des clés de son trousseau annonce la venue du gardien.

DÉF. : ensemble de petits bruits secs et clairs produits par des objets métalliques qui s'entrechoquent.

◆ Famille – *J'entends les clés cliqueter (elles cliquettent ; elles cliquetaient ; elles cliquetteront)* – *Un déclic* : bruit sec produit par un mécanisme qui se met en route.

UN CRÉPITEMENT [nom]

Seuls les crépitements des bûches dans la cheminée troublent le silence.

DÉF. : petits bruits secs et clairs comme de petites explosions = le pétillement.

◆ Famille – *« Écoute crépiter les bûches. »*

UN CRISSEMENT [nom]

Le crissement de la craie sur le tableau fait grincer les dents.

DÉF. : bruit produit par le frottement d'un objet dur sur une surface lisse = un grincement.

◆ Famille – *J'entends la craie crisser sur le tableau.*

UNE DÉTONATION [nom]

Un réservoir de gaz a explosé ; la détonation a été entendue à plusieurs kilomètres.

DÉF. : bruit soudain et violent d'une explosion = bruit d'une déflagration.

◆ Famille – *Faire détoner un mélange de gaz* (Attention ! ≠ *détonner* : ne pas être dans le ton) – *Un mélange détonant.*

DISCORDANT [adj. qual.]

Avant les concerts, les auditeurs sont gênés par les sons discordants des instruments qu'on est en train d'accorder.

DÉF. : qui ne sont pas accordés entre eux = dissonants ≠ harmonieux(euse).
N.B. – *Des couleurs **discordantes*** (VUE) – *Des avis **discordants*** (OPPOSITION).

◆ Famille – *La **discordance** des instruments* – *Un **accord** harmonieux.*
N.B. – *Un **accord** a été conclu.*

UN FRACAS [nom]
*L'immeuble condamné à la démolition s'effondre dans un grand **fracas**.*
DÉF. : bruit violent d'objets qui se brisent = un vacarme.
N.B. – *Le bateau va se **fracasser** sur les rochers* : se briser dans un choc violent.

◆ Expressions – *Être chassé **avec perte et fracas*** : brutalement – *Une déclaration **fracassante*** : qui fait beaucoup d'effet (de bruit).

(LE) GRAVE [nom ou adj. qual.]
1. *Les premières notes de la gamme sont **graves** par rapport aux suivantes qui sont plus aiguës.*
DÉF. : basses ≠ aiguës, hautes.
2. *Cette célèbre chanteuse passe facilement du **grave** à l'aigu.*
DÉF. : ensemble de sons graves.
N.B. – *Parler d'un ton **grave*** (VOIX) – *Un sujet **grave*** : très sérieux ≠ frivole, léger, futile – *Un accident **grave*** : dont les conséquences peuvent être dramatiques (IMPORTANCE) – *Un accent **grave*** (GRAMMAIRE).

◆ Famille – ***Gravement.***
N.B. – *La **gravité** du ton* – *La **gravité** d'un accident* – *La **gravité** d'une personne* (COMPORTEMENT) – *Le centre de **gravité*** (PHYSIQUE).

UN GRÉSILLEMENT [nom]
*Les **grésillements** venant de la cuisine attirent les amateurs de frites.*
DÉF. : petits bruits secs légers et rapides caractéristiques de la graisse qui fond.
◆ Famille – *On entend l'huile **grésiller.***

GRONDER [verbe]
*Le chien de garde **gronde** avant d'aboyer.*
DÉF. : émet un son grave et menaçant.
N.B. – *Mélanie **gronde** Arthur* : lui fait des reproches = le réprimande.
◆ Famille – *Le **grondement** de l'orage dans le lointain.*

LA RUMEUR [nom]
1. *De la rue, on entend la **rumeur** de la réception du mariage.*
DÉF. : bruit assourdi et lointain de voix et de sons = le brouhaha.
2. *La **rumeur** de la démission du Président est reprise dans la presse.*
DÉF. : nouvelle non vérifiée qui se répand dans le public.
◆ Expression – *La **rumeur publique*** : ce que l'on dit et répète un peu partout.

STRIDENT [adj. qual.]
*Le sifflet de l'agent de police a un son **strident**.*
DÉF. : aigu, perçant et intense.
◆ Famille – *Les **stridulations** des grillons* : bruits perçants produits par certains insectes.

UN TIMBRE [nom]
1. *Le **timbre** de cette flûte n'est pas très agréable.*
DÉF. : qualité spécifique d'un son = la sonorité.
2. *J'ai changé le **timbre** de la porte de mon appartement.*
DÉF. : La sonnette.
N.B. – *Un **timbre-poste*** – *Un **timbre-quittance*** : marque indiquant qu'on a payé un droit.
◆ Famille – *Une voix bien **timbrée*** : dont la sonorité est pleine (voix).
N.B. – ***Timbrer** une lettre* : l'affranchir.
◆ Expression – *Il est **timbré** !* (FAM.) : un peu fou.

TINTER [verbe]
*Arthur entend la cloche qui **tinte** sur la place.*
DÉF. : produit des sons clairs qui se succèdent lentement.
◆ Famille – *Le **tintement** de la cloche* – ***Tintinnabuler*** : tinter comme une clochette – *Le **tintamarre*** : bruit assourdissant fait de sons discordants, tapage – *Le **tintouin*** : bruit fatigant, vacarme ou souci (sens figuré).
◆ Expression – *Les oreilles me **tintent*** : on a parlé de moi en mon absence.

UN VROMBISSEMENT [nom]
*Sur le circuit, le **vrombissement** des voitures de course est ininterrompu.*
DÉF. : ronflement irrégulier d'un moteur tournant à haut régime et qui vibre.
◆ Famille – *« Écoute les moteurs **vrombir** »* – *Des voitures **vrombissantes**.*

(corrigé p. 277)

1. Classez les bruits suivants en bruits forts et en bruits faibles et écrivez-les dans les pétales des deux fleurs ci-dessous :

☐ bruissement   ☐ clapotis   ☐ détonation   ☐ rumeur
☐ cacophonie   ☐ cliquetis   ☐ fracas   ☐ tintement
☐ charivari   ☐ crépitement   ☐ grésillement   ☐ vrombissement
☐ chuintement

Bruits faibles

Bruits forts

2. Un bruit ou un son peut être indiqué par comparaison avec celui qui est produit par certaines matières ou certains objets. Quels sont les adjectifs correspondant aux matières suivantes ?

a. le cristal : un son ....   **d.** le métal : un bruit ....

b. l'argent : un son ....   **e.** le cuivre : des sonorités ....

c. le feutre : un son ....

94

B. CRIS ET VOIX

Testez-vous ! (corrigé p. 277)

1. Apostropher une personne :
    a. lui faire beaucoup de compliments ☐
    b. la couvrir d'injures ☐
    c. s'adresser à elle avec brusquerie ☐
    d. sens ignoré ☐

2. Interpeller une personne :
    a. lui dresser un procès-verbal ☐
    b. s'adresser à elle avec brusquerie ☐
    c. lui crier une bonne nouvelle ☐
    d. sens ignoré ☐

3. Maugréer :
    a. dire du mal de quelqu'un ☐
    b. manifester sa mauvaise humeur en parlant entre ses dents ☐
    c. appeler le malheur sur quelqu'un ☐
    d. sens ignoré ☐

4. Récriminer :
    a. ne pas accepter une critique et y répondre avec vivacité ☐
    b. dénoncer un coupable ☐
    c. ne pas cesser de crier ☐
    d. sens ignoré ☐

5. Susurrer :
    a. siffler en imitant un chant d'oiseau ☐
    b. parler avec un défaut de prononciation ☐
    c. chuchoter doucement ☐
    d. sens ignoré ☐

6. Vagir :
    a. pousser de petits cris comme un nouveau né ☐
    b. intervenir avec force dans une discussion ☐
    c. émettre des plaintes ☐
    d. sens ignoré ☐

7. Vociférer :
    a. faire des exercices pour échauffer sa voix avant de chanter ☐
    b. pousser des cris, des hurlements ☐
    c. forcer sa voix pour être mieux entendu ☐
    d. sens ignoré ☐

Utilisez vos connaissances (corrigé p. 278)

À l'aide des définitions en italiques, complétez chaque phrase avec l'un des mots placés dans l'encadré ci-dessous. Attention aux accords et aux conjugaisons ! Inutile de récriminer, le vocabulaire des pages 98 et 99 est là pour vous aider !

☐ ânonner	☐ s'égosiller	☐ marmonner	☐ sourd
☐ apostropher	☐ grommeler	☐ maugréer	☐ susurrer
☐ cassé	☐ guttural	☐ nasillard	☐ tonitruer
☐ chevrotant	☐ interpeller	☐ se récrier	☐ vagir
☐ clamer	☐ invoquer	☐ récriminer	☐ vociférer

1. *Manifester un sentiment ou défendre une idée par des cris ou des termes violents.*
Après l'annonce de la réduction de leur salaire, les employés .... leur réprobation.

2. *S'adresser à une personne pour lui demander quelque chose.*
Les gendarmes ont .... un homme qui dormait sur un banc pour lui demander ses papiers.

3. *Lire ou réciter avec peine, en hésitant.*
Arthur .... sa récitation qu'il n'a pas suffisamment apprise.

4. *Exprimer son mécontentement sans articuler nettement.*
« Qu'est-ce qui ne te plaît pas ? Pourquoi ....-tu ainsi ? »

5. *Rappeler un droit, avancer une raison pour se défendre ou se libérer.*
Il .... la coutume pour faire accepter ce qu'il demande.

6. *Murmurer entre ses dents de manière confuse.*
La tante Léonie passait sa matinée à .... des prières.

7. *S'adresser à quelqu'un avec brusquerie, sans politesse.*
Je me suis fait .... sans ménagement par le gardien du square.

8. *Murmurer doucement.*
Pour aider son camarade, Grégoire lui .... la bonne réponse.

9. *Crier d'une voix si forte qu'on pense au tonnerre.*
Emporté par sa colère, le commandant du bateau .... dans le porte-voix.

10. *Pousser de petits cris comme un nouveau-né.*
Ses cris étaient si faibles, si maladifs, qu'on croyait entendre .... un nouveau-né.

11. *Pousser des cris, des hurlements, pour exprimer sa colère.*
Dans *Germinal,* les mineurs rassemblés dans la forêt .... contre les patrons.

12. *Répondre avec vivacité, critiquer, se plaindre amèrement.*
Juliette est une adolescente difficile qui passe son temps à .... contre les décisions de ses parents.

13. *S'exclamer sous le coup de la surprise.*
Quand Grégoire lui annonce qu'il veut faire un grand voyage, Mélanie .... en disant que c'est de la folie.

14. *Crier très fort et très longtemps au point de se fatiguer la gorge.*
Pris par la nuit dans la montagne, il .... pour demander de l'aide.

15. *Manifester sa mauvaise humeur en protestant à mi-voix.*
Trouvant que je ne lui avais pas donné assez d'argent, le mendiant s'éloigna en ....

16. *Devenue faible et rauque à la suite d'efforts excessifs.*
Les enfants ont tellement fait les fous qu'ils ont la voix ....

17. *Dont les sonorités sont produites par la gorge.*
L'ogre menaçait le Petit Poucet et ses frères d'une voix ....

18. *Dont les sons viennent du nez.*
Les perroquets sont capables de produire des paroles ....

19. *Qui tremble, qui manque d'assurance.*
La voix du centenaire est ....

20. *Basse, peu sonore.*
On a du mal à entendre ses réponses car sa voix est ....

*Tandis qu'un élève **ânonne** sa récitation, Arthur **murmure** une bonne histoire à l'oreille de la voisine. Résultat : il se fait **apostropher** par la maîtresse.*

VOCABULAIRE

LA VOIX [nom]

1. *J'ai une extinction de voix, je suis aphone.*
DÉF. : organe de la parole, situé dans la gorge, comprenant notamment les cordes vocales qui permettent de parler, crier et chanter.
2. *Danton s'adressa aux députés d'une voix forte.*
DÉF. : ensemble de sons produits par l'organe de la parole.
ATTENTION ! *Voix* ≠ la voie (le chemin, la route).
N.B. – *La voix passive :* relation entre le verbe et le sujet (GRAMMAIRE) – *Les chiens donnent de la voix* (CRI ANIMAL).

◆ Famille – *Les cordes vocales :* relatives à la voix – *Un ensemble vocal :* formé de chanteurs – *Des vocalises :* des exercices de chant – *Vocaliser* (CHANT) – *Des finales vocaliques :* qui sont des voyelles (LINGUISTIQUE).

ÂNONNER [verbe]

Beaucoup de jeunes enfants lisent difficilement ; ils sont tout au plus capables d'ânonner (un texte).
DÉF. : lire ou réciter avec peine, en hésitant = bredouiller.
N.B. – avec ou sans complément direct.

◆ Famille – *Un âne – Un ânon (petit âne) – Cette personne est d'une ânerie ! :* stupidité – *Il ne dit que des âneries :* des bêtises.

APOSTROPHER [verbe]

Le chauffeur de la voiture qui me précède m'apostrophe car j'ai cogné dans son pare-chocs.
DÉF. : s'adresse à moi avec brusquerie de façon presque impolie = m'interpelle.

◆ Famille – *Une apostrophe.*
N.B. – En grammaire, l'**apostrophe :** 1) figure de style par laquelle on s'adresse directement à une personne ou une chose personnifiée. 2) signe qui marque l'élision d'une voyelle : l'.

CASSÉ [adj. qual.]

Les manifestants ont la voix cassée à force de crier des slogans.
DÉF. : devenue faible et rauque à la suite d'efforts excessifs en parlant, en criant ou en chantant = éraillée.

◆ Famille – *Casser.*

CHEVROTANT [adj. qual.]

Mon arrière-grand-mère qui chantait « Le temps des cerises » d'une voix chevrotante était attendrissante.
DÉF. : qui tremble, qui manque d'assurance.
N.B. – par allusion au bêlement du chevreau.

◆ Famille – *Une chèvre – Un chevreau – Une voix qui chevrote :* tremble – *Un chevrotement.*

CLAMER [verbe]

L'accusé injustement condamné clame son indignation.
DÉF. : la manifeste par des cris et des termes violents = hurle, proclame.

◆ Famille – *Une clameur :* ensemble confus de cris de mécontentement ou de plaintes – *On va le proclamer roi :* faire connaître avec solennité = annoncer – *Une proclamation – Acclamer une star du football :* manifester son admiration, son enthousiasme, en criant – *Des acclamations – S'exclamer :* exprimer des sentiments forts (joie, surprise), en parlant fort ou en criant – *Une exclamation – Déclamer :* dire un texte en articulant avec soin, en mettant le ton, parfois en exagérant – *La déclamation – Un ton déclamatoire.*

S'ÉGOSILLER [verbe]

Dans les tribunes, les supporters s'égosillent pour soutenir leur équipe.
DÉF. : crient ou chantent si fort et si longtemps qu'ils se fatiguent la gorge = braillent (péjoratif).

◆ Famille – *Le gosier.*

GROMMELER [verbe]

Mécontent de l'appréciation portée sur son devoir, Grégoire grommelle dans son coin.
Il grommelle ses récriminations.
DÉF. : exprime son mécontentement ou son désaccord sans articuler nettement = bougonne, grogne.
N.B. – avec ou sans complément direct.

◆ Conjugaison – *Je grommelle ; nous grommelons. Je grommelais. Je grommellerai.*
◆ Famille – *Un grommellement.*

GUTTURAL [adj. qual.]

L'allemand et l'arabe sont des langues qui ont des sonorités gutturales.
DÉF. : qui sont produites par la gorge = rauques.

INTERPELLER [verbe]
Un agent de police l'interpelle parce qu'il n'a pas son casque pour circuler à mobylette.
DÉF. : s'adresse à lui brusquement = l'apostrophe, le hèle.
N.B. – interpeller a toujours deux **l**.

◆ Famille – *Appeler* – *Une interpellation* – *Un interpellateur.*
N.B. – *Une interpellation à l'Assemblée Nationale :* une demande d'explication adressée à un ministre par un député (POLITIQUE).

INVOQUER [verbe]
1. *Certains marins invoquent saint Yves pour qu'il les protège dans les tempêtes.*
DÉF. : appellent à l'aide par une prière = implorent.
2. *Il invoque l'autorisation de ses parents pour partir en l'absence du professeur.*
DÉF. : la rappelle comme un droit, l'avance comme une justification.

◆ Famille – *La voix* – *Une invocation* (sens **1**).

MARMONNER [verbe]
Il marmonnait des injures avec des regards de haine.
DÉF. : murmurait entre ses dents d'une manière confuse = marmottait.

MAUGRÉER [verbe]
N'obtenant pas la permission de sortir, elle s'enferme dans sa chambre en maugréant.
DÉF. : en manifestant sa mauvaise humeur, en protestant à mi-voix entre ses dents, parce qu'elle ne trouve pas les choses à son gré = en murmurant, en ronchonnant, en rouspétant (FAM.).

◆ Famille – *Agréer :* plaire (trouver à son *gré*) – *Ce projet m'agrée* – *Un voyage d'agrément :* pour le plaisir – *Agréable ≠ désagréable.*
N.B. – *Malgré :* contre ce qui plaît = en dépit de (GRAMMAIRE) – *Donner son agrément :* son accord.

◆ Expressions, locution – *À son gré :* à son goût – *Au gré des circonstances :* selon les circonstances – *Avancer de gré ou de force :* qu'on le veuille ou non – *Bon gré, mal gré :* que ça plaise ou non.

NASILLARD [adj. qual.]
Dans les enregistrements très anciens, les chanteurs ont des voix nasillardes.
DÉF. : qui semblent venir du nez.

◆ Famille – *Le nez* – *Nasiller* – *Un nasillement.*

SE RÉCRIER [verbe]
Mon amie s'est récriée à la vue du cadeau que je lui offrais.
DÉF. : a poussé une exclamation sous le coup de la surprise (joie, admiration, mécontentement etc.).

RÉCRIMINER [verbe]
Les élèves de troisième sont fatigants : ils ne cessent de récriminer.
DÉF. : répondre avec vivacité à ce qu'ils viennent d'entendre, critiquer = protester.

◆ Famille – *Les récriminations des élèves* – *Un caractère récriminateur.*

SOURD [adj. qual.]
La maladie lui donne une voix sourde.
DÉF. : basse, peu sonore, qui ne retentit pas = étouffée.
N.B. – *Un ton sourd* (VUE – COULEURS).

◆ Famille – *Les mots de la famille de sourd.*
Cf. *assourdir* (BRUITS ET SONS).

SUSURRER [verbe]
Roméo susurre des mots tendres à l'oreille de Juliette.
DÉF. : murmure doucement = chuchote.

◆ Famille – *Un susurrement.*

TONITRUER [verbe]
On entend le capitaine Haddock tonitruer dans les couloirs du château.
DÉF. : crier si fort que sa voix fait penser au tonnerre = tonner, rugir, tempêter.

◆ Famille – *Le tonnerre* – *Une voix tonitruante.*

VAGIR [verbe]
Le petit bébé se met à vagir : sans doute a-t-il faim.
DÉF. : pousser de petits cris caractéristiques des nouveau-nés.

◆ Famille – *Les vagissements d'un nouveau-né.*

VOCIFÉRER [verbe]
Les émeutiers vocifèrent des injures.
Ils vocifèrent contre les hommes au pouvoir.
DÉF. : poussent des cris, des hurlements, pour exprimer leur colère.

◆ Famille – *La voix* – *Les vociférations des émeutiers.*

1. Voici un certain nombre de verbes relatifs aux cris et aux voix. Si vous les utilisez bien quand l'occasion se présentera, on ne vous dira plus que vos devoirs sont « plats ».

Élocution peu sûre :
ânonner – bafouiller – balbutier – bégayer – bredouiller – épeler.

Faire la conversation :
causer – converser – deviser (LITTÉRAIRE) – dialoguer – s'entretenir avec quelqu'un.

S'adresser à quelqu'un avec vivacité :
apostropher – interpeller – héler.

Exprimer son mécontentement à voix basse :
bougonner – grogner – grommeler – gronder – marmonner – maugréer – râler (FAM.).

Parler à voix basse :
chuchoter – murmurer – susurrer.

Parler ou crier fort, exprimer de la colère :
acclamer – brailler – clamer – criailler – crier – s'exclamer – s'égosiller – huer – hurler – proférer – rugir – tonner – tonitruer – tempêter – vociférer.

Exprimer de la souffrance :
gémir – geindre – soupirer.

Exprimer une prière :
invoquer – implorer – supplier.

Le parler des enfants (ou le cri des oiseaux) :
babiller – gazouiller – jacasser – piailler.

2. Voici quelques adjectifs qui qualifient la voix ; utilisez-les à l'occasion !

aiguë – blanche (sans timbre) – cassée – chaude – chevrotante – claire – claironnante – enrouée – éraillée – éteinte – fluette – grave – grêle – gutturale – métallique – nasillarde – pâteuse – perçante – pointue – retentissante – ronflante – sèche – sourde – bien timbrée.

JEU (corrigé p. 278)

Réglez le son !

Placez autour de ce bouton d'ampli les verbes suivants, du plus faible (1) au plus fort (10) :

apostropher – s'égosiller – grommeler – interpeller – marmonner – maugréer – susurrer – tonitruer – vagir – vociférer.

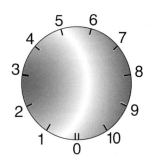

Le toucher

La pieuvre

En tentant de dégager la machine d'un bateau qui a sombré, Gilliatt est attaqué par une pieuvre monstrueuse.

Quelque chose qui était mince, âpre, plat, glacé, gluant et vivant, venait de se tordre dans l'ombre autour de son bras nu. Cela lui montait vers la poitrine. C'était la pression d'une courroie et la poussée d'une vrille. En moins d'une seconde, on ne sait quelle spirale lui avait envahi le poignet et le coude et touchait l'épaule. La pointe fouillait sous son aisselle.

Une deuxième lanière, étroite et aiguë, sortit de la crevasse du roc. C'était comme une langue hors d'une gueule. Elle lécha épouvantablement le torse nu de Gilliatt, et tout à coup s'allongeant, démesurée et fine, elle s'appliqua sur sa peau et lui entoura tout le corps.

En même temps, une souffrance inouïe, comparable à rien, soulevait les muscles crispés de Gilliatt. Il sentait dans sa peau des enfoncements ronds, horribles. Il lui semblait que d'innombrables lèvres, collées à sa chair, cherchaient à lui boire le sang.

Impossible de couper ni d'arracher ces courroies visqueuses qui adhéraient étroitement au corps de Gilliatt et par quantités de points.

Brusquement une large viscosité ronde et plate sortit de dessous la crevasse. C'était le centre; les cinq lanières s'y rattachaient comme des rayons à un moyeu*; on distinguait au côté opposé de ce disque immonde le commencement de trois autres tentacules, restés sous l'enfoncement du rocher. Au milieu de cette viscosité il y avait deux yeux qui regardaient.

Ces yeux voyaient Gilliatt. Gilliatt reconnut la pieuvre.

Victor HUGO,
Les Travailleurs de la mer (1866).

Le bloc de lave

Jon a trouvé un caillou bizarre.

Jon ne quittait pas la pierre du regard. Il était heureux comme cela, il caressait longuement la surface lisse avec ses mains ouvertes. La pierre vibrait sous ses doigts comme une peau. Il sentait chaque bosse, chaque fissure, chaque marque polie par le temps, et la douce chaleur de la lumière faisait un tapis léger, pareil à la poussière.

J.M.G. LE CLÉZIO,
La montagne du Dieu vivant (1979),
© Gallimard.

Sommaire

* *Centre d'une roue.*

FICHES D'ENTRÉE

le toucher [nom]

*Les aveugles ont le sens du **toucher** très développé.*

DÉF. : celui des cinq sens qui permet, par le contact, de connaître la forme et l'état extérieur des êtres et des objets.

◆ Famille – *Des sensations **tactiles** – **Toucher** (à) un objet :* entrer en contact avec lui – *Les maisons **se touchent** :* sont proches, contiguës – ***Toucher** de l'argent :* en recevoir – *Une **touche** de piano – Une **touche** de peinture :* façon de poser la peinture – *Une **touche**, à l'escrime :* le fait de toucher son adversaire – *Le pêcheur a une **touche** :* action du poisson qui mord à l'hameçon.

◆ Expressions – *L'orateur veut **toucher** son public :* l'émouvoir (SENTIMENT) – ***Toucher** au port :* être sur le point d'atteindre un lieu, un but – *Cette fille fait preuve de **tact** :* de délicatesse (COMPORTEMENT) – *Un **touche-à-tout** :* personne qui se disperse dans des activités multiples – *Être mis **sur la touche** :* à l'écart de l'activité générale.

◆ Locutions – ***Sans avoir l'air d'y toucher** :* avec un air faussement innocent, hypocritement – *Les voitures se suivent **à touche-touche** :* très proches les unes des autres, jusqu'à se toucher.

EXERCICES

7. Le toucher

Testez-vous ! (corrigé p. 278)

EXERCICES

1. Les aspérités du sol :
- **a.** ses parties lisses ☐
- **b.** ce qui dépasse ☐
- **c.** ses petits creux ☐
- **d.** sens ignoré ☐

2. Un ballon flasque :
- **a.** mou ☐
- **b.** correctement gonflé ☐
- **c.** trop gonflé au point qu'il risque d'éclater ☐
- **d.** sens ignoré ☐

3. Un produit onctueux :
- **a.** doux au toucher comme un corps gras ☐
- **b.** semblable à du sable ☐
- **c.** glissant entre les doigts ☐
- **d.** sens ignoré ☐

4. Une atmosphère moite :
- **a.** glacée ☐
- **b.** qui dessèche ☐
- **c.** humide ☐
- **d.** sens ignoré ☐

5. Un tapis moelleux :
- **a.** fait de fibres naturelles ☐
- **b.** à poils ras qui piquent les pieds ☐
- **c.** épais et doux ☐
- **d.** sens ignoré ☐

6. Un caillou poli :
- **a.** très dur ☐
- **b.** lisse ☐
- **c.** qui coupe les mains quand on le saisit ☐
- **d.** sens ignoré ☐

7. Un produit visqueux :
- **a.** épais et qui s'écoule difficilement ☐
- **b.** très liquide ☐
- **c.** qui a durci à l'air ☐
- **d.** sens ignoré ☐

103

EXERCICES

Utilisez vos connaissances (corrigé p. 278)

À l'aide des définitions en italiques, complétez chaque phrase avec l'un des mots placés dans l'encadré ci-dessous. Attention aux accords et aux conjugaisons !
Si vous effleurez du regard le vocabulaire des pages 106 et 107, vous obtiendrez des résultats tangibles.

☐ une aspérité	☐ modeler	☐ pétrir	☐ rigide
☐ effleurer	☐ moelleux	☐ poisseux	☐ tangible
☐ érafler	☐ moite	☐ poli	☐ tâter
☐ flasque	☐ onctueux	☐ râpeux	☐ velouté
☐ granuleux	☐ palper	☐ rêche	☐ visqueux

1. *Tout ce qui dépasse ou accroche sur une surface.*
Les .... du papier de verre permettent d'enlever la peinture écaillée.

2. *Donner une forme à une matière molle en la travaillant de ses mains.*
Les petits de l'école maternelle sont très occupés à .... des petits lapins.

3. *Toucher légèrement.*
Dans l'obscurité, Julien Sorel .... la main de Madame de Rénal.

4. *Presser fortement une pâte pour la travailler.*
Le sculpteur .... longuement l'argile avant de lui donner une forme.

5. *Explorer attentivement avec les mains pour reconnaître une personne ou une chose.*
Victor .... la porte dans l'obscurité pour trouver la serrure.

6. *Faire de légères coupures.*
Je me suis .... les mains en passant sous les fils de fer barbelés.

7. *Examiner un corps, en appuyant avec les mains.*
À l'aéroport, des employés .... les voyageurs suspects pour s'assurer qu'ils ne portent pas d'armes.

8. *Qui donne la sensation de présenter des petits grains.*
Quand on fait une pâte à tarte, on obtient d'abord un mélange .... qu'il faut ensuite rendre lisse.

9. *Légèrement humide et chaud.*
L'orage menaçait et rendait l'atmosphère du jardin ....

10. *Sans fermeté, mou.*
Le ballon publicitaire qu'on a donné à Arthur dans un magasin s'est dégonflé, il est devenu tout ....

11. *Doux au toucher comme un corps gras.*
Les crèmes de beauté sont ....

12. *Qui présente de petites aspérités comme une râpe.*
Une lime à ongles doit être bien ....

13. *Qu'on peut toucher.*
Ce gros tas de feuilles mortes est une preuve .... de son travail au jardin.

14. *Mou, épais et gluant.*
Une bonne huile de graissage doit être suffisamment ....

15. *Doux comme du velours.*
J'aime les yaourts plus pour leur consistance .... que pour leur goût.

16. *Dur, qui ne se déforme pas.*
Les livres de classe sont mieux protégés quand leur couverture est ....

17. *Sec, légèrement râpeux.*
Autrefois, les vêtements militaires étaient faits dans un gros tissu ....

18. *Mou et doux au toucher.*
Il est bien agréable de s'allonger sur un épais tapis de laine bien ....

19. *Rendu lisse par le frottement.*
Grégoire a ramassé un galet bien lisse, ... par la mer.

20. *Collant, comme passé à la poix.*
Le bébé a les doigts tout .... après avoir sucé son caramel.

Victor mélange du plâtre à **modeler** avec de l'eau. Il le **pétrit** rapidement, en remplit un trou du mur et gratte les **aspérités** pour obtenir une surface **veloutée**.

VOCABULAIRE

UNE ASPÉRITÉ [nom]
*Arthur grimpe, il s'agrippe aux **aspérités** du mur.*
DÉF. : ce qui dépasse et accroche sur une surface
= une rugosité, une saillie.

◆ Famille – *Un vent **âpre** :* rude, qui irrite –
Âprement – *L'**âpreté**.*
N.B. – *Une saveur **âpre*** (GOÛT).

◆ Expressions – *Être **âpre** au gain :* avide,
dur – *Défendre son point de vue **avec âpreté** :*
durement, sans concession.

EFFLEURER [verbe]
*L'aile de la mouette **effleure** les vagues.*
DÉF. : touche légèrement = frôle, rase.
ATTENTION – *On voit un rocher **affleurer** à la sur-
face de l'eau :* apparaître à la surface.

◆ Famille – *Certains massages très doux se
limitent à des **effleurements**.*

◆ Expression – *La discussion, très brève, a
juste permis d'**effleurer** le sujet :* examiner
superficiellement.

ÉRAFLER [verbe]
1. *Les ronces et le houx lui **éraflent** les jambes.*
DÉF. : coupent légèrement la peau = écorchent.
2. *La carrosserie de ma voiture a été **éraflée**.*
DÉF. : rayée = égratignée.

◆ Famille – *Il a une **éraflure** sur la jambe =*
une écorchure, une égratignure.

FLASQUE [adj. qual.]
*La méduse échouée sur la plage est **flasque**.*
DÉF. : sans fermeté, molle ≠ dure, rigide, ferme.

GRANULEUX (EUSE) [adj. qual.]
*Le granit est une roche **granuleuse** sous les
doigts.*
DÉF. : qui donne la sensation de présenter des
petits grains à la surface ≠ lisse, polie.

◆ Famille – *Des **grains** – Le granit présente
des **granulations**.*

MODELER [verbe]
*Le sculpteur **modèle** un corps de femme avec de
la glaise.*
DÉF. : donne une forme à une matière molle en la
travaillant de ses mains.

◆ Famille – *L'artiste procède au **modelage**
d'une statue – De la pâte à **modeler** – L'artiste
travaille son **modelé** :* relief des formes tel que

*l'artiste le réalise dans une sculpture, une
peinture, un dessin.*
N.B. – *La femme sert de **modèle** au sculpteur :*
personne (ou objet) dont on reproduit l'image.

◆ Expression – *Se **modeler** sur quelqu'un :*
se façonner en imitant son caractère ou son
comportement.

MOELLEUX (EUSE) [adj. qual.]
*Les pulls en laine angora sont **moelleux**.*
DÉF. : mous et doux au toucher.
N.B. – *Un vin blanc **moelleux** :* un peu sucré =
doux ≠ sec (GOÛT).

◆ Famille – *La **moelle** :* substance molle et
grasse se trouvant à l'intérieur des os.

MOITE [adj. qual.]
*Quand il fait très chaud, mon front est **moite**.*
DÉF. : légèrement humide et généralement un
peu chaud.

◆ Famille – *La **moiteur** de mon front.*

ONCTUEUX (EUSE) [adj. qual.]
*Quand on fait fondre du chocolat, on obtient
une crème **onctueuse**.*
DÉF. : douce au toucher comme un corps gras.

◆ Famille – *L'**onctuosité** de la crème –
Onctueusement – Une **onction** :* geste religieux consistant à appliquer sur une personne une huile consacrée.

PALPER [verbe]
*Le médecin **palpe** soigneusement le bras blessé.*
DÉF. : appuie avec sa main pour l'examiner.

◆ Famille – *La **palpation** du bras par le
médecin – Des preuves **palpables** :* évi-
dentes, parce que connues par les sens –
*Une poussière **impalpable** :* si fine qu'on ne
peut la sentir au toucher.

◆ Expression – *Palper de l'argent* (FAM.) : le
toucher, le recevoir (dans ses mains).

PÉTRIR [verbe]
*Certains boulangers **pétrissent** encore la pâte à
pain à la main.*
DÉF. : pressent de nombreuses fois la pâte avec
leurs mains pour la travailler = malaxent.

◆ Famille – *Le **pétrissage** de la pâte – Un
pétrin :* cuve où l'on pétrit la pâte.

106

◆ Expressions – *Être **pétri** d'orgueil :* être plein d'orgueil – ***Être dans le pétrin*** (FAM.) : avoir des ennuis.

POISSEUX (EUSE) [adj. qual.]
*Après un bain d'eau de mer, les cheveux sont **poisseux.***
DÉF. : collants, comme passés à la poix (mélange de résine et de goudron).

◆ Famille – *La **poix** – « Fais attention de ne pas **poisser** tes cheveux. »*

POLI [adj. qual. ou part. passé]
*Le marbre est souvent **poli.***
DÉF. : rendu lisse et brillant par frottement ≠ rugueux(euse).

◆ Famille – ***Polir** du marbre – Le **poli** d'une pierre :* son aspect lisse et brillant.

◆ Expressions – *Un garçon **poli** :* qui sait se conduire en société (qui a été frotté à la société) – ***Polir** un travail :* l'améliorer au maximum, le fignoler.

RÂPEUX (EUSE) [adj. qual.]
*Le chat me lèche de sa langue **râpeuse.***
DÉF. : qui a de petites aspérités, comme une râpe = rugueuse (rugueux) = rêche.

◆ Famille – *Une **râpe** à fromage – **Râper** du fromage.*

◆ Expression – *Un vin **râpeux** :* qui accroche à la langue et au palais ≠ doux, moelleux, rond* (GOÛT).

RÊCHE [adj. qual.]
*L'hiver, les mains sont facilement **rêches.***
DÉF. : très sèches, légèrement râpeuses ≠ lisses.

RIGIDE [adj. qual.]
*« Emballe cet objet fragile dans un paquet en carton **rigide.** »*
DÉF. : dur, qui ne se déforme pas = raide ≠ souple, flexible.

◆ Famille – *La **rigidité** du carton – La **raideur** d'un membre paralysé – Des cheveux **raides.***
N.B. – *La **raideur** d'un sentier très en pente – Un **raidillon** :* petit sentier très en pente.

◆ Expression – *Une personne **rigide** :* qui a des principes et ne veut pas céder = inflexible ≠ souple.

TANGIBLE [adj. qual.]
*Rien n'est moins **tangible** qu'un fantôme.*
DÉF. : qu'on peut connaître par le toucher = matériel(elle), palpable.

◆ Famille – *Le **toucher** – **Intangible.***

◆ Expressions – *Des résultats **tangibles** – Les Droits de l'homme sont en principe **intangibles** :* on ne peut pas y toucher.

TÂTER [verbe]
*À colin-maillard, on doit **tâter** le visage des joueurs.*
DÉF. : explorer attentivement avec les mains pour reconnaître une personne ou un objet = palper.

◆ Famille – ***Tâtonner** dans l'obscurité :* tâter plusieurs fois au hasard pour se diriger ou pour trouver quelque chose – *Avancer par **tâtonnements.***

◆ Expressions, locution – ***Tâter** le terrain :* chercher à connaître les intentions de quelqu'un – ***Tâter** un adversaire :* chercher à connaître ses forces ou ses projets = sonder – *Se **tâter** :* s'interroger longuement avant de se décider à agir – ***Tâtonner** pour trouver la solution :* faire plusieurs essais sans grande réussite = essayer – *Avancer **à tâtons** :* en tâtonnant.

VELOUTÉ [adj. qual.]
*Je lui ai offert un superbe papier à lettres **velouté.***
DÉF. : qui est doux au toucher comme du velours = doux (douce) ≠ âpre, rêche.
N.B. – *Une voix **veloutée** :* douce à l'oreille (OUÏE).

◆ Famille – *Le **velouté** d'un papier – Un **velouté** :* potage onctueux.

VISQUEUX (EUSE) [adj. qual.]
*L'été, le goudron des rues devient **visqueux.***
DÉF. : mou, épais et gluant ≠ fluide.

◆ Famille – *La **viscosité** du goudron.*

◆ Expression – *Un personnage **visqueux** :* répugnant par sa bassesse, son hypocrisie.

(corrigé p. 278)

1. Les sensations du toucher sont souvent indiquées par comparaison avec des matières connues. Trouvez les adjectifs correspondant aux matières suivantes.

a. Comme du satin : ....

b. Comme du duvet : ....

c. Comme de la soie : ....

d. Comme du velours : ....

e. Comme du coton : ....

f. Comme une peluche : ....

g. Comme de la crème : ....

h. Comme de la farine : ....

2. Voici des adjectifs et des noms : mariez-les en traçant des flèches. N'oubliez pas de faire les accords.

un serpent	duveteux
la neige fraîche	poudreux
la peau d'une pêche	froid
le sable	moelleux
une couette	granuleux
la main d'une personne fiévreuse	poisseux
un chewing-gum	moite

3. Voici cinq mots qui concernent le toucher. Cherchez pour chacun d'eux un mot de sens voisin. Vous le trouverez dans le vocabulaire des pages 106 et 107.

a. frôler : ....

b. égratigner : ....

c. malaxer : ....

d. rugueux : ....

e. gluant : ....

L'odorat

Parfums

[...]
Il est des parfums frais comme des chairs d'enfants,
Doux comme les hautbois, verts comme les prairies,
Et d'autres, corrompus, riches et triomphants,
Ayant l'expansion des choses infinies
Comme l'ambre, le musc, le benjoin et l'encens
Qui chantent les transports de l'esprit et des sens.

Charles BAUDELAIRE,
Les Fleurs du Mal (1857),
Sonnet des *Correspondances.*

L'odeur de ma mère

Ma mère fleurait la cretonne lavée, le fer à repasser chauffé sur la braise du peuplier, la feuille de verveine citronnelle qu'elle roulait dans ses mains ou froissait dans sa poche. Au soir tombant, je croyais qu'elle exhalait la senteur des laitues arrosées, car la fraîche senteur se levait sur ses pas, au bruit perlé de la pluie d'arrosage, dans une gloire de poudre d'eau et de poussière arable.

COLETTE,
La Maison de Claudine (1922), © LGF.

Mélanges complexes

À travers les grilles de fer des entrées cochères, cela sentait le cuir des carrosses et la poudre des perruques des pages, et par-dessus leurs grands murs, les jardins exhalaient le parfum des buis et des rosiers et des troènes fraîchement taillés. C'est là aussi que, pour la première fois, Grenouille sentit des parfums au sens propre du terme : les simples eaux de lavande ou de rose qu'on mêlait à l'eau des fontaines lorsqu'on donnait des fêtes dans ces jardins, mais aussi des senteurs plus complexes et plus précieuses, musc mélangé à l'huile de néroli et de tubéreuse, jonquille, jasmin ou cannelle, qui flottaient le soir comme un lourd ruban à la suite des équipages. Il enregistrait ces senteurs comme il enregistrait les odeurs profanes, avec curiosité, mais sans admiration particulière. Certes, il notait que l'intention des parfums était de produire un effet enivrant et séduisant, et il reconnaissait la qualité de chaque essence qui entrait dans leur composition.

Patrick SÜSKIND,
Le Parfum (1986), © Fayard.

FICHES D'ENTRÉE

l'odorat [nom masc.] ; une odeur [nom]

1. *Nos contemporains n'accordent pas beaucoup d'importance à l'odorat.*
DÉF. : sens par lequel les odeurs sont perçues.
2. *Les marchés de Provence sont pleins d'odeurs.*
DÉF. : sensations agréables ou désagréables que perçoit l'odorat = des senteurs.

◆ Famille – *Des sensations **olfactives** – Un bouquet **odorant*** : qui répand une odeur généralement agréable – *Des plantes **odoriférantes**, comme le thym* : porteuses d'odeurs, aromatiques – *L'eau est **inodore** – **Désodoriser*** une pièce avec un **désodorisant** – Utiliser un **déodorant** corporel.

◆ Expressions – *Les policiers **subodorent** un trafic louche* : le soupçonnent, s'en doutent.

◆ Locution – ***L'argent n'a pas d'odeur*** : peu importe d'où il vient.

sentir [verbe]

1. *Je **sens** le parfum du lilas.*
DÉF. : je perçois son odeur en respirant.
2. *Le lilas **sent** bon.*
DÉF. : répand une odeur.
3. *Le fromage **sent**.*
DÉF. : répand une mauvaise odeur = empeste, pue ≠ embaume.
N.B. – Le verbe **sentir** s'emploie pour d'autres sensations (TOUCHER, GOÛT) et pour les sentiments.

◆ Expression – *Cela **sent** le complot* : donne l'impression qu'il y a un complot.

◆ Locution – ***Je ne peux pas le sentir** (comme s'il avait une mauvaise odeur)* : je le déteste = je l'ai dans le nez (FAM.).

le nez [nom]

1. *Pour créer un parfum, il faut avoir un bon **nez**.*
DÉF. : odorat.
2. *Les chiens de chasse ont un bon **nez**.*
DÉF. : odorat = le flair.

◆ Famille – *Le **nez** est avant tout l'appendice nasal au milieu du visage – Les **narines** du cheval sont appelées **naseaux**.*
N.B. – ***Nasiller*** : parler du nez – *Une voix **nasillarde*** (OUÏE).

◆ Expression – *Les policiers ont eu du **nez*** : flair = la perspicacité.

◆ Locutions – ***Avoir le nez creux, le nez fin*** : avoir de la perspicacité, deviner, sentir les choses – ***Avoir quelqu'un dans le nez*** (POPULAIRE) : ne pas pouvoir le sentir, le détester – *Ça sent le gaz **à plein nez*** : très fort.

EXERCICES

Testez-vous ! (corrigé p. 278)

1. Un **arôme** :
    a. l'odeur agréable de certains produits naturels ☐
    b. une odeur désagréable de moisi et d'humidité ☐
    c. une odeur vague, très légère ☐
    d. sens ignoré ☐

2. Un parfum **capiteux** :
    a. qui coûte cher ☐
    b. si fort qu'il monte à la tête ☐
    c. extrêmement rare ☐
    d. sens ignoré ☐

3. Embaumer :
    a. sentir très bon ☐
    b. étaler une pommade parfumée ☐
    c. sentir très mauvais ☐
    d. sens ignoré ☐

4. Une odeur **fétide** :
    a. qui sent l'air marin ☐
    b. qui sent délicieusement bon ☐
    c. qui sent très mauvais ☐
    d. sens ignoré ☐

5. Humer :
    a. répandre une odeur ☐
    b. aspirer une odeur pour la reconnaître ☐
    c. dégager une odeur de terre ☐
    d. sens ignoré ☐

6. Une odeur **nauséabonde** :
    a. qui sent très mauvais et donne mal au cœur ☐
    b. rare et très appréciée ☐
    c. forte et agréable ☐
    d. sens ignoré ☐

7. Un **relent** :
    a. un courant d'air chargé d'odeurs ☐
    b. une odeur qui se fait sentir par intermittence ☐
    c. une mauvaise odeur qui persiste ☐
    d. sens ignoré ☐

EXERCICES

Utilisez vos connaissances (corrigé p. 278)

À l'aide des définitions en italiques, complétez chaque phrase avec l'un des mots placés dans l'encadré ci-dessous. Attention aux accords et aux conjugaisons !
Mais non ! Cet exercice n'est pas infect ! Le parfum capiteux du vocabulaire des pages 114 et 115 excitera votre flair.

☐ un arôme	☐ embaumer	☐ fétide	☐ infect
☐ un bouquet	☐ empester	☐ flairer	☐ nauséabond
☐ capiteux	☐ une essence	☐ fleurer	☐ un parfum
☐ des effluves	☐ éventé	☐ un fumet	☐ puer
☐ une émanation	☐ exhaler	☐ humer	☐ un relent

1. *Odeur de certaines substances végétales.*
L'............ du chocolat chaud rappelle à Amandine les goûters de son enfance.

2. *Le parfum du vin.*
Victor a trouvé un vin de Bourgogne qui a un .... extraordinaire.

3. *Odeur que dégagent les corps vivants ou certaines substances.*
Des .... de jasmin et de laurier rose traversent le jardin tunisien.

4. *Odeur se dégageant d'un corps ou d'un lieu.*
C'est une maison vétuste dans laquelle on est gêné par les .... des égouts.

5. *Extrait concentré de substances odorantes.*
La ville de Grasse est spécialisée dans la fabrication des .... de fleurs.

6. *Odeur agréable se dégageant de préparations cuisinées.*
Au cours des trois messes basses de Noël, le chapelain du château pense au .... des viandes.

7. *Odeur agréable et pénétrante obtenue le plus souvent par des essences de fleurs et des plantes exotiques.*
Dans la boutique, Mélanie hésite entre plusieurs ....

8. *Mauvaise odeur qui persiste.*
C'était un restaurant minable où flottaient des .... de graisse trop cuite.

9. *Si fort qu'il donne mal à la tête.*
On évite de décorer la table d'un repas avec des fleurs au parfum ....

10. *Exposé à l'air, qui a perdu son parfum.*
J'ai retrouvé au fond d'une armoire un flacon de parfum débouché qui est ....

11. *Qui a une odeur très désagréable venant de matières organiques.*
À cause de la chaleur, les ordures répandent une odeur ....

12. *Qui a une odeur répugnante.*
Les boules puantes dégagent une odeur ....

13. *Qui a une odeur écœurante, qui donne la nausée.*
L'été, les alentours des porcheries sont si .... qu'ils soulèvent le cœur.

14. *Répandre une très mauvaise odeur.*
À notre retour de vacances, des oignons qui avaient pourri .... dans la cuisine.

15. *Aspirer par le nez pour mieux sentir une odeur.*
En traversant le bois de pins, Gabriel .... l'odeur tonique dégagée par les arbres.

16. *Répandre dans l'air un parfum délicieux.*
Au printemps, les roses .... le jardin.

17. *Dégager une odeur qui se répand comme un souffle.*
L'herbe coupée .... une bonne odeur de campagne.

18. *Renifler avec insistance.*
Le chien de garde .... le visiteur.

19. *Répandre une délicate odeur.*
Le tablier de la mère de Colette .... une bonne odeur de propre.

20. *Sentir très mauvais.*
La viande avariée ....

*Les **arômes** et les **odeurs** emplissent la cuisine : les **effluves** du potage, le **fumet** du rôti, le **bouquet** du vin blanc dans les moules marinières !!!*

VOCABULAIRE

UN ARÔME ou **AROME** [nom]
Le café du Costa Rica est réputé pour son arôme.
DÉF.: odeur agréable de certaines substances végétales et aussi de quelques substances chimiques = une odeur, un parfum.

◆ Famille – *Une plante aromatique :* qui dégage une odeur agréable et pénétrante – *Estragon, laurier et romarin sont des aromates :* plantes très parfumées utilisées en cuisine (et autrefois en pharmacie) – *Aromatiser un plat :* mettre des aromates ou un parfum dans sa préparation. *Ex : aromatiser une crème avec du caramel.*

LE BOUQUET [nom]
Les connaisseurs savent analyser le bouquet d'un vin.
DÉF.: composants subtils qui forment son parfum (par comparaison à un bouquet de fleurs) = l'arôme.
N.B. – *Un bouquet d'arbres – Un bouquet de fleurs – Un bouquet garni* (composé de plusieurs aromates).

CAPITEUX (EUSE) [adj. qual.]
Je n'aime pas les parfums trop capiteux.
DÉF.: si forts qu'ils donnent mal à la tête = entêtants, enivrants.
N.B. – Du mot latin « *caput* » signifiant tête.

LES EFFLUVES [nom masc. plur.]
Les effluves des marais sont très forts en été.
DÉF.: odeurs bonnes ou mauvaises se dégageant des corps et des matières organiques = des émanations, des exhalaisons, des parfums.
N.B. – *Effluve* est plus poétique qu'émanation ; il suggère l'idée de souffle.

UNE ÉMANATION [nom]
Les pompiers ont été alertés pour des émanations de gaz.
DÉF.: le fait que des substances très légères porteuses d'odeurs (gaz, poussières, pollen) se dégagent et se répandent ; les odeurs elles-mêmes = des exhalaisons.

◆ Famille – « *D'où peuvent émaner ces gaz ?* »

EMBAUMER [verbe]
1. *Les roses embaument.*
DÉF.: sentent très bon ≠ puent, empestent.

2. *Les roses embaument le jardin.*
DÉF.: le remplissent d'une agréable odeur = parfument ≠ empuantissent.
N.B. – *Embaumer un mort :* remplir le corps de substances aromatiques pour en assurer la conservation.

◆ Famille – *Étaler un baume sur une plaie :* préparation contenant des substances odorantes, employées comme calmant.

◆ Locution – *Mettre du baume au cœur :* consoler, adoucir un chagrin, encourager.

EMPESTER [verbe]
1. *La salle d'attente empeste le tabac.*
DÉF.: sent très mauvais (comme s'il y avait la peste) = pue ≠ embaume.
2. *L'odeur de tabac empeste la salle d'attente.*
DÉF.: lui donne une très mauvaise odeur = empuantit.

◆ Famille – *La peste :* maladie entraînant de nombreux morts, donc de nombreux cadavres – *La pestilence :* odeur infecte comme celle des *pestiférés* – *Une odeur pestilentielle.*
N.B. – *Pester :* manifester de la mauvaise humeur (COMMUNICATION).

UNE ESSENCE [nom]
L'essence de citronnelle éloigne les moustiques.
DÉF.: extrait concentré de certaines substances odorantes ≠ une dilution.
N.B. – *Dans cette forêt, les essences sont variées :* espèces d'arbres.

◆ Famille – *La quintessence* désignait autrefois l'extrait le plus concentré d'une substance.

ÉVENTÉ [adj. qual. et part. passé]
Tu n'as pas rebouché la bouteille, le vin est éventé.
DÉF.: altéré par l'air, il a perdu son bouquet et son goût.

◆ Famille – *Le vent :* l'air – *S'éventer avec un éventail :* se rafraîchir en l'agitant.

EXHALER, S'EXHALER [verbe]
Les parfums des roses s'exhalent dans l'air du soir.
Les roses exhalent un doux parfum.

DÉF. : dégagent et répandent une odeur, ici agréable, comme un souffle.

◆ Famille – *Une exhalaison odorante.*

◆ Expression – *Exhaler sa colère* : la laisser s'exprimer, lui donner libre cours.

FÉTIDE [adj. qual.]
Un œuf trop vieux a une odeur fétide.
DÉF. : forte et désagréable, provenant de matières organiques = malodorante, nauséabonde, infecte ≠ suave.

◆ Famille – *La fétidité* (RARE).

FLAIRER [verbe]
1. *Le chien de chasse flaire la piste du gibier.*
DÉF. : la sent et la suit grâce à son odorat (son flair).
2. *Il flaire la sauce avec gourmandise.*
DÉF. : sent avec insistance = hume.

◆ Famille – *Le flair du chien.*

◆ Expression – *Avoir du flair* : pressentir, deviner des choses cachées, avoir de l'intuition, de la perspicacité = subodorer, avoir du nez.

FLEURER [verbe]
Les meubles anciens fleurent bon la cire.
DÉF. : répandent une odeur délicate, subtile = exhalent une odeur.

LE FUMET [nom]
1. *La cuisine était parfumée par le fumet d'un civet qui mijotait.*
DÉF. : odeur agréable de préparations cuisinées ou de vins = la senteur.
2. *Le chien flaire le fumet d'un sanglier.*
DÉF. : odeur laissée par ce gibier ou d'autres animaux sauvages sur leur passage.
N.B. – *Un plat cuit dans un fumet* : sauce parfumée à base de jus de viande ou de poisson (CUISINE).

◆ Famille – *Les mots de la famille de fumée.*

HUMER [verbe]
Amoureusement, Roméo humait l'odeur des cheveux de Juliette.
DÉF. : aspirait par le nez pour mieux sentir l'odeur = respirait, sentait, flairait.

INFECT [adj. qual.]
L'usine répand une odeur infecte aux alentours.

DÉF. : répugnante, écœurante comme l'odeur d'une putréfaction = pestilentielle, putride, puante.
N.B. – Se dit aussi pour le goût.

◆ Famille – *C'est une infection, dans cette pièce !* : une puanteur.
N.B. – *La plaie risque de s'infecter* – *Il risque l'infection* : atteinte de l'organisme par des microbes (MALADIE).

◆ Expression – *Un être infect* : ignoble, répugnant, qui inspire le dégoût.

NAUSÉABOND [adj. qual.]
Au Moyen-Âge, les rues des villes étaient nauséabondes.
DÉF. : emplies d'une odeur écœurante, qui donne mal au cœur = fétides, puantes.

◆ Famille – *Avoir la nausée* – *Être dans un état nauséeux.*

UN PARFUM [nom]
1. *J'aime bien le parfum du muguet.*
DÉF. : odeur agréable et pénétrante de substances naturelles.
2. *J'aime bien le parfum que met ma sœur.*
DÉF. : composition réalisée à partir d'essences de fleurs et de plantes.
N.B. – *Le parfum d'une crème glacée* : le produit qui l'aromatise (GOÛT).

◆ Famille – *Parfumer, se parfumer* – *Un parfumeur* – *Une parfumerie.*

◆ Locution – *Être au parfum* (argot) : être informé, être mis au courant.

PUER [verbe]
1. *Ce camembert trop fait pue.*
DÉF. : sent mauvais = empeste ≠ embaume.
2. *La station-service pue le gazole.*
DÉF. : est pleine de la mauvaise odeur du gazole.

◆ Famille – *L'odeur du gazole empuantit la station-service* – *La puanteur du gazole* – *Du gazole puant.*

◆ Expression – *Il est puant* (FAM.) : se dit, au sens figuré, d'une personne pleine de vanité, de prétention, d'orgueil.

UN RELENT [nom]
La maison fermée depuis longtemps a un relent de moisissure.
DÉF. : mauvaise odeur qui persiste.

CONTRÔLEZ VOS CONNAISSANCES

(corrigé p. 278)

1. Faites l'inventaire des odeurs qui vous sont familières.
Reconnaîtriez-vous l'odeur : de la menthe ?

                          des pins ?
                          des allumettes soufrées ?
                          du feu de bois ?
                          de l'eau de Javel ?
                          de l'ail ?
                          du thym ?
                          du laurier ?
                          de la cannelle ?
                          de la vanille ?
                          de l'anis ?
                          du gazole ?
                          de la lavande ?

2. Voici la composition d'un parfum de Guerlain, *Mitsouko* : bergamote, lilas, mousse de chêne, vétiver, épices, pêche, ambre.
Connaissez-vous certains de ses composants ?

JEU (corrigé p. 278)

Les mots en escalier

À l'aide des définitions proposées, complétez les deux grilles suivantes :

– *qui, à l'air, a perdu son parfum.*
– *dégager une odeur qui se répand comme un souffle.*
– *répandre dans l'air un parfum délicieux.*
– *odeur se dégageant d'un corps ou d'un lieu.*

(grille E)

– *odeur agréable se dégageant de préparations cuisinées.*
– *dont l'odeur, venant de matières organiques, est très désagréable.*
– *répandre une délicate odeur.*

(grille F)

116

Le goût

Une glace américaine

Tu ne peux rien comprendre à l'Amérique avant d'avoir goûté un sundae.

Ce sundae, je m'en souviendrai toute ma vie. Dans une pâtisserie somptueuse, aérée, parfumée, on nous servit une montagne de glace au café, arrosée de crème et malaxée avec des noix, du miel, des cacahuètes et des fruits divers. Lorsque je portai la première cuillerée à ma bouche, j'eus l'impression que quelque chose de très important commençait au niveau de mes gencives. Mes papilles subissaient une joie violente, un opéra* gustatif se déroulait sur ma langue. À la dernière cuillerée, je n'en pouvais plus, je demandai grâce.

Henri TROYAT,
La case de l'oncle Sam (1950), © Flammarion.

* Opéra: emploi ironique d'un terme de musique = une grande œuvre.

Une blanquette du XIXe siècle

Ah! tonnerre! quel trou dans la blanquette! Si l'on ne parlait guère, on mastiquait ferme. Le saladier se creusait, une cuiller plantée dans la sauce épaisse, une bonne sauce jaune qui tremblait comme une gelée. Là-dedans, on pêchait les morceaux de veau; et il y en avait toujours, le saladier voyageait de main en main, les visages se penchaient et cherchaient des champignons. Les grands pains, posés contre le mur, derrière les convives, avaient l'air de fondre. Entre les bouchées, on entendait les culs des verres retomber sur la table. La sauce était un peu trop salée, il fallut quatre litres pour noyer cette bougresse de blanquette, qui s'avalait comme une crème et qui vous mettait un incendie dans le ventre.

Émile ZOLA, L'Assommoir (1877).

Comme à la Cour

Chez les Kekesfalva c'est comme à la Cour. Je n'ai jamais si bien mangé, je n'ai même jamais rêvé qu'on pût manger si bien, si grandiosement et si abondamment. Des mets de plus en plus rares et délicieux passent sur des plats innombrables, des poissons bleu pâle, couronnés de laitue, encadrés de tranches de langouste, baignent dans des sauces dorées; des chapons chevauchent de larges selles de riz disposées par couches; des puddings flambent dans du rhum; des bombes glacées de toutes les couleurs circulent; des fruits, qui viennent certainement de l'autre bout du monde, s'embrassent dans des corbeilles d'argent. Et, pour finir, un véritable arc-en-ciel de liqueurs: vertes, rouges, blanches, jaunes, et des cigares gros comme des asperges pour accompagner un délicieux café!

Stefan ZWEIG,
La pitié dangereuse (1938), © Grasset.

Sommaire

le goût [nom]

1. *J'ai un rhume et je n'ai plus de goût.*
DÉF. : sens par lequel hommes et animaux perçoivent les saveurs, grâce aux papilles de la langue.

2. *Le cresson a un goût acide.*
DÉF. : la saveur elle-même.

◆ Famille – *Goûter un mets* – *Le déguster* – *Être privé de sa sensibilité gustative par un rhume* – *Ce vin a un arrière-goût de bouchon :* saveur qui reste dans la bouche après qu'on a avalé – *Avoir le dégoût de la viande =* la répugnance – *Être dégoûté* – *C'est dégoûtant :* très mauvais.

◆ Expressions – *Avoir du goût :* une grande capacité à savoir ce qui est beau (SENTIMENT ESTHÉTIQUE) – *Avoir du goût pour les études :* les aimer.

◆ Locutions – *À mon goût :* à mon avis – *Quelque chose dans ce goût-là :* de cette sorte, comparable – *De bon, de mauvais goût :* conforme ou non aux goûts admis généralement – *Au goût du jour :* à la mode – *Chacun ses goûts ; tous les goûts sont dans la nature :* chacun est libre d'aimer ce qu'il veut – *Des goûts et des couleurs, il ne faut pas discuter :* il faut savoir admettre la diversité des opinions.

la saveur [nom]

Les champignons ont une saveur délicate.
DÉF. : qualité perçue par le sens du goût = un goût.

◆ Famille – *Savourer des chocolats fins :* les absorber avec lenteur et attention pour bien apprécier – *Un plat savoureux :* qui a beaucoup de goût.

◆ Expressions – *La saveur de la nouveauté :* son aspect attirant, piquant – *Une histoire savoureuse :* qu'on apprécie, qui fait bien rire – *Savourer un moment agréable :* goûter le plaisir de ce moment.

Testez-vous ! (corrigé p. 278)

1. Un fruit au goût âcre est un fruit :
    a. dont le goût est piquant, irritant et prend à la gorge ☐
    b. importé des pays tropicaux ☐
    c. très sucré ☐
    d. sens ignoré ☐

2. Des qualités culinaires permettent :
    a. de bien apprécier les plats ☐
    b. de présenter de beaux plats ☐
    c. de bien faire la cuisine ☐
    d. sens ignoré ☐

3. Se montrer friand de, c'est :
    a. être gourmand de... ☐
    b. être dégoûté d'un plat pour en avoir trop mangé ☐
    c. être impatient de goûter un plat ☐
    d. sens ignoré ☐

4. La gastronomie est :
    a. la préparation de la nourriture des astronautes pour leurs séjours
    dans l'espace ☐
    b. une gourmandise excessive ☐
    c. l'art de préparer et de déguster les mets ☐
    d. sens ignoré ☐

5. Une nourriture insipide :
    a. qui n'a pas de goût ☐
    b. qui est pasteurisée et ne risque pas de contenir des microbes ☐
    c. qui a une saveur remarquable ☐
    d. sens ignoré ☐

6. Du beurre rance :
    a. qui a pris l'humidité ☐
    b. qui a une odeur forte et un goût âcre parce qu'il est trop vieux ☐
    c. qui est d'autant meilleur qu'on l'a fait vieillir longtemps ☐
    d. sens ignoré ☐

7. Un plat relevé est :
    a. très bon mais coûte très cher ☐
    b. appétissant car bien présenté ☐
    c. bien épicé ☐
    d. sens ignoré ☐

EXERCICES

Utilisez vos connaissances (corrigé p. 279)

À l'aide des définitions en italiques, complétez chaque phrase avec l'un des mots placés dans l'encadré ci-dessous. Attention aux accords et aux conjugaisons ! Si vous trouvez cet exercice trop corsé, montrez-vous friands des mots du vocabulaire des pages 122 et 123 !

☐ âcre	☐ corsé	☐ friand	☐ rance
☐ aigre	☐ culinaire	☐ la gastronomie	☐ se régaler
☐ amer	☐ déguster	☐ un gourmet	☐ relevé
☐ l'assaisonnement	☐ exquise	☐ insipide	☐ siroter
☐ la chère	☐ fade	☐ un mets	☐ sur

1. *Art de préparer, de présenter et de déguster les mets.*
Les étrangers apprécient la .... française.

2. *Nourriture.*
Le Père Goriot était avare. Chez lui, la .... était peu abondante.

3. *Plat fait d'aliments cuisinés.*
Le menu donne la liste des .... proposés.

4. *Personne qui a des goûts délicats en ce qui concerne la nourriture et les vins.*
Il faut distinguer un .... d'un gourmand.

5. *Mélange de condiments à la saveur forte qui sert à relever le goût d'un plat.*
Ces carottes râpées n'ont guère de goût, elles manquent d'.............

6. *Goûter un plat ou un vin pour le juger.*
Au Salon de l'agriculture, on peut .... les produits du terroir.

7. *Manger avec un très grand plaisir.*
L'hiver dernier, Arthur .... avec la bûche de Noël.

8. *Boire à petits coups, en savourant.*
Après le dîner, les convives s'attardent à .... leur liqueur.

9. *D'un goût si irritant qu'il prend à la gorge.*
Les prunelles des haies sont si .... qu'elles sont presque immangeables.

10. *Qui a un goût acide, piquant, désagréable.*
Le lait tourné a un goût ....

11. *D'un goût très désagréable, qui sent le fiel.*
Certains médicaments ont un goût si .... qu'on les présente en gélules.

120

12. *Qui a un goût fort et parfumé.*
Mélanie a mis du porto dans sa sauce pour qu'elle soit plus ....

13. *Relatif à la cuisine.*
Les grands chefs cuisiniers inventent de nouvelles préparations ....

14. *D'un goût délicat qui atteint la perfection.*
Sa crème anglaise au chocolat est ....

15. *Qui manque de saveur.*
Elle ne s'y connaît pas bien en cuisine, ses plats sont ....

16. *Aimer particulièrement.*
Victor est .... de pâtisseries.

17. *Sans aucun goût.*
L'eau distillée est ....

18. *Se dit d'un corps gras qui a un goût âcre et une forte odeur.*
L'huile de la bouteille oubliée lors du déménagement est ....

19. *Fortement assaisonné.*
Grégoire remet souvent du poivre dans sa nourriture car il aime les plats ....

20. *Qui est acide, légèrement aigre.*
Je n'aime pas la choucroute, je trouve qu'elle a un goût ....

*Les concombres étaient **amers**, l'huile d'olive **rance**, l'assaisonnement **aigre**, le potage **sur**! Pas de quoi **régaler** un **gourmet**!*

VOCABULAIRE

ÂCRE [adj. qual.]
Le rôti a brûlé, sa sauce a un goût âcre.
DÉF. : qui est irritant, qui prend à la gorge = âpre ≠ doux (douce).
N.B. – *L'odeur âcre du tabac* (ODORAT).

◆ Famille – *L'âcreté d'un goût.*
N.B. – *Répondre avec acrimonie* – *Tenir des propos acrimonieux :* manifester sa mauvaise humeur par des propos hargneux (COMMUNICATION).

AIGRE [adj. qual.]
Un vin abîmé devient du vin aigre, autrement dit du vinaigre.
DÉF. : qui a une saveur acide = sur ≠ doux (douce).
N.B. – *Un son aigre :* aigu, criard, perçant (OUÏE) – *Un vent aigre :* piquant (TOUCHER).

◆ Famille – *L'aigreur d'un vin* – *Un vin aigrelet :* un peu aigre – *Le vin non bouché risque de s'aigrir* – une sauce *aigre-douce* = d'un goût à la fois acide et sucré.

◆ Expressions – *Une personne aigre, pleine d'aigreur :* agressive, mordante, acerbe – *La discussion tourne à l'aigre :* on y échange des paroles blessantes, dures – *Des propos aigres-doux :* piquants sous une apparente amabilité.

AMER (ÈRE) [adj. qual.]
«N'achète pas ces endives, elles sont amères.»
DÉF. : d'une saveur désagréable, comme le fiel qui se trouve sur le foie des volailles ≠ doux (douce).

◆ Famille – *Amèrement* – *L'amertume des endives.*

◆ Expressions – *Un souvenir amer :* qui inspire de la tristesse, du chagrin – *Une ironie amère :* qui traduit de la déception, qui s'exprime par de l'aigreur – *Ressentir de l'amertume :* tristesse mêlée de rancune (SENTIMENT).

UN ASSAISONNEMENT [nom]
«Veux-tu te charger de l'assaisonnement de la salade ?»
DÉF. : action d'accommoder un plat avec des condiments à la saveur forte qui en relèvent le goût.

◆ Famille – *Assaisonner* un plat.

LA CHÈRE [nom]
1. *C'est un restaurant où la chère est bonne.*
DÉF. : nourriture.
2. *Faire bonne chère.*
DÉF. : faire un bon repas, bien manger.
N.B. – Ne pas confondre avec la chair : muscle, viande.

CORSÉ [adj. qual.]
Le cuisinier fait toute une préparation pour obtenir une sauce corsée.
DÉF. : forte et parfumée, qui a du « corps » ≠ fade, édulcorée, adoucie.

◆ Famille – *Corser* une sauce.

◆ Expressions – *Une plaisanterie corsée :* assez scandaleuse, « salée » = scabreuse – *L'affaire se corse :* elle prend plus d'importance, devient plus compliquée.

CULINAIRE [adj. qual.]
Les préparations culinaires occupent la majeure partie du temps de cette mère de dix enfants.
DÉF. : qui sont relatives à la cuisine.

◆ Famille – *La cuisine* – *Cuisiner* – *Un cuisinier* – *La cuisinière* (PERSONNE) *fait cuire les plats sur une cuisinière* (OBJET).

DÉGUSTER [verbe]
1. *Au concours de gastronomie, les membres du jury ont dégusté les plats présentés.*
DÉF. : ont goûté pour juger.
2. *Il prend son temps pour déguster son café.*
DÉF. : apprécier, savourer.

◆ Famille – *Le goût* – *Une dégustation de vins* – *Un verre à dégustation* – *Un dégustateur.*

◆ Expression – *J'ai dégusté* (ARGOT) : j'ai eu très mal, j'ai pris des coups.

EXQUIS [adj. qual.]
C'est une pâtisserie exquise.
DÉF. : d'un goût délicat, d'une qualité rare, qui atteint la perfection = délicieuse, succulente, savoureuse ≠ exécrable, détestable.

◆ Expressions – *Une jeune fille exquise :* adorable, ravissante (QUALITÉ) – *Une journée exquise :* très agréable.

FADE [adj. qual.]
Certaines viandes blanches sont fades.
DÉF. : manquent de goût, de saveur = insipides.
N.B. – *Une couleur fade :* qui manque d'éclat (VUE).

◆ Famille – *La **fadeur** d'un plat – Un plat **fadasse*** (PÉJORATIF ET FAM.) *: très fade.*

◆ Expression – *La vie lui paraît **fade** :* plate, ennuyeuse, terne.

ÊTRE FRIAND DE [locution verbale]
*Mon chat **est friand de** poisson.*
DÉF. : aime particulièrement = raffole ≠ déteste.

◆ Famille – *Un **friand** :* petit pâté feuilleté ou petit gâteau à la pâte d'amandes – *Des **friandises** :* des sucreries.

◆ Expression – ***Être friand de** compliments :* les aimer, les rechercher.

LA GASTRONOMIE [nom]
*La **gastronomie** est un art qui fait la célébrité de la France.*
DÉF. : art de préparer, présenter et déguster les mets (cuisine, vins, succession des plats).

◆ Famille – *Un repas **gastronomique** – Un **gastronome** :* un amateur de bons repas = un gourmet.

UN GOURMET [nom]
*Gabriel mange peu mais c'est un **gourmet**.*
DÉF. : personne qui a des goûts raffinés en ce qui concerne la nourriture et les vins = un gastronome, un bec fin, une fine gueule ≠ un goinfre, un glouton, un vorace.

◆ Famille – *Un **gourmand** :* personne qui aime la bonne cuisine et mange beaucoup – *Une **gourmandise** :* ce qui est très bon au goût, ce qu'aime un gourmand.
N.B. – *La **gourmandise*** (CARACTÈRE).

INSIPIDE [adj. qual.]
*Des pâtes cuites sans sel sont **insipides**.*
DÉF. : sans aucun goût = fades.

◆ Famille – *L'**insipidité** des pâtes cuites sans sel.*

◆ Expression – *Sa conversation est **insipide** :* sans intérêt, sans esprit.

UN METS [nom]
*Au palais de Dame Tartine, les **mets** sont succulents.*
DÉF. : Plats préparés.
N.B. – Attention au **s** au singulier.

◆ Famille – *Un **entremets** est un plat sucré que l'on sert en principe entre le plat principal et le dessert.*

(LE) RANCE [nom ou adj. qual.]
*Le beurre laissé à la chaleur devient vite **rance**.*
*Ce jambon a un fort goût de **rance**.*
DÉF. : qui a un goût âcre et une forte odeur (se dit pour des corps gras) ≠ frais, fraîche.

◆ Famille – *Le beurre peut **rancir*** (verbe du 2e groupe).

RÉGALER, SE RÉGALER [verbe]
1. *Victor n'a pas regardé à la dépense pour **régaler** ses amis.*
DÉF. : offrir un bon repas.
2. *Je me **régale** avec ton gâteau.*
DÉF. : mange avec grand plaisir = me délecte.

◆ Famille – *Ce dessert est un **régal** :* un délice.

◆ Expressions – *C'est un **régal** pour les yeux :* un très grand plaisir pour les yeux ou un spectacle qui procure un très grand plaisir – ***Se régaler** de belle musique.*

RELEVÉ [adj. qual.]
*La sauce à l'américaine est très **relevée**.*
DÉF. : fortement assaisonnée, ayant un goût très fort = épicée ≠ fade, insipide.
N.B. – *Un récit **relevé** de détails plaisants :* rendu plus intéressant par = agrémenté, pimenté (COMMUNICATION).

SIROTER [verbe]
*Il **sirote** son café en parlant avec des amis.*
DÉF. : boit à petits coups en savourant = déguste.

◆ Famille – *Un gâteau couvert d'un **sirop** de groseilles :* solution concentrée de sucre dans le jus des groseilles – *Un mélange **sirupeux** :* qui a la consistance du sirop.

◆ Expression – *Une musique **sirupeuse** :* facile et écœurante.

SUR [adj. qual.]
*Les poires trop mûres ont un goût **sur**.*
(ATTENTION ! pas d'accent circonflexe ≠ être sûr et certain).
DÉF. : qui est acide, légèrement aigre = aigrelet(ette) ≠ doux (douce).

◆ Famille – *Les poires risquent de **surir** (verbe du 2e groupe).*

CONTRÔLEZ VOS CONNAISSANCES

(corrigé p. 279)

1. On fait des emprunts au vocabulaire du goût pour exprimer d'autres sensations. D'après ce que vous avez vu précédemment, pour quelles autres sensations emploieriez-vous :

– acide : un .... acide ; une .... acide.

– âcre : une .... âcre.

– aigre : un .... aigre ; un .... aigre (TOUCHER).

– fade : une .... fade ?

2. On fait de même pour exprimer des sentiments. Quels sentiments transparaissent dans les expressions suivantes ?

– des paroles amères : ...., ...

– une conversation insipide : ....

– des remarques aigres : ...., ...

3. Qui se ressemble s'assemble.
En rapprochant leur sens, mariez les mots des deux séries suivantes à l'aide de flèches :

aigre	épicé
se délecter	exquis
délicieux	être friand
fade	insipide
raffoler	savourer
relevé	sur

4. Retrouvez ces quatre adjectifs qui indiquent des goûts peu agréables :

– Du beurre   R A _ _ _

– Une potion   A _ _ R _

– Un vin   A _ _ R _

– Des sauces brûlées   A R _ _ _

124

Vivre avec les autres

La **communication** à sens unique.

La communication

Comment se procurer des munitions ?

Les garçons de Longeverne préparent la guerre contre ceux du village voisin, une guerre dont les prises seront des boutons.

Il compléta ses renseignements en confiant en outre que sa sœur Marie, la cantinière de l'armée, si on voulait bien, avait promis de lui confectionner un petit sac à coulisses comme ceux «ousqu'on» mettait les billes, pour y remiser et concentrer le trésor de guerre. Elle attendait seulement de voir la quantité que ça ferait, pour ne le faire ni trop grand ni trop petit.

On applaudit à cette offre généreuse et la Marie Tintin, bonne amie comme chacun savait du général Lebrac, fut acclamée cantinière d'honneur de l'armée de Longeverne. Camus annonça également que sa cousine, la Tavie* des Planches, se joindrait aussi souvent que possible à la sœur de Tintin, et elle eut sa part dans le concert d'acclamations ; Bacaillé, toutefois, n'applaudit pas, il regarda même Camus de travers. Son attitude n'échappa point à La Crique le vigilant et à Tintin le comptable et ils se dirent même qu'il devait y avoir du louche par là-dessous.

– Ce midi, fit Tintin, j'irai avec La Crique acheter le fourbi chez la mère Maillot.

– Va plutôt chez la Jullaude, conseilla Camus, elle est mieux assortie, qu'on dit.

– C'est tous des fripouilles et des voleurs, les commerçants, trancha, pour les mettre d'accord, Lebrac, qui semblait avoir, avec des idées générales, une certaine expérience de la vie ; prends-en, si tu veux, la moitié chez l'une, la moitié chez l'autre : on verra pour une autre fois ousqu'on est le moins étrillé.

– Vaudrait peut-être mieux acheter en gros, déclara Boulot, il y aurait plus d'avantages.

– Après tout, fais comme tu voudras, Tintin, t'es trésorier, arrange-toi, tu n'as qu'à montrer tes comptes quand tu auras fini : nous, on n'a pas à y fourrer le nez avant.

La façon dont Lebrac émit cette opinion coupa la discussion, qui eût pu s'éterniser ; il était temps, d'ailleurs, car le père Simon, intrigué de leur manège, l'oreille aux écoutes, sans faire semblant de rien, passait et repassait pour essayer de saisir au vol quelque bribe de leur conversation.

Il en fut pour ses frais, mais il se promit de surveiller avec soin Lebrac, qui donnait des signes manifestes et extra-scolaires d'exaltation intellectuelle.

Louis PERGAUD, *La Guerre des boutons* (1912).

* *Octavie.*

FICHES D'ENTRÉE

la communication [nom]

1. *Nous avons eu **communication** de la nouvelle ce matin.*
DÉF. : action de transmettre une information.
2. *Le surveillant a une **communication** à vous transmettre.*
DÉF. : l'élément même qui est communiqué = une information.

◆ Famille – **Communiquer** *une information* – *Deux élèves ont **communiqué** :* se sont transmis des renseignements – *Un **communiqué** :* un avis transmis au public – *Un rire **communicatif** :* qui se transmet aux autres.
N.B. – *Des salles **communicantes** :* entre lesquelles il y a un passage (LIEU).

◆ Locution – ***La communication de masse** :* les médias.

la parole [nom]

1. *Par opposition aux animaux, les hommes sont doués de la **parole**.*
DÉF. : possibilité de s'exprimer par un langage articulé fait de mots.
2. *Elle a su trouver des **paroles** de consolation.*
DÉF. : les mots eux-mêmes, utilisés oralement.
3. *L'un des assistants a demandé la **parole**.*
DÉF. : le fait de parler.
4. *Le chanteur écrit lui-même les **paroles** de ses chansons.*
DÉF. : Les mots, les phrases.
N.B. – *La **Parole** de Dieu :* le Verbe (RELIGION).

◆ Famille – ***Parler*** – *Le **parler** :* la langue ou le dialecte – *Un **porte-parole** :* personne qui transmet le message d'une autre personne ou d'une assemblée – *Un **parolier** :* auteur des paroles d'une chanson – *Une **parlote** :* un bavardage sans intérêt – *Un **parloir** :* lieu où l'on se rencontre pour parler – *Des **pourparlers** :* discussions en vue d'un arrangement.

◆ Expressions – ***De belles paroles** :* des promesses qui ne sont pas tenues – *Un **moulin à paroles** :* un bavard.

◆ Locutions – ***Donner sa parole** (d'honneur) :* promettre – ***N'avoir qu'une parole, tenir parole** :* tenir ses engagements – *Un **homme de parole** :* qui tient ses promesses – ***Croire sur parole** :* sans preuve tangible – ***Se payer de paroles** :* se contenter de promesses, d'assurances verbales.

un argument [nom]

*Il termine son discours par un **argument** indiscutable et tous sont convaincus.*
DÉF. : idée, preuve qui appuie ou au contraire contredit une affirmation.
N.B. – *J'ai lu l'**argument** d'une pièce de théâtre :* résumé rapide du sujet.

◆ Famille – *Une **argumentation** :* ensemble d'arguments – ***Argumenter*** – ***Arguer*** *de sa fatigue pour refuser l'invitation :* prétexter.

A. LES VERBES

Testez-vous ! (corrigé p. 279)

1. Acquiescer :
- **a.** dire oui, consentir □
- **b.** montrer qu'on a bien compris □
- **c.** rejeter une proposition □
- **d.** sens ignoré □

2. Concéder quelque chose à quelqu'un :
- **a.** reconnaître qu'on a entièrement tort □
- **b.** admettre son point de vue □
- **c.** se mettre de son côté pour le soutenir □
- **d.** sens ignoré □

3. Démentir :
- **a.** ne pas dire la vérité □
- **b.** dire qu'une information n'est pas vraie □
- **c.** rendre les autres fous par des discours interminables □
- **d.** sens ignoré □

4. Dissuader quelqu'un de faire quelque chose :
- **a.** le convaincre de ne pas le faire □
- **b.** le pousser à le faire □
- **c.** le conseiller dans la manière dont il devra le faire □
- **d.** sens ignoré □

5. Préconiser :
- **a.** recommander comme méthode ou comme solution □
- **b.** avertir quelqu'un d'un danger □
- **c.** deviner qu'une chose va se produire □
- **d.** sens ignoré □

6. Renchérir :
- **a.** dire des paroles tendres à quelqu'un □
- **b.** donner du prix aux déclarations de quelqu'un □
- **c.** ajouter des déclarations supplémentaires qui vont dans le même sens ☑
- **d.** sens ignoré □

7. Se rétracter :
- **a.** s'obstiner dans ses déclarations □
- **b.** dire que les déclarations qu'on a faites ne sont pas vraies ☑
- **c.** s'enfermer dans le silence □
- **d.** sens ignoré □

Utilisez vos connaissances (corrigé p. 279)

À l'aide des définitions en italiques, complétez chaque phrase avec l'un des verbes placés dans l'encadré ci-dessous. Attention aux conjugaisons!
Si vous prétendez que cet exercice est infaisable, consentez à regarder le vocabulaire des pages 132 et 133.

7 acquiescer	2 consentir	10 huer	9 prétendre
4 balbutier	6 contester	11 nier	réfuter
5 certifier	14 contredire	4 objecter	8 renchérir
concéder	13 démentir	persuader	se rétracter
3 confier	12 dissuader	préconiser	solliciter

1. *Parler en articulant mal.*
Arthur, surpris par Mélanie en train de finir la boîte de chocolats, balbutie des explications confuses.

2. *Accepter finalement.*
Après avoir beaucoup protesté, Grégoire a enfin consenti .... à se faire couper les cheveux!

3. *Communiquer en secret.*
Mon frère m'a confié ... qu'il était amoureux.

4. *Affirmer, mais ne pas être cru.*
Victor objecte que, s'il n'est pas venu à la réunion, c'est qu'il n'en a pas été informé.

5. *Assurer que quelque chose est certain.*
«Tu ne partiras en vacances que si le médecin certifie .... que tu es guéri.»

6. *Mettre en discussion ce qu'on n'approuve pas.*
Mon copain conteste .... la note que lui a mise le professeur de français.

7. *Dire oui.*
Le journaliste demanda au chanteur s'il voulait bien interpréter une autre chanson et ce dernier acquiesça.

8. *Ajouter des affirmations supplémentaires qui vont dans le même sens que les précédentes.*
Le délégué expose les demandes des élèves et ceux-ci renchérissent.

9. *Avancer un argument pour s'opposer à une affirmation ou à une proposition.*
Je souhaite devenir journaliste, mais mes parents prétendent .... que j'aurai du mal à trouver du travail.

10. *Recommander comme méthode ou comme solution.*
Pour qu'il y ait moins de délinquance, beaucoup .... plus de prévention et moins de répression.

11. *Revenir sur ce qu'on a dit et affirmer que ce n'était pas vrai.*
L'accusé avait pourtant reconnu les faits, et aujourd'hui il ....nie....! ~~se rétracte~~ O

12. *Amener quelqu'un à renoncer à faire quelque chose.*
Mon amie m'a .... d'acheter ce blouson qui, pourtant, me plaisait. ~~dissuadée~~ ✓ I

13. *Dire le contraire de ce qui a été avancé précédemment.*
Ses dernières déclarations .... les précédentes : que croire ?
~~démentent~~ contredisent O

14. *Affirmer qu'une information est fausse.*
La princesse a formellement .... qu'elle allait épouser son chauffeur, comme l'annonçaient les journaux. ~~contredit~~ démenti O

15. *Faire appel à quelqu'un, de façon nette.*
sollicite
Pour organiser la kermesse, le directeur de l'école .... les parents d'élèves. ⊂⊃

16. *Rejeter comme faux ou inexistant.*
Sophie .nie.... avoir grignoté les pâtes de fruits. ⊂⊃

17. *Pousser des cris pour manifester son opposition, ses critiques.*
S'il exprime une idée raciste en public, il se fera ...huer... O. 5

18. *Rejeter une affirmation en prouvant qu'elle est fausse.*
Un participant au congrès est intervenu pour .réfuter.. les affirmations de son collègue. O. 5

19. *Amener quelqu'un à croire, à faire ou à vouloir quelque chose.*
« .persuade-le donc de se mettre sérieusement au travail ! » I

20. *Admettre que son interlocuteur a raison sur un point.*
« C'est vrai, ce chanteur n'est guère connu, je te le .concède, mais quel talent ! » O

GRÉGOIRE : *Excusez-moi de vous **contredire** : vous ne pouvez pas **certifier** que je vais à bicyclette deux fois plus vite que les autos !*
L'AGENT : *Je **prétends** seulement que vous roulez trop vite, et cela vous ne pouvez le **nier**...*

ACQUIESCER [verbe]
Ma mère m'a demandé si je voulais aller avec elle au cinéma et j'ai acquiescé.
DÉF. : j'ai dit oui = j'ai accepté ≠ j'ai refusé.

◆ Famille – *Un acquiescement.*

BALBUTIER [verbe]
N'ayant pas appris sa leçon, il balbutie une réponse, à tout hasard.
DÉF. : prononce sans clarté, confusément = bredouille.

◆ Famille – *Un balbutiement.*

◆ Expression – *Au XIXe siècle, la médecine moderne balbutiait :* en était à ses débuts ≠ s'affirmait.

CERTIFIER [verbe]
1. *Un copain m'a certifié que mon chanteur préféré donnait un concert le mois prochain.*
DÉF. : a assuré que c'était certain = a affirmé.
2. *Ma banque certifie ma signature sur mon chèque.*
DÉF. : atteste qu'elle est valable = authentifie.

◆ Famille – *Un certificat – Une copie certifiée conforme.*

CONCÉDER [verbe]
Le débat a été animé ! Mais mon adversaire a fini par concéder que j'avais raison au moins sur un point.
DÉF. : admettre mon point de vue = convenir ≠ contester.

◆ Famille – *Faire des concessions :* accepter d'abandonner une idée et laisser un autre avoir raison – *Une proposition concessive :* qui exprime une opposition ou une réserve à l'action exprimée dans la principale.

CONFIER, SE CONFIER [verbe]
1. *Mon amie me confie toutes ses histoires d'amour.*
DÉF. : communique dans le secret ≠ dissimule.
2. *Grégoire, très renfermé, se confie rarement.*
DÉF. : exprime ce qu'il pense ou éprouve = se livre.
N.B. – *Confier un objet, une mission à quelqu'un :* le ou la lui laisser pour qu'il s'en occupe (ACTION).

◆ Famille – *Une confidence :* secret livré à quelqu'un – *Le (la) confident(e) – Un rapport confidentiel :* qui ne doit être connu que de quelques-uns – *Confidentiellement – La confiance :* assurance de celui qui croit ce que dit quelqu'un – *Une personne confiante.*

CONSENTIR [verbe]
Mes parents consentent à ce que j'aille en vacances avec des amis.
DÉF. : l'acceptent finalement = l'admettent ≠ s'y opposent.

◆ Famille – *Donner son consentement :* son accord – *Une personne consentante.*

CONTESTER [verbe]
Le joueur expulsé du terrain conteste la décision de l'arbitre.
DÉF. : met en discussion ce qu'il n'approuve pas = discute, refuse ≠ admet, approuve.

◆ Famille – *Élever une contestation – Une décision contestable, incontestable – Incontestablement – Une autorité contestée :* discutée ≠ *incontestée :* qu'on ne met pas en doute = sûre.

CONTREDIRE, SE CONTREDIRE [verbe]
1. *Les déclarations du témoin ont contredit les affirmations de l'accusé.*
DÉF. : ont dit le contraire = ont réfuté, démenti ≠ ont confirmé.
2. *Ses explications ne sont pas claires : il se contredit sans cesse.*
DÉF. : fait des déclarations qui s'opposent les unes les autres.

◆ Famille – *Apporter la contradiction à quelqu'un – Se faire son contradicteur – Tenir des propos pleins de contradictions – Des propos contradictoires.*

◆ Expression, locution – *Avoir l'esprit de contradiction :* contredire les gens à tout propos ou faire le contraire de ce qui est attendu – *Sans contredit :* incontestablement.

DÉMENTIR [verbe]
1. *Ce témoin dément les déclarations de l'accusé.* (conjugaison : comme *sentir*.)
DÉF. : les contredit en soulignant que l'accusé ne dit pas la vérité ≠ les approuve, les confirme.
2. *Le Président a démenti rapidement l'annonce de sa démission.*
DÉF. : a déclaré contraire à la vérité = a nié ≠ a confirmé.

◆ Famille – *Apporter un démenti à une information :* affirmer qu'elle est fausse.

◆ Expression – *Sa gentillesse ne se dément jamais :* ne cesse jamais de se manifester.

DISSUADER [verbe]
Je voulais aller à la piscine, mais ma mère m'en **a dissuadé**.
DÉF. : m'a amené à renoncer à le faire ≠ me l'a conseillé, m'y a engagé, m'a persuadé de.

◆ Famille – *Le pouvoir de* **dissuasion** *d'un discours – Des paroles* **dissuasives** : qui incitent à ne pas faire ce qu'on projetait.
N.B. – *Un armement* **dissuasif** : si puissant qu'il décourage l'adversaire d'attaquer – *Les forces* **de dissuasion** (TERMES MILITAIRES).

HUER [verbe]
Les acteurs ont été vraiment mauvais et le public les a **hués**.
DÉF. : a poussé des cris contre eux pour manifester son mécontentement = les a conspués ≠ les a acclamés.

◆ Famille – *Les* **huées** *d'une foule.*

NIER [verbe]
L'accusé **nie** *avoir été sur les lieux au moment du crime.*
DÉF. : dit que ce n'est pas vrai = conteste ≠ reconnaît, maintient.

◆ Famille – *Ses* **dénégations** *ont ébranlé le jury* : refus de reconnaître un fait – *La* **négation** *d'un fait – Un adverbe de* **négation** *– Une phrase* **négative** *– Répondre par la* **négative** *–* **Négativement**.

OBJECTER [verbe]
1. *Le maire veut régler tous les problèmes en une soirée : on lui* **objecte** *que c'est impossible.*
DÉF. : oppose cet argument à la proposition qu'il a émise = rétorque.
2. *Je n'ai pas été engagé : on m'a* **objecté** *mon manque d'expérience.*
DÉF. : a opposé cette raison à ma demande.

◆ Famille – *Une* **objection** *– Un* **objecteur de conscience** : celui qui refuse de faire son service national.

PERSUADER [verbe]
Il aura du mal à me **persuader** *d'aller voir ce film qui ne me tente pas.*
DÉF. : amener à croire, à faire ou à vouloir quelque chose = convaincre ≠ dissuader.

◆ Famille – *Le pouvoir de* **persuasion** *d'une personne – Un discours* **persuasif** *– Une personne* **persuasive**.

PRÉCONISER [verbe]
Faut-il **préconiser** *l'augmentation du prix du tabac pour que les gens fument moins ?*
DÉF. : recommander = prôner, conseiller, prescrire ≠ déconseiller.

PRÉTENDRE [verbe]
1. *Il* **prétend** *que son travail est fini.*
DÉF. : l'affirme, mais on ne le croit pas.
2. *Les parents* **prétendent** *être respectés de leurs enfants.* (conjugaison : comme *rendre*.)
DÉF. : en ont la volonté.
N.B. – **Prétendre** *à un avantage, à un poste* : désirer l'avoir comme si c'était dû – *Le* **prétendant** *à un trône – Les* **prétendants** *de Pénélope* : ceux qui voulaient l'épouser.

◆ Famille – *Les parents ont la* **prétention** *d'être respectés.*

RÉFUTER [verbe]
Le ministre a avancé des chiffres que le parti de l'opposition **a réfutés**.
DÉF. : a rejetés en prouvant qu'ils étaient faux = a démentis ≠ a confirmés.

◆ Famille – *La* **réfutation** *d'une théorie – Un argument* **irréfutable** = indiscutable.

RENCHÉRIR [verbe]
La petite admire beaucoup sa sœur et **renchérit** *sur tout ce qu'elle dit.*
DÉF. : ajoute des affirmations supplémentaires.
N.B. – **Renchérir** (AU SENS PROPRE) : *dans une vente, faire une* **enchère** *supérieure* : proposer un prix plus élevé.

◆ Famille – **Surenchérir** : promettre, proposer plus qu'un autre.

SE RÉTRACTER [verbe]
Il a avoué sa faute et ensuite il **s'est rétracté**.
DÉF. : a retiré ce qu'il avait dit = s'est dédit.

◆ Famille – *Les* **rétractations** *d'un accusé* : action de retirer ce que l'on a dit.

SOLLICITER [verbe]
1. *L'employé* **sollicite** *un congé.*
DÉF. : demande respectueusement.
2. *Le professeur* **sollicite** *un élève pour qu'il l'aide à installer l'écran.*
DÉF. : fait appel à lui.
N.B. – **Solliciter** *la curiosité, l'attention etc.* : la faire naître = l'exciter.

◆ Famille – *Une* **sollicitation** : une demande.

(corrigé p. 279)

Le lion est-il effectivement le « roi des animaux » ? Découvrez-le en complétant l'histoire suivante à l'aide des mots proposés ci-dessous. Attention ! Ils n'ont pas tous été étudiés.

☐ affirmait	☐ conversation	☐ interrompre	☐ parlons
☐ approuva	☐ demanda	☐ se moqua	☐ précise
☐ assurer	☐ dit	☐ notées	☐ répondit
☐ bavarder	☐ informer	☐ nouvelles	☐ silencieux

Par une fraîche matinée de printemps, le Joyeux Lion reçut la visite de quelques amis dans son jardin de rocaille. Ils venaient pour faire tranquillement un brin de .... **1**.
« Joyeux Lion, ... **2** l'écureuil, pourquoi ne rédiges-tu pas un testament ? Les gens riches et célèbres font un testament.
– C'est vrai, ... **3** le pigeon. La ville entière vient te voir. Et tu es riche et célèbre. Une dame l'............ **4** encore dimanche dernier dans ce jardin.
– Qu'est-ce qu'un testament ? demanda le Joyeux Lion.
– Quelque chose sur lequel on écrit, ... **5** une hirondelle. Je sais…
– Tu n'y connais rien ! dit une souris. En ville, j'ai trouvé des quantités de testaments dans les maisons. J'en ai même goûté quelques-uns. Et, je peux te l'............ **6**, cela ne vaut pas un morceau de fromage !
– Comme c'est intéressant ! .... **7** un corbeau. Un testament, mes amis, c'est un papier sur lequel toutes les choses qui vous appartiennent sont .... **8**. Et l'on y .... **9** à qui vous voulez qu'elles reviennent, quand vous mourrez. Je le sais car mes ancêtres étaient notaires. »
Quand le Joyeux Lion fut seul avec sa lionne, il songea à sa petite maison où les hirondelles construisaient leurs nids, à son jardin où les violettes fleurissaient, à son fossé où les grenouilles chantaient, à ses deux arbres où écureuils et oiseaux se perchaient pour commenter les dernières .... **10**.
– Oh ! faisons un testament ! .... **11** la lionne. Ce sera très amusant !
– Pour commencer, dit le Joyeux Lion, ... **12** de notre fossé. L'otarie l'aimerait tellement ! Elle peut à peine plonger et se retourner dans son étang minuscule, la pauvre !
– Que ferons-nous de nos deux arbres ? dit la lionne. Ne conviendraient-ils pas aux singes ?
– Oui, approuva le Joyeux Lion, mais un arbre seulement. L'autre restera au hibou et à tous les oiseaux qui ont besoin d'un endroit où se percher pour .... **13**.
En réalité, les deux lions n'étaient pas seuls dans le jardin : François, le fils du gardien du zoo et le meilleur ami du Joyeux Lion, ainsi que le corbeau, immobile et .... **14** sur sa branche, les écoutaient.
– Puis-je vous .... **15** ? dit le corbeau. Mes ancêtres étaient notaires : je dois vous .... **16** que vous ne pouvez pas mettre dans un testament des choses qui ne sont pas à vous. »

B. LES NOMS ET LES ADJECTIFS

Testez-vous ! (corrigé p. 279)

1. Un discours conciliant :
    a. dont les différentes parties vont bien ensemble ☐
    b. qui cherche à arriver à un accord ☐
    c. qui est prononcé lors d'une cérémonie religieuse ☐
    d. sens ignoré ☐

2. L'élocution est :
    a. le talent qui consiste à persuader ceux qui vous écoutent ☐
    b. la façon de s'exprimer à l'oral, d'articuler ☐
    c. le fait de s'arrêter de parler ☐
    d. sens ignoré ☐

3. Des plaisanteries lestes sont des plaisanteries :
    a. qui manifestent la finesse de celui qui les fait ☐
    b. qui sont osées, qui ne sont pas sérieuses ☐
    c. qui sont discrètes et rares ☐
    d. sens ignoré ☐

4. Des paroles oiseuses sont des paroles :
    a. qui ne servent à rien, qui sont inutiles ☐
    b. qui sont assourdissantes comme le cri des oies ☐
    c. qui révèlent la stupidité de celui qui les prononce ☐
    d. sens ignoré ☐

5. Un homme prolixe est un homme :
    a. qui parle en faveur d'une cause ☐
    b. dont les propos dérangent ☐
    c. qui s'exprime longuement, en « délayant » ce qu'il a à dire ☐
    d. sens ignoré ☐

6. Une répartie est :
    a. une réponse méchante qui fait partir l'interlocuteur ☐
    b. une réponse sans intérêt ☐
    c. une réponse rapide, pleine d'intelligence et d'esprit ☐
    d. sens ignoré ☐

7. La verve désigne :
    a. le manque de réflexion dans les propos ☐
    b. une inspiration vive, brillante, pleine de fantaisie ☐
    c. la modération dont on fait preuve en parlant ☐
    d. sens ignoré ☐

EXERCICES

Utilisez vos connaissances (corrigé p. 279)

À l'aide des définitions en italiques, complétez chaque phrase avec l'un des mots placés dans l'encadré ci-dessous. Attention aux accords !
Point de réplique, et ne soyez pas ambigu ! Faites des phrases intelligibles à l'aide des mots dont vous trouverez la définition pages 138 et 139.

☐ ambigu	☐ élogieux	☐ leste	☐ une réplique
☐ conciliant	☐ inconvenant	☐ oiseux	☐ un serment
☐ la diction	☐ inintelligible	☐ prolixe	☐ tranchant
☐ un discours	☐ insultant	☐ des propos	☐ véhément
☐ l'élocution	☐ un interlocuteur	☐ la repartie	☐ la verve

1. *Qui cherche à arriver à un accord en reconnaissant que l'autre a raison sur certains points.*
Son ton .... me dispose à accepter de travailler avec lui.

2. *Façon de s'exprimer à l'oral, d'articuler.*
Juliette a un petit défaut d'............ qui lui donne beaucoup de charme.

3. *Qui correspond à des compliments.*
Les commentaires .... de ses chefs lui permirent de monter en grade.

4. *Qu'on ne peut pas comprendre, qui n'a pas un sens clair.*
Grégoire rougit et bredouille une réponse ....

5. *Qui exprime une opinion nette et catégorique.*
Très ...., son ordre n'admettait pas de réplique.

6. *Qui est contraire à la bonne éducation, à l'usage.*
Sa plaisanterie parut particulièrement .... dans ces pénibles circonstances.

7. *Qui est trop long dans ses discours ou ses écrits, qui a tendance à délayer.*
Tu t'es montré bien ...., dans cette rédaction ; tu aurais pu faire plus court.

8. *Qui attaque quelqu'un dans sa dignité.*
J'ai eu envie de me jeter sur lui, tant ses paroles étaient ....

9. *Paroles dites sur un sujet.*
« Comment voulez-vous que je le comprenne ? Ses .... sont si confus ! »

10. *Manière de dire un texte, un discours, des vers.*
Le professeur apprécie l'excellente .... d'Arthur qui récite une fable.

11. *Réponse vive, qui s'oppose à ce qu'a dit l'autre auparavant.*
Je lui ai reproché sa paresse et la .... ne s'est pas fait attendre.

12. *Promesse très ferme, engagement sur l'honneur.*
Les enfants firent le .... que jamais personne ne connaîtrait leur cachette.

13. *Qui manque de sérieux, qui dépasse les limites imposées par une bonne éducation.*
Les histoires qu'il raconte sont toujours un peu ....

14. *Imagination et originalité des paroles.*
C'est avec une .... incroyable que l'avocat défendit son client.

15. *Réponse rapide et pleine d'esprit.*
Ses .... sont brillantes et tout le monde veut l'inviter.

16. *Qui a plus d'un sens possible, qu'on peut comprendre de diverses façons.*
Sa réponse était .... et je n'ai su qu'en penser.

17. *Personne avec qui on parle.*
Très timide, il est incapable de regarder son .... en face.

18. *Développement sur un sujet, exposé devant un public.*
Je n'ai vraiment pas envie d'aller l'écouter : ses .... m'ennuient.

19. *Qui ne sert à rien, qui est inutile.*
Ses interventions .... rendent sa présence indésirable.

20. *Qui est violent et passionné.*
Ses déclarations .... touchèrent le public.

*Le **discours** est fort **élogieux** pour nos héros, mais le Maire, trop **prolixe**, manque de **verve** et sa **diction** est presque **inintelligible**.*

137

AMBIGU (UË) [adj. qual.]
*Je le comprends mal : ses propos sont **ambigus**.*
DÉF. : ils présentent plus d'un sens possible = équivoques ≠ clairs.

◆ Famille – *Une **ambiguïté** :* une expression qui peut présenter deux ou plusieurs sens possibles.

CONCILIANT [adj. qual.]
*Pour en finir avec cette discussion, l'un des participants prononça des paroles **conciliantes**.*
DÉF. : destinées à arriver à un accord = apaisantes.

◆ Famille – *Un homme **conciliant** :* arrangeant, accommodant (CARACTÈRE) – *Une **conciliation** :* accord entre deux personnes dans un conflit – *Se **réconcilier** :* ne plus être fâchés ensemble – *La **réconciliation** – Un **conciliateur** :* personne chargée officiellement de régler un conflit.
N.B. – *Se **concilier** quelqu'un :* le disposer favorablement vis-à-vis de soi-même (ACCORD) – *Deux projets **conciliables** =* qui peuvent être réalisés ensemble ≠ **inconciliables**.

LA DICTION [nom]
*Cet acteur a une excellente **diction**.*
DÉF. : manière de dire un texte, de le prononcer.

◆ Famille – *Dire – Dicter :* dire à haute voix des mots pour que quelqu'un d'autre les écrive ou les répète – *Une **dictée** – Un **dictionnaire**.*

UN DISCOURS [nom]
*1. Un homme politique doit savoir faire un **discours**.*
DÉF. : développement construit sur un sujet exposé devant un public = une allocution, un exposé.
*2. Sur le trottoir, il m'a tenu un **discours** qui n'en finissait pas.*
DÉF. : une conversation (emploi ironique) = des propos.

◆ Famille – *Discourir :* parler sur un sujet en le développant longuement.

UNE ÉLOCUTION [nom]
*Cet avocat a une **élocution** facile.*
DÉF. : façon de s'exprimer à l'oral, d'articuler, d'enchaîner les phrases.

◆ Famille – *L'**éloquence** :* façon de bien parler qui permet d'émouvoir ou de persuader un public – *Un discours **éloquent** – Parler **éloquemment**.*

ÉLOGIEUX (EUSE) [adj. qual.]
*Tout ce qui a été dit au conseil de classe sur cet excellent élève était **élogieux**.*
DÉF. : vantait ses qualités = louangeur, flatteur ≠ réprobateur(trice), critique.

◆ Famille – *Élogieusement – Un **éloge**.*

INCONVENANT [adj. qual.]
*Les paroles **inconvenantes** du camarade de Grégoire ont choqué son professeur.*
DÉF. : qui sont contraires à la politesse, qui ne sont pas convenables ≠ correctes.
N.B. – *Une tenue ou une attitude **inconvenante** :* qui n'est pas convenable (COMPORTEMENT).

◆ Famille – *Une **inconvenance** :* une grossièreté, une incorrection – *Une personne ou une attitude **convenable**.*

ININTELLIGIBLE [adj. qual.]
*Notre professeur s'énerve quand nous lui répondons de façon **inintelligible**.*
DÉF. : qu'on ne peut pas comprendre, incompréhensible, obscure.

◆ Famille – *Intelligiblement – Des paroles **intelligibles** – L'intelligence.*

INSULTANT [adj. qual.]
*L'actrice est profondément blessée par l'article **insultant** paru à son sujet.*
DÉF. : qui attaque quelqu'un dans sa dignité = injurieux(euse), offensant ≠ respectueux(euse).

◆ Famille – *Une **insulte** – **Insulter** une personne.*

UN INTERLOCUTEUR [nom]
*1. Grégoire choque son **interlocuteur** par ses paroles provocatrices.*
DÉF. : personne avec qui on parle.
*2. Les agriculteurs cherchent un **interlocuteur** pour discuter de leurs problèmes.*
DÉF. : personne que l'on respecte suffisamment pour accepter de discuter avec elle en matière de politique = un responsable, un médiateur.

LESTE [adj. qual.]
*À la fin du repas, on s'est mis à raconter des histoires **lestes**.*
DÉF. : qui manquent de sérieux, qui dépassent les limites imposées par la bonne éducation = licencieuses, osées, grivoises.
N.B. – *Un homme **leste** =* agile et souple (VIE PHYSIQUE).

◆ Famille – *Lestement.*

OISEUX (EUSE) [adj. qual.]
En fin de réunion, la discussion est devenue oiseuse, et je suis parti.
DÉF. : ne présentait plus d'intérêt, ne servait plus à rien = vaine ≠ utile, importante.
N.B. – *Une vie oisive :* qui se passe à ne rien faire – *Un oisif :* quelqu'un qui ne fait rien = un inactif – *Vivre dans l'oisiveté* – **Oisivement** (COMPORTEMENT).

PROLIXE [adj. qual.]
Le conférencier est prolixe et ses auditeurs sont en train de s'endormir.
DÉF. : trop long dans ses discours ou ses écrits ; il a tendance à « délayer » = verbeux (euse), bavard ≠ bref (brève).
◆ Famille – *La prolixité.*

DES PROPOS [nom]
Gabriel est si fatigué que ses propos sont incompréhensibles.
DÉF. : paroles dites ou échangées sur un sujet.
N.B. – *Le propos d'un auteur :* son intention = le dessein (BUT) – *Arriver à propos :* au moment opportun (TEMPS).
◆ Famille – *Un avant-propos :* court texte de présentation placé en tête d'un livre – *Proposer un menu, un sujet :* soumettre au choix de la personne à qui on s'adresse – *Une proposition.*
N.B. – *Il se propose de partir :* il en fait le projet (BUT) – *Une proposition principale, subordonnée...* (GRAMMAIRE).

LA REPARTIE [nom]
« Méfie-toi de ce que tu lui dis, elle a la repartie facile ! »
DÉF. : réponse rapide et pleine d'intelligence, d'esprit = la réplique.
◆ Famille – *Repartir :* répliquer avec rapidité et vivacité.
À ne pas confondre avec *repartir* (MOUVEMENT) et *répartir :* distribuer, partager (QUANTITÉ).

UNE RÉPLIQUE [nom]
1. *Lorsque le maire avança ces chiffres, son adversaire ne tarda pas à lui apporter la réplique.*
DÉF. : réponse vive, qui s'oppose à ce qu'a dit l'autre = la riposte, la repartie.
2. *L'acteur ne trouve pas sa réplique.*
DÉF. : au théâtre, réponse à ce qui vient d'être dit.
N.B. – *Donner la réplique :* lire un texte en réponse à celui qu'un acteur récite ou apprend – *La réplique d'une œuvre d'art :* sa copie.
◆ Famille – *Répliquer.*

UN SERMENT [nom]
1. *Ma sœur m'a fait le serment qu'elle ne dirait rien.*
DÉF. : engagement sur l'honneur, solennel = la promesse.
2. *Le témoin prête serment devant le tribunal.*
DÉF. : engagement officiel de dire la vérité ou d'agir honnêtement.
◆ Famille – *Un fonctionnaire assermenté :* qui a prêté serment devant l'État.

TRANCHANT [adj. qual.]
D'un ton tranchant, il a affirmé que j'avais tort.
DÉF. : qui est net, catégorique, sans réplique = cassant, péremptoire ≠ nuancé.
N.B. – *Un instrument tranchant :* qui coupe.
◆ Famille – *Trancher :* terminer une discussion en prenant une décision ferme et nette – *Trancher une difficulté :* la résoudre.
N.B. – *Le blanc tranche sur le noir :* fait un contraste avec lui.
◆ Expressions – *Des propos à double tranchant :* qui peuvent entraîner des résultats opposés et même se retourner contre celui qui les prononce – *Trancher dans le vif :* prendre des mesures décisives, très énergiques.

VÉHÉMENT [adj. qual.]
Accusé d'avoir cassé une vitre avec son ballon, Arthur se défend d'un ton véhément.
DÉF. : qui est violent et passionné = fougueux (euse), enflammé ≠ calme, doux (douce).
◆ Famille – *La véhémence de son ton* – *Véhémentement.*

LA VERVE [nom]
1. *Cyrano a une verve éblouissante.*
DÉF. : imagination et originalité des paroles = le brio, la faconde ≠ la platitude.
2. *L'auteur a écrit un texte plein de verve.*
DÉF. : inspiration vive et pleine de fantaisie.
◆ Famille – *Le verbe :* la parole – *Un orateur verbeux :* trop long = prolixe – *Du verbiage :* abondance de paroles, bavardage inutile.
N.B. – *Le verbe de la phrase* – *Le groupe verbal* (GRAMMAIRE).

Si on vous dit que vos devoirs sont plats parce que vous n'avez employé que le verbe DIRE, corrigez-vous en choisissant, dans ce tableau, le verbe qui convient exactement.

Intervention sans rapport obligé avec ce qui a été dit précédemment	AFFIRMER : assurer – certifier – garantir – maintenir – prétendre – soutenir. AVOUER : confesser – confier – reconnaître – révéler. DEMANDER : interroger – questionner – réclamer – solliciter. CONSEILLER : préconiser – recommander. INTERROMPRE : intervenir. CRIER : clamer – s'écrier – proférer – réclamer.
Intervention qui s'oppose plus ou moins à ce qui a été dit précédemment	contester – contredire – dénier – désapprouver – nier – protester – répliquer – rétorquer – s'indigner.
Intervention qui va dans le sens de ce qui a été dit précédemment	accorder – acquiescer – admettre – ajouter – approuver – appuyer – attester – confirmer – consentir – convenir – insister – reconnaître – renchérir – témoigner.

JEU (corrigé p. 279)

Puzzle

Retrouvez au moins 8 mots de 3 ou 4 syllabes appartenant au champ lexical de la communication en associant les étiquettes suivantes.

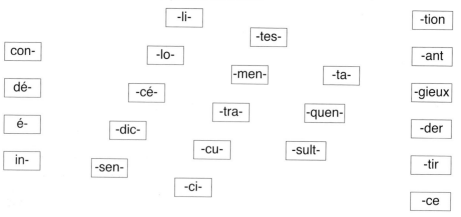

11

Les comportements

Le petit homme et son père

(Le petit homme a environ 5 ans)

Si j'entreprends de couper les cheveux du petit homme, je dois m'attendre à une véritable lutte : cris, coups de poings, tortillements, prises de têtes et artifices japonais. Oh ! il n'a pas honte, avec moi. D'ailleurs, à quoi bon ? Je le connais : inutile de cacher son jeu. En désespoir de cause, je le conduis chez le coiffeur.

Changement complet. Le jeune homme se tient raide, immobile. Il parle peu et froidement. Il supporte tout, même le bavardage crissant du ciseau qui voltige de-ci de-là. Il réprime avec beaucoup de fermeté les plus légitimes réactions de ses nerfs. Il importe, avant tout, de se tenir correctement en présence de cet étranger qui se montre un peu familier.

Mais qu'ai-je dit ? Inutile de cacher son jeu avec papa ? Vraiment ? Depuis quelque temps, il apprend à refréner certains enthousiasmes, à dissimuler son étonnement, à effacer, sur son visage, la moindre trace d'émotion.

Que si d'impardonnables égarements ont motivé la suppression du dessert, il adopte une façon fort noble et même dédaigneuse de regarder, sans rien demander, les friandises dont le voici privé.

Que s'il a décidé de ne pas dire «bonjour», ou «merci», ou «s'il te plaît», il dépensera des trésors d'énergie à se faire un front impassible. Sans doute, l'observateur attentif saisit bien quelque frémissement de la lèvre supérieure et de l'aile du nez, qu'il traduit tant bien que mal ainsi : «Comme il est terrible, mon Dieu, de décider de telles choses et d'être, ensuite, obligé de s'en tenir à ses décisions !» Mais l'observateur attentif se livre peut-être à des interprétations aventureuses.

Que si une longue, longue, courageuse et même héroïque résistance se termine par une mise à la porte et un exil dans l'antichambre, il faudra beaucoup de temps avant que le petit homme cède et abandonne sur mon épaule sa tête vaincue, toute chaude de larmes.

Georges DUHAMEL,
Les Plaisirs et les Jeux (1922),
© Mercure de France.

Sommaire

le comportement [nom], la conduite [nom]

*James Bond suivit l'homme dont le **comportement** lui paraissait bizarre.*
DÉF. : manière d'agir, de se conduire.

◆ Famille – ***Se comporter** en honnête homme :* agir, se conduire.

N.B. – *Cette voiture **se comporte** bien sur la route :* fonctionne, marche – *Cette règle **comporte** des exceptions :* comprend = inclut.

*La **conduite** de la pauvre Sophie lui a attiré bien des malheurs.*
DÉF. : manière de mener sa vie, en particulier d'un point de vue de ce qui est bien ou mal.
N.B. – ***Sous la conduite** d'un guide :* sous sa direction – *Être chargé de la **conduite** de l'État :* de son gouvernement – *La **conduite automobile** :* action de conduire une voiture.

◆ Famille – ***Se conduire** bien :* se tenir, agir – *Son **inconduite** fait scandale :* acte ou façon de vivre contraire à ce qui est considéré comme bien.

◆ Expression – ***Acheter une conduite** (IRONIQUE) :* se conduire bien alors que ça n'était pas le cas auparavant.

une attitude [nom], une allure [nom], un air [nom]

1. *La danseuse prend une **attitude** très gracieuse.*
DÉF. : manière de se tenir = une posture.

2. *L'**attitude** d'Arthur envers sa grand-mère est parfois insolente.*
DÉF. : manière d'être à l'égard des autres qui révèle un sentiment = un comportement.

*Les gendarmes ont arrêté un homme à l'**allure** suspecte.*
DÉF. : manière de se tenir.
N.B. – *L'**allure** d'un cheval, d'un véhicule :* façon de marcher, d'aller, d'avancer plus ou moins vite (MOUVEMENT).

◆ Expressions – ***Avoir de l'allure** :* de la classe, de la distinction – *Avoir **une drôle d'allure** :* une apparence qui sort de l'ordinaire, bizarre.

*« Ayons l'**air** naturel. »*
DÉF. : expression du visage qui révèle un état d'esprit = une mine.
N.B. – *Jouer un **air** gai* (MUSIQUE) – *Vivre au grand **air*** (ESPACE).

◆ Expressions – *Ils ont l'**air** riches :* paraissent – ***N'avoir l'air de rien** :* dissimuler ses intentions – ***Sans en avoir l'air**, il travaille beaucoup :* sans que cela paraisse = mine de rien – ***Ça m'en a tout l'air** :* cela me semble vrai – ***Prendre de grands airs** :* avoir des manières hautaines.

Testez-vous ! (corrigé p. 279)

1. Affecter un sentiment :
- **a.** l'éprouver très fortement ☐
- **b.** faire semblant de l'éprouver ☐
- **c.** penser qu'une autre personne éprouve le même ☐
- **d.** sens ignoré ☐

2. Se montrer **arrogant** :
- **a.** fier, insolent, méprisant ☐
- **b.** timide ☐
- **c.** de mauvaise humeur ☐
- **d.** sens ignoré ☐

3. Braver une personne :
- **a.** l'admirer pour sa bravoure ☐
- **b.** lui tenir tête ☐
- **c.** l'aider, « être son bras droit » ☐
- **d.** sens ignoré ☐

4. L'**exubérance** :
- **a.** un comportement insolent ☐
- **b.** une attitude pleine de retenue ☐
- **c.** la manifestation indisciplinée de sa joie de vivre
  ou de ses sentiments ☐
- **d.** sens ignoré ☐

5. L'**impassibilité** :
- **a.** le fait d'être très impatient ☐
- **b.** le fait de ne manifester aucun trouble, aucune émotion,
  aucun sentiment ☐
- **c.** le fait de ne jamais rester passif ☐
- **d.** sens ignoré ☐

6. Ménager une personne :
- **a.** faire attention de ne pas lui déplaire ou la fatiguer ☐
- **b.** l'employer à des travaux ménagers ☐
- **c.** faire d'elle ce que l'on veut, « la mener par le bout du nez » ☐
- **d.** sens ignoré ☐

7. Minauder :
- **a.** faire des manières qui manquent de naturel ☐
- **b.** se retirer à l'écart ☐
- **c.** pleurnicher ☐
- **d.** sens ignoré ☐

143

Utilisez vos connaissances (corrigé p. 280)

À l'aide des définitions en italiques, complétez chaque phrase avec l'un des mots placés dans l'encadré ci-dessous. Attention aux accords et conjugaisons ! Allons, un peu de dynamisme ! Et ne dédaignez pas le vocabulaire des pages 146 et 147.

☐ affecter	☐ le dévouement	☐ la gravité	☐ ménager
☐ arrogant	☐ la distinction	☐ l'héroïsme	☐ minauder
☐ braver	☐ le dynamisme	☐ l'impassibilité	☐ se pavaner
☐ dédaigner	☐ embarrassé	☐ l'impertinence	☐ provoquer
☐ la désinvolture	☐ l'exubérance	☐ se maîtriser	☐ respecter

1. *Juger inférieur et considérer avec mépris.*
Arthur et ses copains .... les « petits » du cours préparatoire.

2. *Élégance et dignité dans la manière de se comporter et de penser.*
La .... de Mme Récamier, l'amie de Chateaubriand, séduisait tous ses admirateurs.

3. *Manifestation indisciplinée de joie de vivre ou de sentiments.*
Le mercredi soir, Mélanie est très fatiguée à cause de l'............ des petits copains d'Arthur, réunis à la maison.

4. *Courage physique et moral, pour s'exposer à des dangers au péril de sa vie.*
Vercingétorix lutta avec .... contre César.

5. *Faire des manières qui manquent de naturel, pour plaire.*
L'amie de Juliette .... dès qu'un garçon s'intéresse à elle.

6. *Sans-gêne qui traduit un manque de sérieux ou de respect.*
Quand Victor lui rappelle qu'il a un examen à préparer, Grégoire répond avec ....

7. *Avoir une attitude très polie à l'égard d'une personne que l'on estime.*
Dans les réceptions à la cour d'Angleterre, les femmes font la révérence à la Reine pour marquer qu'elles la ....

8. *Comportement digne et très sérieux.*
Les magistrats pénètrent avec .... dans la salle du Tribunal.

9. *Attitude qui ne laisse paraître aucun sentiment.*
Les guerriers japonais appelés samouraïs étaient connus pour leur ....

10. *Comportement qui ne convient pas en raison de son insolence ou de son impolitesse.*
Les bêtises de Sophie ne se comptent plus, et elle y ajoute l' ....

11. *Faire semblant d'éprouver un sentiment qu'on ne ressent pas en réalité.*
Juliette .... d'être gaie, alors qu'elle est malheureuse de sa brouille avec Roméo.

12. *Vitalité, énergie, entrain.*
Le Premier Ministre recherche des collaborateurs pleins de ....

13. *Avoir une attitude ou des paroles qui poussent quelqu'un d'autre à se battre.*
Dans le film *West Side Story,* les bandes rivales des Jets et des Sharks se .... régulièrement.

14. *Traiter quelqu'un avec respect ou prudence de manière à ne pas lui déplaire.*
Grégoire fait attention de .... son père, car son bulletin n'est pas brillant.

15. *Qui est fier et méprisant, parce qu'il se croit supérieur.*
Dans *Le Cid,* l'attitude .... du Comte pousse Rodrigue à le provoquer en duel.

16. *Tenir tête sans avoir peur.*
Gavroche .... les soldats en chantant entre les barricades.

17. *Marcher en prenant une attitude avantageuse et fière, pour se faire admirer.*
Le Bourgeois Gentilhomme .... devant les seigneurs qui se moquent de lui.

18. *Parvenir à dominer une émotion, un sentiment.*
Victor, très en colère contre Grégoire, a eu du mal à ....

19. *Qui manque d'assurance, est gauche, timide, troublé.*
Dès qu'il se trouve en présence d'une belle femme, Obélix est bien ....

20. *Comportement qui consiste à se consacrer aux autres sans penser à soi.*
Avec beaucoup de ...., Grégoire aide son camarade qui a un bras dans le plâtre.

*Victor se **maîtrise**. Son **impassibilité** impressionne l'**arrogant** automobiliste qui le **provoque**.*

VOCABULAIRE

AFFECTER [verbe]
*Grégoire **affecte** l'indifférence ; pourtant, ses résultats le préoccupent.*
DÉF. : fait semblant d'éprouver un sentiment qu'il ne ressent pas en réalité = feint, simule.
N.B. – *Ses résultats l'ont **affecté** :* lui ont causé une impression pénible (SENTIMENT).

◆ Famille – *L'**affectation** :* le manque de naturel – *Un comportement **affecté** :* maniéré, sans sincérité ni naturel, pour plaire ou se distinguer.

ARROGANT [adj. qual.]
*Les professeurs n'aiment pas les élèves **arrogants**.*
DÉF. : qui sont insolents et méprisants, parce qu'ils se croient supérieurs ≠ humbles.

◆ Famille – *L'**arrogance*** ≠ la modestie.

BRAVER [verbe]
1. *Les navigateurs solitaires sont bien décidés à **braver** les tempêtes.*
DÉF. : y faire face sans crainte = affronter ≠ fuir.
2. *Il est capable de **braver** son père.*
DÉF. : lui tenir tête sans avoir peur = défier.

◆ Famille – *La **bravoure** :* le courage – *Être **brave** – **Bravement** – Une **bravade** :* acte de bravoure pour épater les autres.

DÉDAIGNER [verbe]
*Les Femmes Savantes **dédaignent** leur pauvre servante Martine.*
DÉF. : considèrent avec mépris ≠ estiment.

◆ Famille – *Le **dédain** :* le mépris – *Une personne **dédaigneuse** – **Dédaigneusement**.*

LA DÉSINVOLTURE [nom]
*Victor se fâche, car Arthur traite sa grand-mère avec **désinvolture**.*
DÉF. : familiarité excessive qui traduit un manque de respect ≠ la retenue, le sérieux.

◆ Famille – *Arthur est **désinvolte**.*

LE DÉVOUEMENT [nom]
*Amandine s'occupe de son mari malade avec beaucoup de **dévouement**.*
DÉF. : attitude qui consiste à se consacrer aux autres en se sacrifiant soi-même = l'abnégation.

◆ Famille – *Amandine **se dévoue** à son mari – Pasteur **s'est dévoué** à la science – Une femme **dévouée** – **Se vouer** à une cause :* s'engager de façon presque religieuse – *Un **vœu** – La **dévotion** :* attachement à la religion.

LA DISTINCTION [nom]
*Cette femme est un modèle de **distinction**.*
DÉF. : élégance dans la tenue, les manières, l'esprit = la noblesse, la classe ≠ la vulgarité.
N.B. – *Recevoir une **distinction** :* une marque d'honneur, une décoration.

◆ Famille – *Des manières **distinguées** – Cet acteur s'est **distingué** dans son dernier rôle :* a fait apparaître sa valeur.

LE DYNAMISME [nom]
*Quand il fait du sport, Grégoire est plein de **dynamisme**.*
DÉF. : énergie, entrain = la vigueur, le tonus ≠ la mollesse, l'apathie.
N.B. – **Dynamo** vient d'un mot grec signifiant « force ».

◆ Famille – *Une personne **dynamique**.*

EMBARRASSÉ [adj. qual. ou part. passé]
1. *Roméo fut bien **embarrassé** quand il se trouva seul avec Juliette pour la première fois.*
DÉF. : manqua d'aisance, fut gauche = gêné.
2. *Au moment de choisir, il est bien **embarrassé**.*
DÉF. : indécis, hésitant, perplexe.

◆ Famille – *Être dans l'**embarras** – Une situation **embarrassante** – **Débarrasser** :* ôter ce qui embarrasse – *Un **débarras**.*

◆ Expression – ***Bon débarras ! :*** exclamation par laquelle on se félicite du départ de gêneurs.

L'EXUBÉRANCE [nom fém.]
*Droopy manifeste sa joie de revoir Arthur, avec beaucoup d'**exubérance**.*
DÉF. : manifestation de joie de vivre ou de sentiments qui n'est pas disciplinée = l'expansivité ≠ le calme, la réserve.

◆ Famille – *Une personne **exubérante**.*
N.B. – *Une végétation **exubérante** :* très abondante, luxuriante (IMPORTANCE – QUANTITÉ).

LA GRAVITÉ [nom]
1. *Le général annonce avec **gravité** la mort d'un soldat.*
DÉF. : dignité, sérieux ≠ la légèreté.
2. *Malgré le comique de la scène, la princesse garde sa **gravité**.*
DÉF. : attitude digne et réservée = la dignité.

◆ Famille – *Un homme **grave** – **Gravement**.*
N.B. – *Une maladie **grave** :* qui met en danger l'avenir ou la vie d'une personne ≠ bénin (bénigne) – *Une voix **grave** :* basse (SENSATION) – **L'accent grave** (GRAMMAIRE).

146

L'HÉROÏSME [nom masc.]
L'héroïsme des résistants sous l'occupation allemande ne doit pas être oublié.
DÉF. : courage physique et moral pour s'exposer à des dangers, au péril de sa vie = la bravoure.

◆ Famille – *Un combattant héroïque – Une résistance héroïque – Un héros.*

L'IMPASSIBILITÉ [nom fém.]
Le jury a été mal disposé par l'impassibilité de l'accusé.
DÉF. : attitude qui ne laisse paraître aucun trouble, aucun sentiment, aucune émotion = la froideur, le flegme ≠ l'émotivité.

◆ Famille – *Un accusé impassible – Impassiblement – La passion : sentiment très fort.*

L'IMPERTINENCE [nom fém.]
Arthur a été puni pour son impertinence.
DÉF. : comportement ou paroles qui ne conviennent pas, à cause de leur insolence ou de leur impolitesse = l'effronterie ≠ la politesse, le respect.
N.B. – *Il répond par une impertinence :* des paroles insolentes (COMMUNICATION).

◆ Famille – *Un jeune homme impertinent.*
N.B. – *Une réflexion pertinente :* qui convient.

MAÎTRISER, SE MAÎTRISER [verbe]
1. *Juliette n'arrive pas à se maîtriser.*
DÉF. : se dominer, se contrôler = rester calme.
2. *Juliette n'arrive pas à maîtriser ses larmes.*
DÉF. : à les retenir, à contrôler son émotion.
N.B. – *Maîtriser un incendie :* le contrôler, l'éteindre – *Maîtriser un fauve :* le dompter.

◆ Famille – *La maîtrise de soi :* le sang-froid – *Une peur qui n'est pas maîtrisable – La maîtrise d'une situation :* le fait de la dominer.

MÉNAGER [verbe]
Elle ménage son mari très coléreux.
DÉF. : le traite avec respect et prudence de manière à ne pas lui déplaire.
N.B. – *Ménager ses forces :* les économiser.

◆ Famille – *Traiter quelqu'un avec ménagement – Sans ménagement :* brutalement.

MINAUDER [verbe]
Les garçons rient des filles qui minaudent.
DÉF. : font des manières, des simagrées, manquent de naturel pour attirer l'attention ou plaire.

◆ Famille – *Faire des mines – Des minauderies.*

N.B. – *À sa sortie du bagne, Jean Valjean est jugé sur sa mine – Avoir bonne ou mauvaise mine :* apparence du visage (VIE PHYSIQUE).

◆ Expressions, locutions – *Faire mine de partir :* faire semblant de, feindre de – *Faire bonne mine à quelqu'un :* lui faire bon accueil – *Faire grise mine :* avoir l'air triste, déçu – *Mine de rien :* sans en avoir l'air, en douce – *Ne pas payer de mine :* avoir une pauvre apparence, peu engageante.

SE PAVANER [verbe]
La Reine élue à la fête communale se pavane devant ses concurrentes.
DÉF. : marche en prenant une attitude avantageuse et fière (comme un paon qui fait la roue) = parade, plastronne, se rengorge.

◆ Famille – *Une pavane :* danse ancienne, lente et solennelle.

PROVOQUER [verbe]
«D'accord, je me suis battu, mais c'est lui qui m'a provoqué ! »
DÉF. : m'a poussé à me battre par son attitude ou ses paroles agressives ou blessantes.
N.B. – *Un mégot mal éteint a provoqué l'incendie :* l'a causé, déclenché – *Son insolence provoque ma colère :* la fait naître.

◆ Famille – *Un provocateur :* personne qui cherche à faire naître une situation de violence – *Un geste provocateur – Une provocation :* un défi, une incitation – *Une attitude provocante :* irritante et agressive – *Une jeune fille provocante :* qui cherche à exciter, à troubler les garçons.

RESPECTER [verbe]
Il faut respecter les personnes âgées.
DÉF. : avoir une attitude très polie à l'égard d'une personne = avoir de la déférence ≠ mépriser, se moquer de.
N.B. – *Respecter les lois :* s'y soumettre – *Respecter les enfants :* tenir compte de leur âge et éviter de les choquer.

◆ Famille – *Le respect des personnes âgées – Le respect humain :* la crainte que l'on a du jugement des autres – *Respectueux ≠ irrespectueux – Respectueusement ≠ irrespectueusement – La respectabilité d'une personne – Respectable.*

◆ Expression – *Tenir quelqu'un en respect :* l'impressionner par sa force (ou par une arme).

(corrigé p. 280)

1. braver – provoquer
2. arrogance – désinvolture – impertinence
3. dynamisme – exubérance
4. gravité – impassibilité

Placez après les phrases suivantes le mot qui vous paraît le mieux convenir pour définir le comportement qu'elles révèlent.

1. **a.** « Je n'ai pas peur de toi ni de ta colère. » = ...
   b. « Viens ici pour qu'on voie si tu es capable de te battre. » = ...

2. **a.** « L'examen blanc, je m'en moque bien. » = ...
   b. « Alors là, grand-mère, ne compte pas sur moi pour goûter à ton gâteau ! » = ...
   c. « À côté de moi, tu ne vaux pas grand-chose. » = ...

3. **a.** « Je sens que nous sommes en forme pour gagner le match. » = ...
   b. « Sensationnel ! Le professeur de français nous emmène au cinéma ! » = ...

4. **a.** Il a appris la nouvelle sans manifester d'émotion. = ...
   b. Ils suivent l'enterrement avec un sérieux un peu solennel. = ...

COMPLÉMENT

Un petit tableau récapitulatif...

Voici un tableau qui vous permettra de deviner la personnalité ou l'état d'esprit des autres à travers leurs comportements.

SENTIMENT, QUALITÉ OU DÉFAUT	COMPORTEMENT	SENTIMENT, QUALITÉ OU DÉFAUT	COMPORTEMENT
vanité, prétention	être arrogant ; crâner ; dédaigner ; être hautain ; parader ; se pavaner.	modestie	être correct, discret, humble, réservé ; avoir de la retenue.
maîtrise de soi	se contenir ; se contrôler ; se dominer ; se raisonner ; refréner ; réprimer ; surmonter ; vaincre.	manque de sincérité	affecter ; afficher ; feindre ; minauder ; faire semblant ; simuler.
agressivité, manque de respect	braver ; défier ; être impertinent, incorrect, insolent ; provoquer.	respect	avoir de la déférence, des égards ; ménager ; respecter ; révérer.
courage	être brave ; avoir de la force de caractère ; être héroïque, vaillant.	peur	se cacher ; se défiler ; se dérober à ; fuir ; reculer ; se soustraire à.
optimisme, aisance	être dynamique, énergique ; avoir de l'entrain ; être expansif, exubérant.	manque de confiance en soi	être déconcerté, embarrassé, gêné, hésitant, indécis.
valeur	la classe, la distinction, l'élégance, la noblesse.	manque de distinction	être goujat, grossier, mufle, rustre, vulgaire.
absence de manifestation de sentiments	être apathique, flegmatique, froid, impassible, passif.		

L'accord – L'opposition

Pourquoi ne sont-ils jamais d'accord ?

Lundi 28 septembre 1942.

Ma chère Kitty,

Ma lettre d'hier était loin d'être terminée, mais j'ai été obligée de cesser. Je ne puis m'empêcher de te mettre au courant d'un nouveau malentendu, mais avant cela autre chose :

Je trouve très bizarre que les grandes personnes se disputent aussi facilement à propos de n'importe quel détail ; jusque-là j'étais persuadée que se chamailler était une habitude d'enfants dont on se débarrassait avec l'âge. Il peut se produire une «vraie» dispute, pour une raison sérieuse, mais les mots vexants lancés perpétuellement ici n'ont aucune raison d'être et sont maintenant à l'ordre du jour ; je devrais donc m'y habituer à la longue. Or, ce n'est pas le cas, et je ne m'y ferai jamais tant que ces discussions (on se sert de ce mot au lieu de «disputes») auront lieu à cause de moi. Ils ne m'accordent aucune qualité, je n'ai rien de bien, strictement rien : mon apparence, mon caractère, mes manières sont condamnés l'un après l'autre, et minutieusement critiqués, à en juger par leurs discussions interminables. Or, il y a une chose à laquelle je n'ai jamais été habituée, ce sont ces cris et ces paroles dures que je suis obligée de ravaler en faisant belle figure. C'est plus fort que moi ! Ça ne peut pas durer. Je refuse d'encaisser toutes ces humiliations, je leur montrerai qu'Anne Frank n'est pas née d'hier ; et quand je leur dirai, une fois pour toutes, de commencer par faire leur propre éducation avant de s'occuper de la mienne, ils n'en reviendront pas, et finiront bien par le fermer, leur grand bec. En voilà des manières ! Ce sont des barbares. Chaque fois que ça se produit, je reste interdite devant un tel sans-gêne et surtout… devant une telle stupidité (Mme Van Daan), mais aussitôt que je m'y ferai – et ça ne tardera pas – je leur répondrai du tac au tac, et sans chichis ! Ça va changer de musique ! […]

Anne FRANK, *Journal* (1945), © Calmann Lévy.

Sommaire

un accord [nom]

1. *Cette classe est très agréable : les élèves y vivent en parfait **accord**.*
DÉF. : ils sont tous du même avis = l'entente ≠ le désaccord, la mésentente.

2. *Les discussions traînent, mais ils finiront bien par parvenir à un **accord**.*
DÉF. : arrangement entre gens qui s'opposaient = un compromis, un pacte.

3. *Pour partir en vacances avec vous, je dois obtenir l'**accord** de mes parents.*
DÉF. : l'autorisation = la permission.
N.B. – *Un **accord** entre le verbe et le sujet* (GRAMMAIRE).

◆ Famille – *Deux couleurs qui **s'accordent** : qui vont bien ensemble – Va-t-on m'**accorder** un congé ? :* me le donner – *Les parents des jeunes gens **se sont accordés** sur les festivités du mariage :* se sont entendus – *Un **désaccord** entre élèves – La **concorde** règne :* bonne entente générale – *Leurs opinions peuvent **concorder** :* correspondre – *Des opinions **concordantes** – Une **discorde** :* différence de jugements violente et durable.
N.B. – *Des bruits **discordants** :* qui ne sont pas harmonieux, *un piano **désaccordé*** (OUÏE) – *Un **raccord** de tuyaux, de film :* fait de mettre à la suite deux éléments – *Les **raccorder**.*
◆ Expressions – *Il est **d'accord** :* il y consent, il en convient – ***Tomber d'accord** :* reconnaître ensemble que – ***Se mettre d'accord** :* s'entendre – *«**Accordez vos violons**» :* mettez-vous d'accord – ***Une pomme de discorde** :* un sujet de disputes.

l'opposition [nom fém.]

1. *L'**opposition** entre le père et le fils est violente.*
DÉF. : rapport entre deux personnes dont les opinions sont différentes et qui sont dressées l'une contre l'autre = le désaccord, l'hostilité.

2. *Le père et le fils ne peuvent s'entendre : l'**opposition** de leurs caractères est trop forte.*
DÉF. : la différence = l'antagonisme.

3. *Victor affirme son **opposition** à ce que Grégoire quitte l'école.*
DÉF. : fait de s'opposer à quelque chose en y faisant obstacle = la désapprobation ≠ l'adhésion, le consentement.
N.B. – *Une **opposition** de couleurs :* un contraste – *Les partis de l'**opposition** :* ceux qui ne sont pas au pouvoir ≠ le gouvernement (POLITIQUE).

◆ Famille – ***Opposer** son point de vue à – Les **opposants** à un projet – Des arguments **opposables** à un projet.*
◆ Expression – *Ses actes **sont en opposition** avec ses paroles :* ne concordent pas avec elles, contrastent avec elles.

Testez-vous ! (corrigé p. 280)

1. Adhérer :
- **a.** ne pas parvenir à savoir si l'on est d'accord ou non avec quelqu'un d'autre ☐
- **b.** exprimer faiblement son opposition à quelqu'un ☐
- **c.** exprimer son accord ☐
- **d.** sens ignoré ☐

2. Des fonctions compatibles :
- **a.** qui se ressemblent suffisamment pour qu'on puisse les comparer ☐
- **b.** qu'on peut exercer en même temps ☐
- **c.** qui attirent l'attention sur ceux qui les exercent ☐
- **d.** sens ignoré ☐

3. La connivence :
- **a.** entente secrète entre deux personnes, complicité ☐
- **b.** parole prononcée par quelqu'un et qui se retourne contre lui ☐
- **c.** erreur dont deux personnes partagent ensemble la responsabilité ☐
- **d.** sens ignoré ☐

4. Contrecarrer :
- **a.** pousser quelqu'un à nuancer sa pensée ☐
- **b.** s'opposer directement à quelqu'un ou à quelque chose en lui faisant obstacle ☐
- **c.** chercher à « arrondir les angles » dans une violente discussion ☐
- **d.** sens ignoré ☐

5. Un différend :
- **a.** un désaccord issu d'une différence d'opinions ou d'intérêts ☐
- **b.** une discussion que l'on décide de remettre à plus tard ☐
- **c.** une personne dont l'opinion est différente de celle des autres, dans un groupe ☐
- **d.** sens ignoré ☐

6. Des paroles hostiles :
- **a.** qui signifient qu'on approuve ce qui est dit ☐
- **b.** qui manifestent des intentions agressives ☐
- **c.** qui peuvent faire du bien à celui à qui elles s'adressent ☐
- **d.** sens ignoré ☐

7. Être solidaire :
- **a.** être seul à avoir une opinion ☐
- **b.** être solidement persuadé qu'on a raison, alors qu'on a tort ☐
- **c.** être lié à d'autres personnes par des obligations, des intérêts ou des sentiments communs ☐
- **d.** sens ignoré ☐

Utilisez vos connaissances (corrigé p. 280)

À l'aide des définitions en italiques, complétez chaque phrase avec l'un des mots placés dans l'encadré ci-dessous. Attention aux accords et conjugaisons !
Vous êtes hostile à ce genre d'exercice ? Vérifiez la conformité de vos réponses avec ce que vous propose le vocabulaire des pages 154 et 155.

☐ adhérer	☐ la concordance	☐ un différend	☐ un rival
☐ se brouiller	☐ la conformité	☐ hostile	☐ solidaire
☐ une communion	☐ la connivence	☐ un litige	☐ transiger
☐ compatible	☐ contrecarrer	☐ un malentendu	☐ une unanimité
☐ se concerter	☐ convenir	☐ une querelle	☐ la zizanie

1. *Étroite communauté.*
Gabriel et Amandine sont si unis qu'ils vivent en .... de pensée.

2. *Qui est agressif, qui manifeste l'envie de se battre.*
« Quand j'ai commencé à raconter ses bêtises à ses parents, Arthur m'a jeté des regards .... ».

3. *Avoir la même opinion que quelqu'un d'autre, la partager, y souscrire.*
Le Président fit ses propositions, et comme les participants y ...., elles furent adoptées.

4. *Modifier ou réduire ses exigences pour parvenir à un accord.*
Les enfants veulent partir mardi pour la mer, les parents préféreraient vendredi.
Pour la paix en famille, il va bien falloir ....

5. *Désaccord sur des questions d'intérêt.*
Il existe un tribunal spécial pour régler les .... entre employeurs et employés.

6. *Fait que plusieurs éléments s'accordent.*
En raison de la .... de leurs points de vue, les deux hommes ont décidé de monter ensemble une société.

7. *Discuter ensemble pour prendre une décision.*
Les enfants .... pour savoir quel cadeau faire à Mélanie à Noël.

8. *Affrontement dû à des différences d'opinion ou d'intérêt.*
J'ai un .... avec mon propriétaire qui veut augmenter fortement mon loyer.

9. *Mauvaise entente, dispute.*
Aucune équipe ne veut accepter Casimir, car il ne cesse de semer la ....

10. *Qui peut exister ou se pratiquer en même temps, s'accorder.*
La pratique de deux sports sera-t-elle .... avec la poursuite de ses études ?

11. *S'opposer directement en faisant obstacle.*
Les accusations portées contre lui .... sa candidature aux élections.

12. *Celui qui veut avoir une place ou un avantage désiré aussi par d'autres.*
Elle voudrait obtenir le rôle principal dans un grand film, mais elle a beaucoup de ....

13. *Désaccord dû à une compréhension différente d'un même fait par deux personnes.*
Juliette et Roméo ne sont pas arrivés à la même heure au rendez-vous par suite d'un ....

14. *Cesser de s'entendre, d'être amis ; se fâcher.*
Après vingt ans d'une amitié sans faille, ils ....

15. *Accord de tous les membres d'un groupe sans exception.*
La proposition du délégué de classe a été approuvée à l'............

16. *Décider ensemble de faire quelque chose.*
Parents et enfants .... d'aller voir un film comique au cinéma.

17. *Dispute avec échange de paroles violentes et même de gestes agressifs.*
Juliette et Grégoire ne s'entendent pas bien en ce moment et leurs .... sont fréquentes.

18. *Fait qu'un élément soit en accord avec les règlements.*
Il faut qu'un agent vienne vérifier la .... de l'installation électrique dans ce cinéma.

19. *Qui se sent lié aux autres.*
Face au problème de la faim dans le monde, tous les hommes devraient se montrer ....

20. *Complicité, entente secrète entre deux personnes.*
Arthur et Grégoire sont de .... pour taquiner Juliette.

*Pas de propos **hostiles** ! Vous n'allez pas vous **brouiller** avec votre meilleur ami pour un **différend** fondé sur un **malentendu**...*

VOCABULAIRE

ADHÉRER [verbe]

*L'assistance **a adhéré** au projet présenté sur l'aide au Tiers-monde.*
DÉF. : s'est déclarée d'accord = a adopté.

◆ Famille – *Un **adhérent**, une **adhérente** – L'**adhésion** à une idée, à une association.*
N.B. – *Un tissu **adhésif**, une matière **adhésive** :* qui colle, qui adhère.

BROUILLER, SE BROUILLER [verbe]

1. *Cette dispute l'**a brouillé** avec sa famille.*
DÉF. : a créé une rupture entre lui et sa famille = l'a fâché ≠ l'a réconcilié.
2. *Il **s'est brouillé** avec sa famille.*
DÉF. : il s'est fâché ≠ il s'est réconcilié.

◆ Famille – *Une **brouille** entre amis = une fâcherie – Une affaire **embrouillée** :* confuse.

◆ Expression – ***Être brouillé avec les chiffres :*** mal les comprendre ou les oublier vite.

UNE COMMUNION [nom]

1. *Au concert, Juliette se sent en **communion** avec l'artiste.*
DÉF. : éprouve les mêmes sentiments que lui.
2. *La **communion** des croyants ne connaît pas de frontières.*
DÉF. : union de ceux qui partagent la même foi.
N.B. – *La **communion** :* le sacrement donné à la messe = l'eucharistie (RELIGION) – ***Communier.***

◆ Famille – ***Commun** – **Communier** avec l'artiste – Une **communauté** d'idées :* le fait de partager les mêmes idées – *Une **communauté** :* personnes qui vivent en commun.

COMPATIBLE [adj. qual.]

*Faire du sport est **compatible** avec ses études.*
DÉF. : peut se pratiquer en même temps = conciliable ≠ incompatible, inconciliable.

◆ Famille – *La **compatibilité** entre deux éléments – Une **incompatibilité** de caractères.*

SE CONCERTER [verbe]

*Pour bien réussir leur voyage, Victor, Mélanie et leurs amis **se sont concertés** longuement.*
DÉF. : ont échangé leurs idées pour prendre des décisions = ont délibéré.

◆ Famille – *Organiser une **concertation** – Agir **de concert** :* en accord – *Un **concert**.*
N.B. – ***Déconcerter** quelqu'un :* le faire douter de ce qu'il doit dire ou penser (COMPORTEMENT).

LA CONCORDANCE [nom]

*La **concordance** entre les déclarations des divers témoins est accablante pour l'accusé.*
DÉF. : fait que plusieurs éléments s'accordent = la correspondance ≠ la discordance.

◆ Famille – *Les déclarations des témoins **concordent** – Tous les mots de la famille de **accord**.*

LA CONFORMITÉ [nom]

1. *Les parents ont choisi un siège-auto dont la **conformité** à la réglementation est reconnue.*
DÉF. : le fait qu'il est en accord avec la réglementation ≠ la non-conformité.
2. *La **conformité** de leurs goûts fait qu'ils sont d'excellents amis.*
DÉF. : le fait qu'ils ont les mêmes goûts = la ressemblance ≠ l'opposition.

◆ Famille – ***Conformer** ses actes à ses paroles :* les mettre en accord avec elles – ***Conformément** à tes désirs – **Se conformer à** :* adapter sa conduite à un modèle – *Une vie **conforme** à un idéal – Le **conformisme** :* respect total et systématique des usages, des règles ≠ *L'**anticonformisme** – Un **conformiste*** ≠ *Un **anticonformiste**.*

LA CONNIVENCE [nom]

*Les jumeaux échangent des sourires de **connivence**.*
DÉF. : entente secrète = la complicité.

CONTRECARRER [verbe]

*La fracture de ma jambe **contrecarre** mes projets de randonnée en montagne.*
DÉF. : fait obstacle à mes projets = les contrarie ≠ les favorise.

◆ Famille – ***Contrer** quelqu'un :* s'opposer à lui.

CONVENIR, SE CONVENIR [verbe]

1. *Les deux familles **ont convenu** de passer leurs vacances ensemble.*
DÉF. : se sont mises d'accord = se sont entendues pour.
2. *Le fils **a convenu** que son père avait raison.*
DÉF. : a reconnu comme vrai = a admis.
3. *Ces fiancés **se conviennent**.*
DÉF. : vont bien ensemble.

◆ Famille – *Une **convention** :* un accord – *Un signe **conventionnel** :* sur lequel plusieurs personnes se sont mises d'accord – *Des rai-*

sons de **convenance** personnelle – Respecter les **convenances**: les usages de la politesse – Des propos **inconvenants** – Une **inconve-nance** – Un moment **convenable**: opportun. Une personne **convenable**: «comme il faut» – Un salaire **convenable**: acceptable – Parler **convenablement**: correctement – Une **décon-venue**: déception.

UN DIFFÉREND [nom]
À la suite du **différend** qui l'a opposé à ses asso-ciés, il a quitté l'entreprise.
DÉF.: désaccord dû à une différence d'opinions ou à une opposition d'intérêts = une contestation.
ATTENTION! – Ne pas confondre avec différent (adj.) et différant (participe présent)!

◆ Famille – **Différer de**: ne pas être sem-blable à – Une **différence** – Des avis **diffé-rents** – **Différemment** – **Différencier** divers éléments: les distinguer par leurs différences – Une **différenciation** – La **différence** entre deux nombres: résultat de la soustraction ≠ la somme.

HOSTILE [adj. qual.]
1. Il n'hésite pas à affronter une foule **hostile**.
DÉF.: qui se conduit en ennemie = agressive, adverse ≠ bienveillante.
2. Ses camarades se montrent **hostiles** à son projet.
DÉF.: opposés à = défavorables ≠ favorables.
N.B. – En latin, «**hostis**» signifie: l'ennemi.

◆ Famille – L'**hostilité** envers quelqu'un: l'antipathie, la haine – Son **hostilité** au projet: son opposition – Les **hostilités** (au pluriel): les opérations de guerre.

UN LITIGE [nom]
Il y a un **litige** entre le client et son fournisseur.
DÉF.: contestation sur des questions d'intérêt = un désaccord.

◆ Famille – Un problème **litigieux**.

UN MALENTENDU [nom]
Ils auraient très bien pu s'expliquer, mais ils laissaient le **malentendu** se prolonger.
DÉF.: désaccord issu de la différence de compré-hension d'un même fait par deux personnes = un quiproquo ≠ une entente.

◆ Famille – **S'entendre**: se comprendre, avoir les mêmes idées.

UNE QUERELLE [nom]
Les **querelles** éclatent facilement entre automo-bilistes dans la rue.
DÉF.: disputes avec échange de paroles vio-lentes et même de gestes agressifs = les alter-cations, les disputes.

◆ Famille – **Se quereller**: se disputer, se cha-mailler – Une personne **querelleuse**: qui aime les disputes et cherche à les provoquer.

UN(E) RIVAL(E) [nom ou adj. qual.]
Dans le 400 mètres, la championne n'avait pas de **rivale** valable. L'équipe **rivale** a perdu.
DÉF.: celle, celui qui veut avoir une place ou un avantage désiré aussi par d'autres personnes = un adversaire, un concurrent ≠ un allié.

◆ Famille – **Rivaliser** avec quelqu'un: cher-cher à être meilleur que lui – La **rivalité**.

SOLIDAIRE [adj. qual.]
Tous les élèves de la classe se montrent **soli-daires** de leur camarade accusé injustement.
DÉF.: se sentent liés à lui par un sentiment ou un intérêt commun.

◆ Famille – **Solidairement** – La **solidarité** entre les hommes: l'union, la communauté d'intérêts – **Se solidariser** avec quelqu'un, avec quelque chose ≠ **se désolidariser**.

TRANSIGER [verbe]
Leurs opinions sont totalement opposées: ils devront bien **transiger** pour parvenir à un accord.
DÉF.: modifier partiellement leurs exigences, leur point de vue, pour parvenir à un accord = composer, faire des concessions ≠ s'entêter.

◆ Famille – Accepter une **transaction**: un arrangement – Être **intransigeant**.

L'UNANIMITÉ [nom fém.]
Le président de l'association a été élu à l'unani-mité.
DÉF.: vote exprimant l'accord de tous les électeurs.

◆ Famille – Des témoins **unanimes**: qui apportent tous le même témoignage – Un accord **unanime**: général – **Unanimement**.

LA ZIZANIE [nom]
Un album d'Astérix s'appelle «la **Zizanie**», parce qu'il met en scène quantité de disputes.
DÉF.: mauvaise entente = la discorde, la mésen-tente ≠ la concorde, l'entente.

CONTRÔLEZ VOS CONNAISSANCES

(corrigé p. 280)

Les mots du tableau ci-dessous ont un sens contraire à celui de certains mots que vous avez rencontrés dans l'exercice d'acquisition page 152. Des phrases négatives, imprimées en italiques, vous sont proposées. Récrivez-les à la forme affirmative en utilisant les mots du tableau. Attention aux accords et aux conjugaisons !

| ☐ un allié | ☐ un consentement | ☐ la discordance | ☐ favorable | ☐ se réconcilier |
| ☐ la concorde | ☐ un désaccord | ☐ la discorde | ☐ favoriser | ☐ rejeter |

1. *Ses parents n'ont pas contrecarré son projet de partir seul en vacances.*
Ses parents .... son projet de partir seul en vacances.

2. *Les élèves n'ont pas adhéré à la proposition faite par le délégué de la classe.*
Les élèves .... la proposition faite par le délégué de la classe.

3. *Mais non, ils ne sont plus brouillés !*
Mais oui, ils .... !

4. *J'espère qu'elle ne se montrera pas hostile à mon projet.*
J'espère qu'elle se montrera .... à mon projet.

5. *Les parents n'ont pas manifesté d'opposition au projet de mariage de leur fille.*
Les parents ont donné leur .... au mariage.

6. *Il n'y a plus de querelle entre eux.*
La .... règne désormais parmi eux.

7. *La concordance entre leurs points de vue n'est pas évidente !*
La .... entre leurs points de vue est évidente !

8. *Ce couple n'est plus en communion.*
Ce couple est en ....

9. *Je t'affirme qu'il n'est pas un rival pour toi.*
je t'affirme qu'il est .... pour toi.

10. *L'unanimité ne règne pas dans ce groupe.*
La .... règne dans ce groupe.

JEU (corrigé p. 279)

Accrochez bien les cœurs

Le radical -corde- vient du latin *cor, cordis* : le cœur. Quels préfixes pouvez-vous lui accoler pour compléter les phrases proposées ?

1. Peu à peu convaincu, il .... son point de vue au mien.

2. Ce râleur sème la .... dans notre groupe.

3. Nous nous entendons bien : la .... règne parmi nous.

4. Le piano sonne faux, il est ....

5. Le plombier .... les deux tuyaux.

La liberté – La dépendance

Retrouveront-ils la liberté ?

*Le roi Tamango a été fait prisonnier par un trafiquant d'esclaves. Il est embarqué sur le bateau l'*Espérance *avec sa femme Ayché et d'autres captifs vers la Martinique où ils doivent être vendus.*

Un jour, Ayché lui jeta un biscuit en lui faisant un signe que lui seul comprit. Le biscuit contenait une petite lime : c'était de cet instrument que dépendait la réussite du complot. D'abord Tamango se garda bien de montrer la lime à ses compagnons ; mais, lorsque la nuit fut venue, il se mit à murmurer des paroles inintelligibles qu'il accompagnait de gestes bizarres. Par degrés, il s'anima jusqu'à pousser des cris. À entendre les intonations variées de sa voix, on eût dit qu'il était engagé dans une conversation animée avec une personne invisible. Tous les esclaves tremblaient, ne doutant pas que le diable ne fût en ce moment même au milieu d'eux. Tamango mit fin à cette scène en poussant un cri de joie.

« Camarades, s'écria-t-il, l'esprit que j'ai conjuré vient enfin de m'accorder ce qu'il m'avait promis, et je tiens dans mes mains l'instrument de notre délivrance. Maintenant il ne vous faut plus qu'un peu de courage pour vous faire libres. »

Il fit toucher la lime à ses voisins, et la fourbe*, toute grossière qu'elle était, trouva créance auprès d'hommes encore plus grossiers.

Après une longue attente vint le grand jour de vengeance et de liberté. Les conjurés, liés entre eux par un serment solennel, avaient arrêté leur plan après une mûre délibération. Les plus déterminés, ayant Tamango à leur tête, lorsqu'ils monteraient à leur tour sur le pont, devaient s'emparer des armes de leurs gardiens ; quelques autres iraient à la chambre du capitaine pour y prendre les fusils qui s'y trouvaient. Ceux qui seraient parvenus à limer leurs fers devaient commencer l'attaque ; mais, malgré le travail opiniâtre de plusieurs nuits, le plus grand nombre des esclaves était encore incapable de prendre une part énergique à l'action. Aussi trois Noirs robustes avaient la charge de tuer l'homme qui portait dans sa poche la clef des fers, et d'aller aussitôt délivrer leurs compagnons enchaînés.

Prosper MÉRIMÉE, *Tamango* (1829).

* *Fourbe : ruse ou tromperie.*

Sommaire

la liberté [nom]

1. *En 1789, les Français ont conquis la **liberté**.*

DÉF. : situation dans laquelle on n'est plus dominé par un pouvoir sans limites ≠ la servitude.

2. *Je laisse mes oiseaux voler en **liberté**.*

DÉF. : état de celui qui n'est pas enfermé ≠ l'emprisonnement, la captivité.

3. *J'ai un après-midi de **liberté**.*

DÉF. : absence d'obligations.

◆ Famille – ***Libre** – **Librement** – **Libérer*** : faire retrouver la liberté à quelqu'un – *Il va **se libérer** pour dîner avec vous* : se dégager de ses obligations – *La **libération** d'un homme, d'un peuple* – ***Libéral*** – *Un soldat **libérable*** : qui va être libéré du service militaire – *Un héros, un conflit **libérateur*** : qui mène à la liberté – *Des idées **libertaires*** : qui réclament une liberté politique totale = anarchistes – *Un **libertin*** : personne qui est très libre dans ses pensées et dans ses mœurs – *Le **libertinage*** – *Garder son **libre arbitre*** : sa capacité de juger et de vouloir librement – *Le **libre-échange*** : la liberté des échanges commerciaux entre pays.

◆ Expressions – ***Prendre des libertés avec quelqu'un*** : être trop familier avec lui – ***Être très libre avec quelqu'un*** : ne pas se gêner.

la dépendance [nom]

1. *Au Moyen-Âge, le vassal avait un lien de **dépendance** avec son seigneur.*

DÉF. : fait d'être sous l'autorité de quelqu'un ou de quelque chose = la sujétion.

2. *Ce château a de nombreuses **dépendances**.*

DÉF. : endroits qui sont rattachés à un lieu principal.

◆ Famille – ***Dépendre** d'une juridiction, d'une administration* – *Le succès de cette affaire **dépend** de vous* : est de votre responsabilité – *Être **dépendant de*** : être subordonné à ≠ être indépendant de – *L'**indépendance**.*

N.B. – *La **dépendance** d'un fait par rapport à un autre fait* – *L'**interdépendance** de deux faits* : le fait que l'un dépende de l'autre et vice versa – *Deux faits **interdépendants*** (RAISONNEMENT).

Testez-vous ! (corrigé p. 280)

1. S'affranchir :
- **a.** mentir moins, devenir plus franc ☐
- **b.** se libérer de quelque chose qui domine et gêne ☐
- **c.** s'accorder une certaine somme d'argent pour ses sorties ☐
- **d.** sens ignoré ☐

2. Assujettir quelqu'un :
- **a.** le placer sous sa domination totale ☐
- **b.** se soumettre à lui totalement ☐
- **c.** le reconnaître comme chef ☐
- **d.** sens ignoré ☐

3. Une administration autonome :
- **a.** qui s'occupe spécialement des automobiles ☐
- **b.** qui fonctionne de manière indépendante ☐
- **c.** qui ne reçoit les personnes que sur rendez-vous ☐
- **d.** sens ignoré ☐

4. Émanciper quelqu'un :
- **a.** lui imposer des règles de conduite ☐
- **b.** lui permettre de s'exprimer ☐
- **c.** le libérer de toute autorité ☐
- **d.** sens ignoré ☐

5. La servitude des esclaves :
- **a.** le fait qu'ils rendent service à leurs maîtres ☐
- **b.** le fait que leurs maîtres les utilisent ☐
- **c.** la domination totale qu'ils subissent ☐
- **d.** sens ignoré ☐

6. Être subordonné à quelqu'un :
- **a.** avoir le droit de lui donner des ordres ☐
- **b.** être placé sous son autorité ☐
- **c.** lui être très attaché sentimentalement ☐
- **d.** sens ignoré ☐

7. Exercer sa tutelle sur quelqu'un :
- **a.** exercer son pouvoir de surveillance sur lui ☐
- **b.** être très familier avec lui et le tutoyer ☐
- **c.** agir en étant très autoritaire ☐
- **d.** sens ignoré ☐

EXERCICES

Utilisez vos connaissances (corrigé p. 280)

À l'aide des définitions en italiques, complétez chaque phrase avec l'un des mots placés dans l'encadré ci-dessous. Attention aux accords et aux conjugaisons !
Si vous n'êtes pas encore autonome, consultez le vocabulaire des pages 162 et 163.
C'est un secours, pas une contrainte.

☐ s'affranchir	☐ une contrainte	☐ libéral	☐ sommer
☐ assujettir	☐ délivrer	☐ opprimer	☐ la soumission
☐ autonome	☐ s'émanciper	☐ se rebeller	☐ subordonner
☐ brider	☐ une entrave	☐ réprimer	☐ la tutelle
☐ un captif	☐ une hiérarchie	☐ la servitude	☐ la tyrannie

1. *Personne privée de liberté, un prisonnier.*
À Rome, les .... suivaient le char du vainqueur.

2. *Autorité contraignante et abusive.*
Le chef exerce sa .... sur tous les membres de sa bande.

3. *Libérer de quelque chose de pénible.*
L'aide qu'il propose de m'apporter devrait me .... de mes angoisses.

4. *Organisation sociale des différents niveaux de pouvoir.*
Il est entré dans l'entreprise comme simple employé mais espère bien gravir les échelons de la ....

5. *Punir pour lutter contre quelque chose de mal.*
Les fraudes sont sévèrement ....

6. *Gêner, empêcher d'agir en toute liberté.*
Victor et Mélanie ne sont pas des parents qui .... beaucoup leurs enfants.

7. *Forme de violence, physique ou morale, qui ôte la liberté d'agir.*
L'otage a téléphoné sous la .... de son ravisseur.

8. *Obligation qui finit par rendre dépendant.*
Pour ces personnes âgées, la télévision est devenue une ....

9. *Dont on a choisi soi-même les règles.*
Ses parents n'ont pas besoin de s'occuper de lui, il travaille de façon ....

10. *Imposer une domination violente.*
Il profite de sa force physique pour .... ses jeunes frères et sœurs.

11. *Ce qui retient, gêne, empêche d'agir.*
La lenteur de Juliette est une .... à sa réussite scolaire.

12. *Attitude qui consiste à tout accepter, à toujours obéir.*
Il est tellement amoureux de sa femme qu'il est dans un état de .... totale vis-à-vis d'elle.

13. *Se libérer de quelque chose qui domine ou gêne.*
Elle sait que fumer autant est dangereux et souhaiterait .... de cette mauvaise habitude.

14. *Donner des ordres fermes, selon le pouvoir que l'on possède.*
Le footballeur contestait la décision de l'arbitre, qui pourtant l'a .... de sortir du terrain.

15. *Être placé sous l'autorité d'un supérieur.*
Dans son entreprise, Victor est .... au directeur général.

16. *Qui respecte l'indépendance des autres et leurs opinions.*
À l'écouter, il est très ...., mais en famille, c'est un vrai tyran !

17. *Surveillance destinée à protéger une personne.*
Autrefois, les enfants abandonnés étaient mis sous la .... de l'Assistance publique.

18. *Se libérer du poids d'une autorité reconnue par la loi.*
Les jeunes souhaiteraient .... très tôt, mais cela ne leur est pas toujours possible !

19. *S'opposer à une autorité que l'on refuse.*
« Méfie-toi, ta fille a un fort caractère, elle pourrait bien finir par .... contre toi. »

20. *Être sous la domination de quelqu'un.*
Au Moyen-Âge, le vassal était .... au seigneur.

*Mais, non Juliette ! Nous ne voulons pas t'**opprimer** ! Ta mère et moi nous pensons que tu peux t'**émanciper** progressivement sans **te rebeller** contre toute **hiérarchie**.*

VOCABULAIRE

AFFRANCHIR, S'AFFRANCHIR [verbe]
1. *En 1848, la France* **a affranchi** *les esclaves des Antilles.*
DÉF. : leur a donné définitivement leur liberté individuelle = les a libérés ≠ les a asservis.
2. *Les jeunes souhaitent* **s'affranchir** *de l'autorité de leurs parents.*
DÉF. : se libérer de ce qui domine et qui gêne = s'émanciper ≠ se soumettre à.

◆ Famille – *L'affranchissement d'un esclave – Un affranchi :* un esclave libéré.

ASSUJETTIR [verbe]
1. *Les Romains* **ont assujetti** *de nombreux peuples.*
DÉF. : les ont placés sous leur domination = les ont asservis ≠ les ont délivrés.
2. *Cette année, son salaire important l'***assujettit** *à l'impôt.*
DÉF. : lui en impose l'obligation ≠ le dispense.

◆ Famille – *Les* **sujets** *du Roi – L'***assujettissement** *ou la* **sujétion** *d'un pays à un autre – Une* **sujétion :** une contrainte – *Une tâche* **assujettissante :** astreignante.

AUTONOME [adj. qual.]
1. *Dans de nombreux domaines, les Régions sont désormais* **autonomes** *en France.*
DÉF. : se gouvernent, s'administrent elles-mêmes.
2. *Juliette souhaite mener une vie* **autonome.**
DÉF. : dont elle a choisi elle-même les règles = libre, indépendante ≠ dépendante.

◆ Famille – *L'***autonomie** *d'une région, d'une vie :* l'indépendance – *Un* **autonomiste :** celui qui veut l'autonomie politique de son pays ou de sa région.

BRIDER [verbe]
La réalité **bride** *notre imagination.*
DÉF. : la gêne, l'empêche de s'exercer en toute liberté = la freine, la retient.

◆ Famille – *Une imagination* **débridée :** sans frein, sans limite.

UN(E) CAPTIF (IVE) [nom ou adj. qual.]
Le comte de Montecristo est **un captif** *célèbre.*
DÉF. : un prisonnier.

◆ Famille – *La* **captivité** *du comte –* **Capturer** *un animal :* l'attraper vivant – *Sa* **capture** *– Ce livre va te* **captiver :** tellement t'intéresser que tu ne pourras plus t'en détacher – *Un livre* **captivant.**

LA CONTRAINTE [nom]
1. *Les esclaves vivaient dans la* **contrainte.**
DÉF. : situation de celui à qui on fait violence = l'oppression.
2. *Les* **contraintes** *sociales et morales nous régissent.*
DÉF. : règles auxquelles il faut se plier.

◆ Famille – **Contraindre** *quelqu'un – Se* **contraindre :** se forcer – *Une mesure* **contraignante :** astreignante – *Avoir un air* **contraint :** gêné, mal à l'aise = embarrassé.

DÉLIVRER [verbe]
1. *En 1945, les troupes alliées* **ont délivré** *les prisonniers et les déportés.*
DÉF. : leur ont fait retrouver la liberté = les ont libérés ≠ les ont incarcérés.
2. *Mélanie m'***a délivré** *de la corvée de vaisselle.*
DÉF. : m'en a dispensé, débarrassé ≠ m'y a soumis.

◆ Famille – *Se* **délivrer** *d'un souci :* s'en dégager – *La* **délivrance** *d'un prisonnier.*

ÉMANCIPER, S'ÉMANCIPER [verbe]
Depuis quelques années les femmes **s'émancipent.**
DÉF. : se libèrent des contraintes qui pesaient sur elles = s'affranchissent ≠ se soumettent.

◆ Famille – *L'***émancipation** *des femmes – Une jeune fille drôlement* **émancipée** (FAM.) : qui prend trop de liberté avec la morale.

UNE ENTRAVE [nom]
1. *Durant les haltes, on mettait des* **entraves** *aux chevaux.*
DÉF. : liens pour gêner la marche.
2. *Le manque d'argent est une* **entrave** *aux sorties de Roméo.*
DÉF. : ce qui retient, gêne, empêche = un obstacle.

◆ Famille – **Entraver** *un cheval –* **Entraver** *une action :* empêcher son déroulement normal.

UNE HIÉRARCHIE [nom]
1. *Pour que cette lettre parvienne au patron, elle doit suivre la* **hiérarchie.**
DÉF. : organisation sociale des différents niveaux de pouvoir ou de commandement.
2. *Dans la* **hiérarchie** *des valeurs, certains mettent la solidarité à la première place.*
DÉF. : classement en différents niveaux.

◆ Famille – *Un supérieur* **hiérarchique** – **Hiérarchiquement** – **Hiérarchiser :** ordonner selon une hiérarchie – *La* **hiérarchisation.**

162

VOCABULAIRE

LIBÉRAL [adj. qual.]
1. *Cet homme politique est de tendance **libérale**.*
Déf. : qui est en faveur des libertés individuelles.
2. *De nombreux parents modernes éduquent leurs enfants de façon **libérale**.*
Déf. : qui respecte leurs opinions et leur accordent des libertés = tolérante ≠ intolérante.

◆ Famille – *Le **libéralisme** politique, économique* – ***Libéraliser*** – *La **libéralisation*** – *Un **libéral** :* un homme favorable au libéralisme.

OPPRIMER [verbe]
1. *Les envahisseurs **oppriment** le peuple qu'ils ont conquis.*
Déf. : lui imposent une domination violente = le tyrannisent, le mettent sous le joug ≠ le libèrent.
2. *Un régime autoritaire **opprime** les partisans de la liberté.*
Déf. : les empêche de s'exprimer = les étouffe.

◆ Famille – *Un **opprimé** ≠ un **oppresseur** – L'**oppression** – Un pouvoir **oppressif** :* tyrannique.

N.B. – ***Oppresser*** : gêner la respiration – *Une chaleur **oppressante** :* étouffante.

SE REBELLER [verbe]
*Au XVIIe siècle, pendant la Fronde, les nobles **se sont rebellés** contre le pouvoir royal.*
Déf. : se sont élevés contre une autorité qu'ils refusaient = se sont insurgés, se sont révoltés.

◆ Famille – *Une **rébellion** :* une révolte, une insurrection, une sédition – *Un **rebelle**.*

RÉPRIMER [verbe]
1. *Le pouvoir royal **a réprimé** la révolte.*
Déf. : est intervenu pour l'empêcher de se développer = a étouffée.
2. *Des amendes **répriment** les infractions des conducteurs.*
Déf. : punissent = sanctionnent ≠ permettent.

◆ Famille – *La **répression** d'une faute* = un châtiment – *Un pouvoir **répressif** :* qui punit – *Une **réprimande** :* un reproche = un blâme – ***Réprimander**.*

LA SERVITUDE [nom]
1. *Les Romains ont réduit les peuples conquis à la **servitude**.*
Déf. : état d'un peuple privé de son indépendance = la sujétion.
2. *Avoir des animaux est une **servitude**.*
Déf. : obligation qui finit par nuire à l'indépendance = une contrainte.

◆ Famille – ***Servir** – Un **serviteur** – Une **servante** – Le **service** national – Une attitude **servile** :* qui traduit une soumission totale – *La **servilité** – **Servilement** – Un **serf** :* paysan esclave – *Le **servage**.*

SOMMER [verbe]
*Face à son accusation, je me taisais, mais mon père m'**a sommé** de m'expliquer.*
Déf. : en a donné l'ordre ferme, en usant de son autorité = a ordonné, a enjoint (enjoindre).

◆ Famille – *Une **sommation** :* un ordre donné par une autorité officielle = une injonction.

LA SOUMISSION [nom]
*Sa **soumission** aux ordres est totale.*
Déf. : attitude qui consiste à toujours obéir = l'obéissance, la docilité ≠ la résistance.

◆ Famille – ***Soumettre** – **Se soumettre** – Une personne **soumise** :* docile.

SUBORDONNER [verbe]
*Le principal-adjoint **est subordonné** au principal du collège.*
Déf. : est placé sous l'autorité de son supérieur.

◆ Famille – *La **subordination** à une autorité – Avoir un esprit d'**insubordination** :* une tendance à ne pas obéir – *Un **subordonné**.*

N.B. – *Une proposition **subordonnée** :* qui dépend d'une autre proposition (GRAMMAIRE).

LA TUTELLE [nom]
*L'orphelin est mis sous la **tutelle** de son oncle.*
Déf. : surveillance de quelqu'un chargé par la loi de protéger une personne.

◆ Famille – *Athéna est la déesse **tutélaire** d'Athènes :* qui protège = protecteur(trice) – *Un **tuteur** (une **tutrice**)* exerce une tutelle.

LA TYRANNIE [nom]
1. *Les révolutionnaires voulaient se libérer de la **tyrannie** du pouvoir royal.*
Déf. : pouvoir politique total et abusif qui étouffe la liberté = l'absolutisme, le despotisme.
2. *Cet homme exerce sur ses enfants une **tyrannie** insupportable.*
Déf. : autorité abusive.

◆ Famille – *Un **tyran** – Un pouvoir **tyrannique** – Gouverner **tyranniquement** – **Tyranniser** ses subordonnés.*

(corrigé p. 280)

Les mots suivants entrent dans des expressions construites avec le verbe *être* et signifiant toutes : « *être sous la dépendance de quelqu'un ou de quelque chose et en perdre tout ou partie de sa liberté* » :

- ☐ chaînes
- ☐ domination
- ☐ griffes
- ☐ merci
- ☐ coupe
- ☐ empire
- ☐ joug
- ☐ pouvoir

Essayez de placer convenablement ces mots dans les phrases ci-dessous, puis comparez au corrigé.

1. Mon adversaire m'avait désarmé : j'étais à sa ....

2. Il est sous l'............ de la colère et ne contrôle plus ce qu'il dit.

3. « Elle ne lâchera jamais Étienne ; il est tombé dans ses .... »

4. Elle est entrée dans une secte et est sous la .... du « grand prêtre ».

5. Il a accepté de l'épouser et elle s'imagine qu'il est désormais dans ses ....

6. Elle est sous la .... de sa grande sœur qui lui fait faire n'importe quoi.

7. « Maintenant que je t'ai ensorcelé, tu es en mon ...., dit la sorcière à l'enfant. »

8. Jamais il ne peut sortir avec nous : il est sous le .... de sa mère qui l'en empêche.

JEU (corrigé p. 280)
À vous de jouer

Remplissez chacune des trois grilles ci-contre de trois mots que vous retrouverez en vous aidant des définitions proposées.

Qui se gouverne, se gère seul

Donner à quelqu'un la liberté qu'il n'avait pas

Placer sous sa domination

A						
A						
A						

État de dépendance totale vis-à-vis d'un maître

Attitude d'acceptation, d'obéissance entière

Faire dépendre d'un fait posé comme condition

S					
S					
S					

Libérer de toute autorité reconnue par la loi

Ce qui retient, gêne, empêche d'agir

Un synonyme de servitude

E					
E					
E					

La vie physique

CHAMPS LEXICAUX

*Pendant les vacances, toute la famille accorde la priorité à la **vie physique** (qui concerne le corps par opposition à ce qui appartient à l'esprit).*

Les gestes

L'affolement de Tiennot

– Oh ! Tiennot ! T'es par là ?

Il se dressa sur son lit. Le grand jour entrait dans la pièce. Il sauta de son lit, empoigna son pantalon et manqua tomber en l'enfilant. Il grognait :

– Bon Dieu. Bon Dieu, qu'est-ce que c'est ?

Il regarda le lit du père pas défait. S'immobilisa. Se passa la main sur la nuque. Et, comme saisi, il constata :

– Le père… Il est plus là.

Le réveil bleu posé sur la cheminée indiquait 8 h 10. Il le prit, écouta le mouvement. Regarda encore les aiguilles.

– Ah ! Bon Dieu… C'est pas possible.

Ses mains tremblaient. Ses gestes étaient désordonnés, saccadés. Il faisait un pas à gauche, un pas à droite, empoignait sa chemise, la reposait.

Du côté du jardin, la voix reprit :

– Oh ! Tiennot ! T'es par là ?

Torse nu, sa chemise à la main, il sortit en criant :

– Je suis là !

Joseph Gondry apparut à l'angle de la maison et s'avança. Il regarda Tiennot et comprit tout de suite. Il se mit à rire et dit :

– Tu t'es oublié. Tu roupillais encore !

Pris de honte, Tiennot lâcha sa chemise et enfouit sa grosse face dans ses paumes. D'une petite voix de tête toute secouée de sanglots, il se mit à se lamenter.

– Bon Dieu de bon Dieu de bon Dieu… Mais qu'est-ce que j'ai fait… Qu'est-ce qu'y dirait, le père… Qu'on était toujours debout à 4 heures… Bon Dieu et mes bêtes.

Bernard CLAVEL,
Tiennot (1977), © J'AI LU.

FICHES D'ENTRÉE

un geste [nom]

*Les Italiens sont réputés pour faire beaucoup de **gestes**.*

DÉF. : mouvements du corps humain, des bras, des mains ou de la tête pour appuyer des paroles, exprimer un sentiment ou exécuter une action = des signes.

◆ Famille – *Les **gesticulations** d'une personne – Une personne **gesticulante** – **Gesticuler** – Le langage **gestuel** :* où l'on s'exprime par gestes (pratiqué en particulier par les malentendants et les sourds).

◆ Expressions – ***N'avoir qu'un geste à faire** :* obtenir facilement ce que l'on veut en ayant peu à dire ou à faire – *Avoir **un beau geste** :* faire un acte de générosité – ***Avoir le geste large** :* donner très facilement, être très généreux.

la main [nom]

*Il met la **main** sur mon épaule.*

DÉF. : partie du corps, qui sert à prendre et à toucher.

◆ Famille – ***Manier** un objet – Une voiture **maniable** – Les **manières** d'une personne :* sa façon de se comporter – ***Manipuler** des instruments – Leur **manipulation** – **Maintenir** une personne :* la tenir solidement – ***Maintenir** l'ordre :* le faire respecter – *Une **manufacture** de tissage :* établissement industriel où le travail à la main est important – *Un **manœuvre** est un travailleur **manuel** – Il travaille **manuellement** – Il fait de la **manutention** – Chercher de la **main-d'œuvre** – Faire une **manœuvre** au volant – La **manche** d'un vêtement – Le **manche** d'un outil – La **manette** des gaz d'un avion – Passer les **menottes** à un prisonnier – Un **manuscrit** – Utiliser un **essuie-main(s)** – Faire le **baisemain** à une dame – Une **manucure** :* personne qui soigne les mains, les ongles – *Prêter **main-forte** à quelqu'un :* lui venir en aide – *La **mainmise** d'un pays sur des terres étrangères :* le fait qu'il s'en empare.

◆ Expressions – *Donner **un coup de main**, mettre **la main à la pâte** :* aider – ***De main de maître** :* excellemment – ***De première main** :* neuf – ***De seconde main** :* d'occasion – *C'est du **cousu main** :* quelque chose de très bien fabriqué ou préparé – ***En un tour de main** ou **en un tournemain** :* très vite – *Gagner **haut la main** :* facilement, sans difficulté – *Un objet **bien en main** :* commode, maniable – *Ne pas y aller **de main morte** :* frapper ou intervenir violemment ≠ avoir la **main légère** – *Applaudir des **deux mains** :* approuver totalement – ***Avoir la main leste** :* frapper facilement – ***Avoir les mains libres** :* agir en toute liberté – ***Forcer la main** à quelqu'un :* le contraindre – ***Avoir un poil dans la main** :* être paresseux – ***Avoir le cœur sur la main** :* se montrer très généreux – ***Se frotter les mains** :* se réjouir – ***En mettre sa main au feu, sa main à couper** :* affirmer énergiquement – ***Je m'en lave les mains** :* je m'en désintéresse, je me dégage de ma responsabilité. Etc.

Testez-vous ! (corrigé p. 281)

1. Il **assène** une gifle :
      a. l'évite habilement
      b. l'applique violemment
      c. lève la main pour la donner
      d. sens ignoré

2. Il **brandit** sa pancarte :
      a. la prépare en écrivant dessus
      b. la cache rapidement
      c. l'élève pour bien la montrer
      d. sens ignoré

3. Ses traits **se crispent** :
      a. se contractent
      b. se détendent calmement
      c. s'épanouissent en un sourire
      d. sens ignoré

4. Ils **s'embusquent** derrière un fourré :
      a. s'entraînent physiquement pour maintenir leur forme
      b. se cachent avec l'intention de surprendre quelqu'un
      c. se bagarrent
      d. sens ignoré

5. Les enfants **gambadent** :
      a. sautent en l'air le plus haut possible
      b. font la ronde
      c. avancent en faisant de petits bonds
      d. sens ignoré

6. « Ne vois-tu pas ses **mimiques** ? »
      a. les singeries qu'il fait avec ses mains
      b. les mouvements désordonnés qu'il fait avec tout son corps
      c. les mouvements expressifs de son visage
      d. sens ignoré

7. Le soldat **se tapit** pendant l'exercice :
      a. se démène pour mieux réussir
      b. se cache en se ramassant sur lui-même
      c. se met en première ligne
      d. sens ignoré

Utilisez vos connaissances (corrigé p. 281)

À l'aide des définitions en italiques, complétez chaque phrase avec l'un des mots placés dans l'encadré ci-dessous. Attention aux accords et conjugaisons !
Ce n'est pas le moment de vous prélasser : travaillez le vocabulaire des pages 172 et 173.

☐ s'agripper	☐ s'embusquer	☐ une grimace	☐ se prélasser
☐ asséner	☐ empoigner	☐ se hausser	☐ se presser
☐ attirer	☐ s'enfoncer	☐ un hochement	☐ un signe
☐ brandir	☐ étreindre	☐ s'incliner	☐ se tapir
☐ se crisper	☐ gambader	☐ une mimique	☐ tortiller

1. *Élever un objet pour bien le montrer.*
Heureux, Arthur .... son bulletin de notes aux yeux de ses parents.

2. *S'accrocher fortement à quelque chose ou à quelqu'un.*
En haut de la Tour Eiffel, Arthur a le vertige et .... à sa mère.

3. *Se reposer mollement en ne se faisant aucun souci.*
Pour Victor, les vacances sont faites pour .... dans une chaise longue.

4. *Prendre et serrer avec la main.*
Le professeur, furieux, m'............ par les épaules et me met à la porte.

5. *Se serrer en s'appuyant fortement.*
À sa descente d'avion, l'otage enfin libéré .... contre sa femme.

6. *Avancer en faisant de petits bonds.*
« Cesse de regarder la télévision : va donc .... dehors ! »

7. *Mouvements exagérés du visage.*
Les .... du cycliste montrent combien il souffre en montant la route du col.

8. *Geste destiné à communiquer, à faire savoir quelque chose.*
Il a mis son doigt sur ses lèvres, c'est le .... que je dois me taire.

9. *Faire un geste pour se grandir.*
Mélanie doit .... pour attraper la valise qui est au-dessus de l'armoire.

10. *Faire venir vers soi.*
Le promeneur .... son chien vers lui, afin que ce dernier ne gêne pas les passants.

11. *Se courber par respect, par politesse ou par crainte.*
Le jeune homme .... devant la femme qu'on lui présente.

12. *Se contracter en formant des rides.*
Lorsqu'on lui annonça la mauvaise nouvelle, ses traits ....

13. *Se cacher en se ramassant sur soi-même.*
Le copain d'Arthur est un cancre qui .... au fond de la classe pour qu'on le remarque le moins possible.

14. *Geste qui consiste à remuer la tête.*
Papa ne disait rien, mais ses .... de tête montraient bien que nos discours le désespéraient.

15. *Se cacher avec l'intention de surprendre.*
Quel farceur ! Arthur .... derrière la porte et m'a fait peur lorsque je suis entré.

16. *S'installer tout au fond.*
Quel plaisir de .... dans un canapé devant la télévision après une journée de travail !

17. *Donner un coup violent et bien placé.*
Le cambrioleur .... un coup sur la tête de sa victime pour l'étourdir.

18. *Tordre plusieurs fois.*
Pendant notre entretien, il n'a cessé de .... des bouts de papier.

19. *Expressions du visage qui accompagnent la parole.*
Les .... de Louis de Funès au cinéma ont fait rire de nombreux spectateurs.

20. *Entourer de ses membres en serrant étroitement.*
Il était si heureux d'être en vie qu'il .... son sauveur.

Victor **empoigne** son parapluie. Aussitôt Droopy **gambade, tortille** sa laisse dans sa gueule. Il a compris : c'est l'heure de la promenade.

VOCABULAIRE

AGRIPPER, S'AGRIPPER [verbe]
1. *L'enfant* **s'agrippe** *au cou de sa mère.*
DÉF. : s'y accroche fortement = se cramponne.
2. *Le bébé* **agrippe** *ce qu'il a à portée de main.*
DÉF. : le saisit, le prend = l'attrape ≠ le lâche.

◆ Famille – *Gripper* – *Le moteur* **grippe :** fonctionne mal parce qu'il n'est pas graissé – *La* **grippe :** maladie qui saisit brusquement.

◆ Expression – *Prendre quelqu'un en* **grippe :** se mettre à le détester.

ASSÉNER OU ASSENER [verbe]
Le boxeur **assène** *un direct à son adversaire.*
DÉF. : lui donne un coup violent.

◆ Conjugaison – J'assène, j'assénais, j'assènerai.

◆ Expression – **Asséner** *une vérité à quelqu'un :* la lui dire avec brutalité.

ATTIRER [verbe]
1. *Il* **attire** *la jeune fille vers lui pour danser.*
DÉF. : la fait venir vers lui = amène ≠ repousse.
2. *Ce chanteur* **attire** *un nombreux public.*
DÉF. : fait venir.
N.B. – *Il* **attire** *la sympathie :* la fait naître.

◆ Famille – *Une femme* **attirante :** qui charme – *Ses* **attraits** – *Éprouver de l'***attirance** *pour quelqu'un.*

BRANDIR [verbe]
1. *L'homme en colère* **brandit** *un poignard.*
DÉF. : l'élève de façon menaçante.
2. *Arthur* **brandit** *son bouquet de jonquilles.*
DÉF. : l'élève pour bien le montrer.

CRISPER, SE CRISPER [verbe]
1. *Le bébé hurle et* **crispe** *ses petits poings.*
DÉF. : contracte les muscles de ses mains.
2. *Sous la douleur, son visage* **se crispait.**
DÉF. : se contractait en formant des rides.

◆ Famille – *La* **crispation** *d'un visage.*

◆ Expressions – *Il me* **crispe :** m'agace – *Il est* **crispant :** agaçant.

EMBUSQUER, S'EMBUSQUER [verbe]
Les gamins **étaient embusqués** *derrière un mur pour attaquer la bande rivale.*
DÉF. : s'étaient cachés pour surprendre.

◆ Famille – *Préparer une* **embuscade** – *Un* **embusqué :** un soldat mobilisé à un poste sans danger = un planqué (FAM.) – *Débusquer :* faire sortir de sa cachette – *Les* **embûches** *d'un parcours :* les pièges qui s'y dissimulent.

EMPOIGNER, S'EMPOIGNER [verbe]
1. *Victor* **a empoigné** *Arthur par le bras.*
DÉF. : l'a saisi et serré fortement avec la main ≠ l'a lâché.
2. *Se disputant, ils finirent par* **s'empoigner.**
DÉF. : se saisir pour se battre = se colleter, en venir aux mains.

◆ Famille – *Le* **poing** – *Le* **poignet** – *Une* **poignée** *de riz :* ce que peut contenir une main – *Une* **poignée** *de main, de porte* – *La* **poigne :** la force de la main – *Une* **empoignade :** une lutte violente et serrée – *Un film* **poignant :** qui émeut vivement (SENTIMENT).

ENFONCER, S'ENFONCER [verbe]
1. *Gabriel* **enfonce** *des graines dans le sol.*
DÉF. : les fait pénétrer.
2. *La police* **a enfoncé** *la porte de l'appartement.*
DÉF. : l'a poussée vers l'intérieur en forçant = l'a forcée.
3. *Quel plaisir de* **s'enfoncer** *dans un fauteuil !*
DÉF. : s'installer tout au fond ≠ s'extraire de.
N.B. – *Les roues* **enfoncent** *dans le sable :* y pénètrent profondément – *S'***enfoncer** *dans une forêt :* s'y avancer de plus en plus loin.

◆ Famille – *L'***enfoncement** *d'une porte* – *Un* **renfoncement** *dans un mur :* une partie qui forme un creux.

ÉTREINDRE, S'ÉTREINDRE [verbe]
1. *Le boxeur* **étreint** *son adversaire.*
DÉF. : l'entoure de ses membres en le serrant étroitement.
2. *En se retrouvant, les amoureux* **s'étreignirent.**
DÉF. : se serrèrent étroitement dans leurs bras = s'enlacèrent.

◆ Conjugaison – J'étreins, il étreint, nous étreignons ; j'étreignais ; j'étreindrai ; que j'étreigne.
N.B. – *L'angoisse m'***étreint :** m'oppresse.

◆ Famille – *L'***étreinte** *de deux amoureux.*

GAMBADER [verbe]
Arthur **gambade** *avec Droopy dans le sentier.*
DÉF. : avance en faisant de petits bonds = sautille.

◆ Famille – *Une* **gambade :** petit saut marquant la gaieté.

UNE GRIMACE [nom]
Le clown fait des **grimaces,** *et les enfants rient.*
DÉF. : expressions exagérées du visage, pour amuser ou exprimer un sentiment.

◆ Famille – *Grimacer* – *Un visage* **grimaçant.**

HAUSSER, SE HAUSSER [verbe]
J'ai dû me hausser sur la pointe des pieds pour voir le défilé.
DÉF. : faire un geste pour me grandir = me dresser ≠ me baisser.
ATTENTION ! *Se hisser* implique un déplacement.
N.B. – *Rehausser un mur :* augmenter sa hauteur – *Hausser la voix :* parler plus fort – *La hausse de la température,* des prix.

◆ Famille – *Un haussement d'épaules.*

UN HOCHEMENT [nom]
Il ne répond que par un hochement de tête.
DÉF. : mouvement de la tête pour exprimer un doute, un refus ou un accord.

◆ Famille – *Hocher la tête – Un hochet :* jouet donné aux bébés.

INCLINER, S'INCLINER [verbe]
1. *Arthur incline la tête face à Victor qui le gronde.*
DÉF. : la courbe par crainte = penche.
2. *L'ambassadeur s'incline devant le chef d'État.*
DÉF. : se courbe par respect et par politesse = se penche ≠ se redresse.
N.B. – *L'avion s'inclina :* se plaça obliquement vers le bas – *L'inclinaison de l'avion* (MOUVEMENT).

◆ Famille – *Une inclination de la tête.*
N.B. – *Une inclination à la paresse :* un penchant – *Être enclin à mentir* (CARACTÈRE).

UNE MIMIQUE [nom]
Derrière un passant, il fait des mimiques qui soulèvent les rires de ses camarades.
DÉF. : expressions du visage qui accompagnent le langage oral ou constituent en eux-mêmes un véritable langage.

◆ Famille – *Un mime :* acteur qui s'exprime uniquement par gestes – *Mimer quelqu'un :* faire les mêmes gestes que lui = imiter, singer – *Une pantomime :* petite pièce sans paroles, dans laquelle on *mime* une histoire.

SE PRÉLASSER [verbe]
Grégoire se prélasse dans un fauteuil.
DÉF. : se repose, prend ses aises, s'étale.

PRESSER, SE PRESSER [verbe]
1. *Les vignerons pressent le raisin.*
DÉF. : écrasent le raisin pour en extraire le jus.
2. *L'enfant se presse contre sa mère.*
DÉF. : se serre fortement contre elle = se blottit.

3. *Les spectateurs se pressent à l'entrée du festival pour voir la star.*
DÉF. : se groupent en foule serrée.
N.B. – *Presser quelqu'un de faire quelque chose :* l'y pousser, l'y obliger – *Presser le pas :* marcher plus vite – *Se presser :* se dépêcher.

◆ Famille – *Une pression de main – Un presse-papiers – Un pressoir à vin, à huile.*
N.B. – *La presse :* les journaux et les magazines. Ils sont imprimés sur des machines appelées *presses* – *L'impression* d'un journal.

UN SIGNE [nom]
Un signe de tête de droite à gauche exprime un refus ; un doigt tendu est le signe d'un ordre.
DÉF. : geste destiné à communiquer avec quelqu'un. Les signes sont conventionnels : les gens se sont mis d'accord sur leur sens.
N.B. – *Un signe de richesse :* une marque – + *est le signe de l'addition :* un symbole.

◆ Famille – *Un signal de détresse – Signaler un danger :* attirer l'attention sur lui – *La signalisation routière – Le signalement d'un individu – Une fiche signalétique – Signer une lettre – Une signature – Le signataire :* celui qui a signé – *Signifier :* avoir pour sens – *La signification – Significatif(ive).*
N.B. – *Je lui signifie de sortir :* je lui ordonne de.

◆ Expression – *Ne pas donner signe de vie :* ne pas donner de nouvelles – *Fais-moi signe* à ton retour : prends contact avec moi.

SE TAPIR [verbe]
Arthur se tapit sous l'escalier.
DÉF. : se cache en se ramassant sur lui-même = se blottit, se terre.

TORTILLER, SE TORTILLER [verbe]
1. *Juliette a la manie de tortiller ses cheveux.*
DÉF. : tordre plusieurs fois une chose souple.
2. *Lorsqu'elle marche, elle tortille des hanches.*
DÉF. : les bouge de droite à gauche, en ondulant.
3. *Il se tortille sur sa chaise.*
DÉF. : se tourne et s'agite de façon désordonnée.

◆ Famille – *Un tortillon :* tout objet qui a été tortillé – *Un tortillement de hanches – Entortiller une ficelle autour d'une plante – Un tortillard :* petit train faisant de nombreux détours.

◆ Expressions – *Entortiller quelqu'un :* le séduire avec adresse – *Des phrases entortillées :* compliquées.

CONTRÔLEZ VOS CONNAISSANCES

(corrigé p. 281)

Jeu de mains

Voici un texte dans lequel l'auteur a eu la main lourde.
À vous de l'alléger en remplaçant les expressions en italique par leurs équivalents qui vous sont proposés dans le tableau ci-dessous.

☐ aider	☐ directement	☐ avoir de la chance
☐ prit part au travail	☐ d'apprendre	☐ était généreux
☐ mendier	☐ se réjouit	☐ assurer de sa sincérité
☐ était maladroit	☐ se mit au travail	☐ renoncer à ses fonctions
☐ bredouille	☐ était paresseux	☐ l'y obliger
☐ très vite	☐ se chargea de l'affaire	☐ fît tous ses efforts
☐ je peux agir en toute liberté		☐ ne pas vouloir s'en mêler

Lorsqu'on proposa ce travail de magasinier à Émile, nul n'eut besoin de *lui forcer la main* .... **1**. Au contraire, il *se frotta les mains* .... **2** et *prit son courage à deux mains* .... **3**. Comme Émile n'était pas quelqu'un qui *avait un poil dans la main* .... **4**, il pensa qu'il exécuterait les tâches qui lui seraient confiées *en un tour de main* .... **5**. Seulement voilà : il s'agissait de transporter de la vaisselle, et Émile *avait la main malheureuse* .... **6** ; bien qu'il *fît des pieds et des mains* .... **7** pour que tout aille bien, il brisait tout ce qu'il touchait. Bref, il avait besoin *de se faire la main* .... **8**.

Loin de *s'en laver les mains* .... **9**, le patron de l'entreprise *prit l'affaire en main* .... **10**, *mit la main à la pâte* .... **11**, bien décidé à *prêter la main à* .... **12** Émile.

En vain : Émile continuait à tout casser. Il avait beau *mettre sa main sur son cœur* .... **13**, on était en droit de penser qu'il le faisait exprès. Émile finit par décider de *passer la main* .... **14**. Son patron, qui *avait le cœur sur la main* .... **15**, voulut lui donner malgré tout de l'argent *de la main à la main* .... **16**, mais Émile trouva honnête de refuser.

Comme il s'apprêtait à rentrer chez sa femme *les mains vides* .... **17**, il faillit s'asseoir sur le trottoir et *tendre la main* .... **18**. «Et puis non, se dit-il, au moins, maintenant, *j'ai les mains libres* .... **19** !»

Et il alla jouer aux cartes avec ses copains. Là, il espérait *avoir la main heureuse* .... **20** !

174

La santé – La maladie

Le docteur Knock et l'instituteur

Le docteur Knock veut trouver des malades, même parmi les bien portants.

KNOCK – Je parie qu'ils boivent de l'eau sans penser aux milliards de bactéries qu'ils avalent à chaque gorgée.

BERNARD – Oh! certainement.

KNOCK – Savent-ils même ce que c'est qu'un microbe?

BERNARD – J'en doute fort! Quelques-uns connaissent le mot, mais ils doivent se figurer qu'il s'agit d'une espèce de mouche.

KNOCK *(il se lève)* – C'est effrayant. Écoutez, cher monsieur Bernard, nous ne pouvons pas, à nous deux, réparer en huit jours des années de… disons d'insouciance. Mais il faut faire quelque chose.

BERNARD – Je ne m'y refuse pas. Je crains seulement de ne pas vous être d'un grand secours.

KNOCK – Monsieur Bernard, quelqu'un qui est bien renseigné sur vous, m'a révélé que vous aviez un grave défaut: la modestie. Vous êtes le seul à ignorer que vous possédez ici une autorité morale et une influence personnelle peu communes. Je vous demande pardon d'avoir à vous le dire. Rien de sérieux ici ne se fera sans vous.

BERNARD – Vous exagérez, docteur.

KNOCK – C'est entendu! Je puis soigner sans vous mes malades. Mais la maladie, qui est-ce qui m'aidera à la combattre, à la débusquer? Qui est-ce qui instruira ces pauvres gens sur les périls de chaque seconde qui assiègent leur organisme? Qui leur apprendra qu'on ne doit pas attendre d'être mort pour appeler le médecin?

BERNARD – Ils sont très négligents. Je n'en disconviens pas.

KNOCK *(s'animant de plus en plus)* – Commençons par le commencement. J'ai ici la matière de plusieurs causeries de vulgarisation, des notes très complètes, de bons clichés, et une lanterne *(un projecteur)*. Vous arrangerez tout cela comme vous savez le faire. Tenez, pour débuter, une petite conférence, toute écrite, ma foi, et très agréable, sur la fièvre typhoïde, les formes insoupçonnées qu'elle prend, ses véhicules innombrables: eau, pain, lait, coquillages, légumes, salades, poussières, haleine, etc., les semaines et les mois durant lesquels elle couve sans se trahir, les accidents mortels qu'elle déchaîne soudain, les complications redoutables qu'elle charrie à sa suite…

BERNARD *(le cœur chaviré)* – C'est que… Je suis très impressionnable… Si je me plonge là dedans, je n'en dormirai plus.

Jules ROMAINS,
Knock ou *Le triomphe de la médecine*,
Acte II, sc. 2, (1923), © Gallimard.

la santé [nom]

1. *Elle est resplendissante de santé.*
DÉF. : bon fonctionnement du corps humain à un moment donné ≠ la maladie.

2. *Sa santé ne lui permet pas d'accepter ce travail.*
DÉF. : fonctionnement du corps et de l'esprit sur une longue période = la constitution.

◆ Famille – *Un corps sain, un esprit sain* ≠ *malade* – *Des idées saines :* bonnes moralement – *Une nourriture saine :* qui favorise la bonne santé ≠ *malsaine* – *Sainement* – *Assainir des terres marécageuses :* les rendre plus saines – *Leur assainissement* – *Un service sanitaire :* qui s'occupe de la santé et de l'hygiène publiques – *Les sanitaires :* toutes les installations d'hygiène qui utilisent l'eau (salle de bain, W.C., etc.).

◆ Expressions – *Une petite santé :* une santé fragile, délicate ≠ *une santé de fer* – *Boire à la santé de quelqu'un :* trinquer en son honneur, en lui souhaitant une bonne santé – *Être sain et sauf :* en bon état physique après un danger, un accident – *Se refaire une santé :* se rétablir, retrouver ses forces – *Il en a, une santé ! :* du toupet, de l'audace.

la maladie [nom]

Son corps est affaibli par la maladie.

DÉF. : mauvais état de l'organisme (ensemble des organes) ou mauvais fonctionnement du corps sur une période plus ou moins longue = une affection ≠ la santé.

◆ Famille – *Le mal de mer* (nom) – *Avoir mal :* souffrir – *Être mal* (adverbe) – *Un malade* (nom) – *Être malade* (adjectif) – *Un être maladif :* qui a tendance à être fréquemment malade – *Maladivement* – *Un malaise :* sensation pénible mais vague d'un trouble physique ou moral.

◆ Expressions – *La maladie de la vitesse :* la manie, la folie – *Une curiosité maladive :* anormale, excessive et incontrôlable = morbide – *Une maladie diplomatique :* un malaise avancé comme prétexte pour éviter une obligation ennuyeuse – *En faire une maladie :* être très contrarié de quelque chose – *Se trouver mal :* s'évanouir – *Être au plus mal :* être à la dernière extrémité, près de mourir – *Il y a plus de peur que de mal :* le danger a été très grand, mais sans conséquences.

◆ Locution – *Aux grands maux, les grands remèdes :* quand le mal est grave, il faut le traiter énergiquement.

EXERCICES

Testez-vous ! (corrigé p. 281)

1. Un enfant chétif :
    a. dont l'aspect physique révèle une bonne santé ☐
    b. qui ne tient pas en place ☐
    c. qui paraît faible, peu développé ☐
    d. sens ignoré ☐

2. La contagion :
    a. sorte de maladie causée par des microbes ☐
    b. transmission d'une maladie déclarée à des personnes
    bien portantes ☐
    c. guérison d'une maladie grave ☐
    d. sens ignoré ☐

3. Une maladie héréditaire :
    a. qui s'est déclarée pendant la grossesse de la mère et
    que l'enfant avait en naissant ☐
    b. qui lui a été transmise par les générations précédentes ☐
    c. que le corps médical ne connaît pas ☐
    d. sens ignoré ☐

4. Une inflammation du genou :
    a. une brûlure ☐
    b. une opération ☐
    c. chaleur, rougeur, douleur provoquées par une maladie ☐
    d. sens ignoré ☐

5. Une curiosité morbide :
    a. traduit des goûts malsains, maladifs ☐
    b. est si développée qu'elle rend malade ☐
    c. porte sur tout ce qui touche à la mort ☐
    d. sens ignoré ☐

6. Des séquelles :
    a. béquilles pour marcher ☐
    b. troubles qui restent après un accident ou une maladie ☐
    c. aides médicales et sociales ☐
    d. sens ignoré ☐

7. Des microbes virulents :
    a. qui sont très actifs ☐
    b. qui ne touchent que les hommes ☐
    c. qui provoquent une maladie sans gravité ☐
    d. sens ignoré ☐

Utilisez vos connaissances (corrigé p. 281)

À l'aide des définitions en italiques, complétez chaque phrase avec l'un des mots placés dans l'encadré ci-dessous. Attention aux accords !
On ne prend pas l'air souffreteux : on se penche avec vigueur sur le vocabulaire des pages 180 et 181.

☐ une affection	☐ endolori	☐ l'hygiène	☐ souffreteux
☐ chétif	☐ une épidémie	☐ une inflammation	☐ un symptôme
☐ la contagion	☐ exténué	☐ morbide	☐ la vigueur
☐ la convalescence	☐ fébrile	☐ une sclérose	☐ virulent
☐ la diète	☐ héréditaire	☐ des séquelles	☐ la vitalité

1. *Transmission d'une maladie à des personnes bien portantes.*
La grippe fait parfois des ravages, car elle s'attrape par ....

2. *Maladie qui frappe un grand nombre de personnes dans une même région et au même moment.*
Après les catastrophes naturelles, on craint toujours les ....

3. *Qui traduit des goûts malsains, maladifs.*
Un copain de Grégoire fait preuve, dans ses rédactions, d'une imagination .... qui surprend son professeur.

4. *Qui est de santé fragile et fréquemment souffrant.*
Un garçon de la classe d'Arthur est un enfant .... qui est souvent absent.

5. *Période où l'on retrouve force et santé.*
Gabriel n'est resté que huit jours en clinique mais sa .... sera longue.

6. *Qui paraît faible, peu développé.*
On est étonné d'apprendre que cet athlète international était un enfant ....

7. *Force, énergie d'une personne en pleine santé.*
Il faut beaucoup de .... pour être alpiniste.

8. *Qui traduit l'existence de la fièvre.*
Ses tremblements .... l'ont enfin décidé à appeler le médecin.

9. *Qui fait mal.*
Arthur vient de tomber et montre son genou .... à Mélanie.

10. *Durcissement d'un organe ou d'un tissu organique.*
Il est reconnu que l'excès de tabac provoque une .... des poumons.

11. *Maladie.*
Il s'en sortira, mais l'............ dont il souffre est sérieuse.

12. *Très fatigué.*
Il est .... chaque fois qu'il arrive chez lui, au quatrième étage sans ascenseur.

13. *Force et intensité de l'énergie d'une personne.*
Seul le professeur de gymnastique apprécie la .... d'Arthur !

14. *Troubles ou handicaps qui persistent après une maladie ou un accident.*
Quand un enfant a un accident, l'essentiel est qu'il n'en garde pas de ....

15. *Qui se transmet des parents aux descendants.*
Depuis quelques années, la recherche médicale fait d'immenses progrès dans le domaine des maladies ....

16. *Réaction entraînée par une infection.*
L'............ de sa plaie nécessite des antibiotiques.

17. *Causé par des microbes très actifs.*
La grippe espagnole s'est montrée très .... au début du xxe siècle.

18. *L'ensemble des principes et des pratiques destinés à maintenir ou à améliorer la santé.*
Contrairement à ce que l'on pense souvent, les gens du Moyen-Âge avaient des règles d'............ .

19. *Manifestation extérieure d'une maladie.*
Lorsque le malade lui a décrit les .... de ce dont il souffrait, le médecin a tout de suite posé son diagnostic.

20. *Privation totale ou partielle de nourriture.*
Juliette se trouve trop grosse et a décidé de se mettre à la .... pendant un jour !

*Arthur n'a rien d'un enfant **chétif**. Depuis sa **maladie** il a retrouvé toute sa **vitalité** : il faut voir avec quelle **vigueur** il fait de la balançoire !*

VOCABULAIRE

UNE AFFECTION [nom]
*Il est atteint d'une **affection** nerveuse.*
DÉF. : atteinte d'une partie du corps à un moment donné = une maladie.
ATTENTION ! ne pas confondre avec infection : atteinte de l'organisme par des microbes.
N.B. – *Éprouver de l'**affection** pour quelqu'un :* un sentiment d'amitié ou d'amour.

CHÉTIF (IVE) [adj. qual.]
*Maltraitée par les Thénardier, Cosette était une pauvre enfant **chétive**.*
DÉF. : qui paraissait faible, peu développée = malingre ≠ robuste, vigoureux(euse).
N.B. – *Une récolte **chétive** :* peu importante = dérisoire, maigre (QUANTITÉ).

LA CONTAGION [nom]
*Arthur a la varicelle et ne peut venir à l'école car on craint la **contagion**.*
DÉF. : transmission d'une maladie d'une personne malade à une personne bien portante = la contamination.
N.B. – *La **contagion** du fou rire :* sa transmission – *Un rire **contagieux*** (COMMUNICATION).
   ◆ Famille – *Une maladie **contagieuse**.*

LA CONVALESCENCE [nom]
*Gabriel est maintenant sorti de clinique et il est en **convalescence** dans une maison de repos.*
DÉF. : période où l'on retrouve force et santé ≠ la rechute.
   ◆ Famille – *Une personne **convalescente** – Un **convalescent** – Une **convalescente**.*

LA DIÈTE [nom]
*Après mon indigestion, je me mets à la **diète**.*
DÉF. : privation totale ou partielle de nourriture pour des raisons de santé = le régime.
   ◆ Famille – *La **diététique** :* science des régimes alimentaires équilibrés – *Une alimentation **diététique** :* qui vise à un bon équilibre nutritionnel – *Un **diététicien** (Une **diététicienne**) :* spécialiste de la diététique.

ENDOLORI [part. passé]
*Juliette a beaucoup marché avec ses chaussures neuves et elle a les pieds **endoloris**.*
DÉF. : rendus douloureux.
   ◆ Famille – *La **douleur** :* mal physique ou moral aigu – ***Endolorir** :* rendre douloureux – *Une blessure **douloureuse** :* qui fait mal – *Des soins **indolores** :* qui ne font pas mal.

N.B. – *Elle a eu la **douleur** de perdre son fils* (SENTIMENT) – *Présenter ses **condoléances** à quelqu'un lors d'un décès :* témoignage de sympathie devant la douleur de quelqu'un (VIE-MORT).

UNE ÉPIDÉMIE [nom]
*Après le tremblement de terre, on craint une **épidémie** de choléra.*
DÉF. : maladie qui frappe un grand nombre de personnes dans une région, à un certain moment.
ATTENTION ! une *endémie* est une maladie qui se manifeste dans une région, en permanence.
   ◆ Famille – *Une maladie **épidémique**.*

EXTÉNUÉ [part. passé]
*Après avoir fait des courses en ville, Mélanie est rentrée chez elle **exténuée**.*
DÉF. : très fatiguée = épuisée ≠ ragaillardie.
   ◆ Famille – *Ses petits-enfants vont l'**exténuer** :* l'épuiser – *S'**exténuer** à crier – Des travaux **exténuants**.*

FÉBRILE [adj. qual.]
*Sa grippe s'est d'abord manifestée par un accès **fébrile**.*
DÉF. : qui traduit l'existence de la fièvre = fiévreux (euse).
   ◆ Famille – *La **fièvre** :* montée anormale de la température du corps.
   ◆ Expressions – *Une attente **fébrile**, une personne **fébrile** :* pleine d'excitation, d'énervement – *La **fébrilité** d'une personne – Réagir **fébrilement**.*

HÉRÉDITAIRE [adj. qual.]
*Une maladie du sang, l'hémophilie, est une maladie **héréditaire**.*
DÉF. : qui se transmet des parents aux descendants = génétique (transmise par les gènes).
ATTENTION ! une maladie *congénitale* : contractée par l'enfant pendant la grossesse de sa mère.
N.B. – *Une monarchie, une fonction **héréditaires** :* qui se transmettent à un descendant par succession – *Un ennemi **héréditaire** – Une haine **héréditaire** :* transmise par des parents ou des ancêtres par tradition – *Faire un **héritage** – **Hériter** – Être l'**héritier** de ses parents* (SOCIÉTÉ).
   ◆ Famille – *L'**hérédité** explique certaines ressemblances des parents et des enfants – **Héréditairement**.*

L'HYGIÈNE [nom fém.]
L'hygiène s'est nettement développée grâce aux installations sanitaires modernes.
DÉF. : principes et pratiques destinés à maintenir ou à améliorer la santé = la propreté.

◆ Famille – *Une promenade hygiénique :* favorable à la santé – *Des habitudes antihygiéniques :* contraires à l'hygiène.

UNE INFLAMMATION [nom]
L'inflammation de ma gorge est sans doute le signe que j'ai une angine.
DÉF. : ensemble des réactions liées à l'apparition de certaines maladies : chaleur, douleur, rougeur, enflure...

◆ Famille – *Une flamme* – *Une gorge enflammée* est dans un état *inflammatoire* – *Des anti-inflammatoires :* médicaments destinés à lutter contre l'inflammation.
N.B. – *Des produits inflammables :* qui s'enflamment facilement ≠ *ininflammable.*

MORBIDE [adj. qual.]
1. *Son état morbide exige qu'il aille chez le médecin.*
DÉF. : relatif à la maladie = pathologique ≠ sain.
2. *L'intérêt que l'on porte aux faits divers relève souvent d'une curiosité morbide.*
DÉF. : qui traduit des goûts malsains, maladifs.
N.B. – *Un livre, un film morbide :* qui satisfait la tendance à s'intéresser aux choses malsaines.

LA SCLÉROSE [nom]
Il souffre de la sclérose d'une artère.
DÉF. : durcissement d'un organe ou d'un tissu.

◆ Famille – *Un organe sclérosé* = durci – *Ses artères risquent de se scléroser.*

DES SÉQUELLES [nom, fém. plur.]
Gabriel est heureux : on vient de lui apprendre qu'il ne gardera pas de séquelles de son accident.
DÉF. : troubles ou handicaps qui persistent après une maladie ou un accident.

SOUFFRETEUX (EUSE) [adj. qual.]
C'est une personne souffreteuse qui refuse de voyager.
DÉF. : qui est de santé fragile et fréquemment souffrante = maladive ≠ florissante, gaillarde.

◆ Famille – *La souffrance :* moins aiguë qu'une douleur mais plus durable – *Souffrir :*

avoir mal, physiquement ou moralement – *Une personne souffrante :* légèrement malade – *Être le souffre-douleur de ses camarades :* personne qui est exposée aux mauvais traitements, aux moqueries et aux méchancetés.

UN SYMPTÔME [nom]
La fièvre est le symptôme principal de la grippe.
DÉF. : manifestation extérieure d'une maladie = un indice, un signe.

◆ Famille – *Une crise d'éternuements est symptomatique d'une allergie.*

LA VIGUEUR [nom]
Gabriel a un certain âge, mais il a encore toute la vigueur d'un adulte.
DÉF. : force, énergie d'une personne en pleine santé = la puissance, la robustesse, la vitalité.
N.B. – *La vigueur de la pensée, la vigueur de l'expression :* leur force ≠ leur faiblesse (VIE INTELLECTUELLE) – *La vigueur d'un trait, d'un coloris :* leur netteté = leur fermeté (VIE ARTISTIQUE) – *Une loi en vigueur :* en usage.

◆ Famille – *Un homme vigoureux* – *Protester vigoureusement* – *Être revigoré par une boisson revigorante :* qui redonne de la vigueur.

VIRULENT [adj. qual.]
«Fais attention si tu vas lui rendre visite : les microbes de la grippe sont virulents !»
DÉF. : très actifs, dangereux ≠ inoffensifs (ives).

◆ Famille – *La virulence d'un microbe* – *Le virus de la grippe :* le germe qui la déclenche – *Une maladie virale :* due à un virus.
◆ Expression – *Une critique virulente :* très violente.

LA VITALITÉ [nom]
La vitalité du chanteur sur scène enthousiasme ses admirateurs.
DÉF. : force et intensité de son énergie = le dynamisme, la vigueur ≠ l'apathie, la mollesse.
N.B. – *Une question vitale :* essentielle, capitale (IMPORTANCE).

◆ Famille – *La vie* – *Le minimum vital :* qui est indispensable pour vivre – *Les vitamines :* substances indispensables à la survie du corps – *Il souffre d'avitaminose :* manque, carence de vitamines – *Dévitaliser une dent :* boucher les vaisseaux qui la font vivre.

POUR EN SAVOIR PLUS

(corrigé p. 281)

une ablation	action d'enlever un organe par la chirurgie.
amnésique	qui a perdu tout ou partie de la mémoire.
un analgésique	remède qui supprime la douleur.
l'anémie	état de faiblesse causé par un nombre insuffisant de globules rouges du sang.
l'anesthésie	suppression de la sensibilité à la douleur.
l'anorexie	perte ou diminution de l'appétit.
aphone	qui n'a plus de voix.
immuniser	rendre résistant à une infection microbienne.
impotent	qui ne peut pas se déplacer.
incurable	qui ne peut pas être guéri.
une indigestion	digestion qui se fait mal et qui rend malade.
indisposer	altérer légèrement la santé.
indolore	qui ne cause pas de douleur.
inerte	qui ne donne pas signe de vie.
infirme	privé d'une des fonctions corporelles.
insalubre	malsain, qui nuit à la santé.
inanition	épuisement par manque de nourriture.
une insomnie	absence anormale de sommeil.
invalide	qui ne peut mener une vie active en raison de sa mauvaise santé.
invulnérable	qui ne peut pas être blessé.

Choisissez dans les vingt mots ci-dessus, les dix mots qui manquent dans les phrases suivantes. Ils commencent tous par les préfixes *in-* ou *a-* qui indiquent un manque ou une absence.

1. Ne t'inquiète pas, tu ne vas pas avoir mal : l'examen qu'on va te faire est ....

2. Le choc lui a fait perdre la mémoire : le voilà ....

3. Ma pauvre grand-mère ne peut plus du tout se déplacer : elle est ....

4. Elle a tellement forcé sa voix qu'à la fin de la journée elle est ....

5. On ne pourra pas le sauver : sa maladie est ....

6. Les régions marécageuses ne sont guère bonnes pour la santé : l'air y est souvent ....

7. Dans l'accident, il a reçu le volant dans l'abdomen et les chirurgiens ont dû pratiquer l'............ de la rate.

8. Il est en trop mauvaise santé pour travailler : il est reconnu comme ....

9. Il a de sérieux problèmes de sommeil : ses .... sont fréquentes.

10. Achille était ...., sauf au talon ; c'est d'ailleurs là qu'il reçut une blessure mortelle.

La vie – La mort

La découverte de la vie

L'enfant vivait au pays des merveilles, à l'ombre de ses parents, demi-dieux pleins de perfections. Mais voici l'adolescence, et soudain, autour de lui, se rétrécit, s'obscurcit le monde. Plus de demi-dieux : le père se mue en un despote blessant ; la mère n'est qu'une pauvre femme. Non plus hors de lui, mais en lui, l'adolescent découvre l'infini : il avait été un petit enfant dans le monde immense ; il admire, dans un univers rétréci, son âme démesurée. Il porte en lui le feu, un feu qu'il nourrit de mille lectures et que tout excite. Certes les examens le brident […]. Mais, enfin muni de diplômes, que fera-t-il ?

Il sent en lui sa jeunesse comme un mal, ce mal du siècle qui est, au vrai, le mal de tous les siècles depuis qu'il existe des jeunes hommes et qui souffrent. Non, ce n'est pas un âge « charmant ». Donnons un sens grave, peut-être tragique, au vieux proverbe : « Il faut que jeunesse se passe ». Il faut guérir de sa jeunesse ; il faut traverser sans périr ce dangereux passage.

Un jeune homme est une immense force inemployée, de partout contenue, jugulée par les hommes mûrs, les vieillards. Il aspire à dominer, et il est dominé ; toutes les places sont prises, toutes les tribunes occupées.

François MAURIAC,
Le jeune homme (1926), © Grasset.

Une mort inacceptable

L'auteur évoque avec attendrissement la petite tante, vieille demoiselle très pieuse, qui n'accepte pas la mort de son neveu.

Les cinq jours qui séparèrent la mort de papa du Nouvel An, elle les passa dans une sorte de transe entrecoupée de phases d'un total abattement. On la surprenait prostrée sur une chaise, la tête penchée en avant comme son Jésus, presque bossue, mains croisées sur le giron de son informelle jupe noire, la pointe des pieds effleurant à peine le sol, l'air absent, comme si la réalisation brutale de l'événement provoquait une disjonction* dans le champ de ses pensées. Son esprit avait beau s'interroger, il se cabrait devant cette mort, refusait d'intégrer l'impensable. Et puis, sur une impulsion, elle repartait dans ses activités secrètes avec une énergie décuplée. Elle disait qu'elle s'occupait de tout, qu'en ce qui concernait les obsèques, elle s'arrangeait avec monsieur le curé pour le choix des textes, de la musique, des fleurs, et avec Julien pour le cimetière. Nous pouvions pleurer tranquilles, elle se chargeait du reste.

Jean ROUAUD,
Les Champs d'honneur (1990), © Éd. de Minuit.

* *Une séparation, une cassure.*

Sommaire

FICHES D'ENTRÉE

la vie [nom]

1. *Tout compte fait, sa vie n'aura guère été heureuse.*
DÉF. : temps écoulé de la naissance à la mort.

2. *La vie que mène cette femme n'a rien d'extraordinaire.*
DÉF. : existence d'un être vivant et toutes ses activités.

3. *Sa déception amoureuse est pour lui une dure expérience de la vie.*
DÉF. : des événements tels que l'homme les ressent intérieurement.

4. *La vie d'un pays, d'une société, d'une association, des étoiles…*
DÉF. : le monde, humain ou non, dans son évolution.

◆ Famille – **Vivre** – **Vivant** – **Survivre :** rester en vie – *La* **survie** – *Un* **survivant** – *La* **vitalité** *d'une personne* – *Une fonction* **vitale** – *L'air marin va le* **vivifier :** lui donner de la vitalité – *Un air* **vivifiant** – *On le voit* **vivoter :** vivre au ralenti = végéter – *Un enfant, une entreprise* **viable :** qui peut vivre.

N.B. – *Une question* **vitale :** de très grande importance = primordiale (IMPORTANCE).

◆ Expressions – **Une question de vie ou de mort :** un problème d'une très grande gravité – *La* **vie de bohème :** vie irrégulière et sans souci – *La* **vie de château,** *la* **grande vie :** vie très confortable et très agréable.

◆ Locutions – **À la vie (et) à la mort :** pour toujours – **Jamais de la vie ! :** jamais.

la mort [nom]

1. *Après la mort de son père, le jeune homme a pris sa succession.*
DÉF. : fait de cesser de vivre = le décès.

2. *Si la banque lui refuse ce prêt, ce sera la mort de sa société.*
DÉF. : la fin, la destruction d'une chose ou d'une activité = la ruine.

◆ Famille – *Un* **mort** *(une* **morte***)* – *Un oiseau* **mort** – *La* **mortalité :** rapport entre le nombre de morts en une année et l'ensemble de la population dans une région donnée – *Des hommes* **mortels** ≠ *des dieux* **immortels** – *L'***immortalité** *des dieux* – *Une blessure* **mortelle** – **Mortellement** – *Une cérémonie, une couronne* **mortuaire**.

◆ Expressions – **Être à l'article de la mort :** à l'agonie, près de mourir – **La mort dans l'âme :** contre son gré – **Mourir de sa belle mort :** de mort naturelle – **Souffrir mille morts :** endurer des souffrances terribles – **Faire le mort :** ne pas agir.

EXERCICES

Testez-vous ! (corrigé p. 281)

1. L'ascendance d'une personne :
- **a.** l'ensemble des personnes de sa famille qui sont nées après lui ☐
- **b.** l'ensemble des personnes de sa famille qui sont nées avant lui ☐
- **c.** les caractères physiques qu'elle a transmis à ses enfants ☐
- **d.** sens ignoré ☐

2. Concevoir un enfant :
- **a.** prendre la décision d'avoir un enfant ☐
- **b.** imaginer comment il sera une fois né ☐
- **c.** lui donner la vie ☐
- **d.** sens ignoré ☐

3. Un acte fatal :
- **a.** entraîne la mort ou la ruine ☐
- **b.** est accompli lors d'un enterrement ☐
- **c.** est constructif pour l'avenir ☐
- **d.** sens ignoré ☐

4. Un homicide :
- **a.** une personne qui ressemble beaucoup à une autre, son sosie ☐
- **b.** la naissance d'un enfant ☐
- **c.** un assassinat ☐
- **d.** sens ignoré ☐

5. La natalité :
- **a.** le nombre de naissances en une année par rapport à toute la population d'une région ☐
- **b.** le moment même de la naissance d'un enfant ☐
- **c.** le nombre d'enfants issus d'un même couple ☐
- **d.** sens ignoré ☐

6. La nécrologie :
- **a.** un écrit qui raconte la vie d'une personne qui vient de mourir ☐
- **b.** l'étude d'un cadavre, une autopsie ☐
- **c.** l'étude des maladies mortelles ☐
- **d.** sens ignoré ☐

7. Une allure virile :
- **a.** qui est pleine de vie ☐
- **b.** qui est très masculine ☐
- **c.** qui est celle d'un enfant et non d'un adulte ☐
- **d.** Sens ignoré ☐

EXERCICES

Utilisez vos connaissances (corrigé p. 281)

À l'aide des définitions en italiques, complétez chaque phrase avec l'un des mots placés dans l'encadré ci-dessous. Attention aux accords et conjugaisons!
Allons, ce n'est pas la mort! Ne vous montrez pas puéril et acceptez d'aller vous aider du vocabulaire des pages 188 et 189.

☐ l'agonie	☐ le développement	☐ la maturité	☐ puéril
☐ l'ascendance	☐ fatal	☐ la natalité	☐ quadragénaire
☐ un cadavre	☐ funèbre	☐ la nécrologie	☐ sénile
☐ concevoir	☐ une génération	☐ posthume	☐ une sépulture
☐ le deuil	☐ un homicide	☐ la progéniture	☐ viril

1. *Donner la vie.*
Victor et Mélanie ont .... Juliette, Grégoire et Arthur.

2. *Période qui suit la jeunesse et où l'individu est parvenu à son complet développement.*
Les œuvres peintes par Rembrandt dans sa .... sont admirables.

3. *Qui est caractéristique d'un enfant et non d'un adulte.*
Dans cette situation tragique, ses plaintes .... étaient exaspérantes.

4. *Nombre de naissances en une année par rapport au chiffre total de la population dans un pays ou une région.*
C'est le travail des démographes d'étudier le taux de .... dans les diverses régions du monde.

5. *Signes montrant qu'on a perdu quelqu'un de proche.*
Si Gabriel meurt avant Amandine, elle en portera le .... tout le reste de sa vie.

6. *Dont l'âge est compris entre 40 et 49 ans.*
Mozart n'était pas encore .... lorsqu'il est mort.

7. *Derniers moments avant la mort.*
Son .... n'a guère été longue et il a peu souffert.

8. *Ensemble des individus qui ont à peu près le même âge.*
Molière et La Fontaine appartiennent à la même ....

9. *Écrit dans lequel est rappelée la vie d'une personne qui vient de mourir.*
La plupart des journaux tiennent déjà prête la .... des personnes célèbres et âgées.

10. *Assassinat d'une personne.*
Le témoin apporta des preuves accablantes : le suspect fut inculpé d'............ .

11. *Le corps d'une personne morte.*
Dans certains films de science-fiction, on voit des .... se lever !

12. *Lieu où est déposé le corps d'un mort.*
Une fosse commune a été, semble-t-il, la .... de Mozart.

13. *Qui entraîne la mort, mortel.*
En reculant pour prendre une photo, il est tombé dans un ravin ; sa chute lui a été ....

14. *Qui a lieu après la mort de la personne concernée.*
La gloire .... de Van Gogh est immense.

15. *Pour une personne, l'ensemble des générations de sa famille qui ont vécu avant elle.*
Lui dont l'............ était extrêmement modeste, est devenu très célèbre.

16. *Qui est affaibli par l'âge.*
Gabriel a très peur de devenir .... quand il sera vieux.

17. *Qui se rapporte à la mort.*
Le cortège .... se déplaçait lentement vers le cimetière.

18. *Qui est propre au sexe masculin.*
Grégoire voudrait se laisser pousser la moustache pour se donner l'air plus ....

19. *Croissance.*
Victor et Mélanie surveillent l'alimentation de leurs enfants pour leur garantir un bon
....

20. *Ensemble des enfants issus d'une même personne.*
On peut le voir tous les dimanches promener sa .... au Jardin des Plantes.

L'**ascendance** de Victor est réduite aujourd'hui à Gabriel et Amandine. Sa **progéniture** : Juliette, Grégoire et Arthur. Il attend avec impatience la quatrième **génération**.

VOCABULAIRE

UNE AGONIE [nom]
L'agonie de l'empereur a été très longue.
DÉF. : moments douloureux où l'organisme lutte contre la mort avant qu'elle ne se produise.

◆ Famille – *Une personne* **agonisante** = moribonde – **Agoniser**.

L'ASCENDANCE [nom fém.]
Elle a les cheveux très blonds et le teint très clair : c'est dû à son **ascendance** *nordique.*
DÉF. : toutes les générations de personnes de sa famille qui ont vécu avant elle ≠ la descendance, la postérité, la lignée.

◆ Famille – *Les* **ascendants** : les ancêtres ≠ les **descendants**.

N.B. – *Le mouvement* **ascendant** : montant – *Exercer un* **ascendant** *sur quelqu'un :* une influence, un pouvoir (DÉPENDANCE).

UN CADAVRE [nom]
On a trouvé un **cadavre** *dans la forêt.*
DÉF. : un corps mort, une dépouille.

◆ Famille – *Une raideur* **cadavérique**.

CONCEVOIR [verbe]
Ses parents **ont conçu** *Arthur en été.*
DÉF. : lui ont donné la vie = l'ont engendré.

N.B. – *Concevoir :* comprendre (PENSÉE).

◆ Famille – *La* **conception** *d'un enfant – Un* **contraceptif** *évite de concevoir un enfant – Une campagne* **anticonceptionnelle** *dans un pays surpeuplé.*

LE DEUIL [nom]
1. *La mort de ce jeune est un* **deuil** *pénible.*
DÉF. : douleur que l'on éprouve à la mort de quelqu'un.
2. *Vêtue tout en noir, elle semble* **être en deuil**.
DÉF. : porter les signes indiquant que l'un de ses proches est mort.
3. *Le père du jeune homme conduit le* **deuil**.
DÉF. : cortège funèbre lors des obsèques = l'enterrement.

◆ Famille – **Endeuiller**.

LE DÉVELOPPEMENT [nom]
Le **développement** *de cet enfant est normal.*
DÉF. : fait qu'il grandisse = la croissance.

N.B. – *Le* **développement** *d'une entreprise :* son essor, son extension (IMPORTANCE, VALEUR) – *Le* **développement** *des idées :* l'exposé.

◆ Famille – **Développer** – *Le corps se* **développe** *jusqu'à l'âge adulte* – **Développer** *les capacités des élèves :* les faire croître.

FATAL [adj. qual.]
1. *Cet accident lui a été* **fatal**.
DÉF. : a entraîné sa mort = a été mortel.
2. *Il roulait beaucoup trop vite et il a eu un accident : c'était* **fatal** *!*
DÉF. : inévitable = inéluctable.

◆ Famille – **Fatalement** = inévitablement – *La* **fatalité** : 1) le destin 2) le caractère inévitable d'un événement 3) un hasard malheureux = une malédiction – *Le* **fatalisme** : fait de croire à la fatalité – *Un être* **fataliste** – *Un moment* **fatidique** : marqué par le destin.

FUNÈBRE [adj. qual.]
La famille se réunit pour la veillée **funèbre**.
DÉF. : qui se rapporte à la mort = mortuaire.

◆ Famille – *Les* **funérailles** : cérémonie qui accompagne l'enterrement = les obsèques – *Un monument* **funéraire**.

UNE GÉNÉRATION [nom]
1. *Mon arrière-grand-mère est heureuse de recevoir les trois* **générations** *de sa famille.*
DÉF. : descendants du même degré (enfants ou petits-enfants ou arrière-petits-enfants).
2. *La* **génération** *des jeunes aime s'amuser.*
DÉF. : ensemble des individus qui ont à peu près le même âge.

N.B. – *La* **génération** : la reproduction.

◆ Famille – *Un* **gène** : élément des cellules du corps responsable d'un caractère héréditaire – *Une maladie* **génétique** – *La* **généalogie** : la lignée des ancêtres ou son étude – *La* **progéniture** – *Un* **génocide** : l'extermination d'un groupe d'hommes – *La* **genèse** : la création.

UN HOMICIDE [nom]
L'accusé est condamné pour **homicide**.
DÉF. : acte de tuer un homme, crime = un assassinat.

◆ Famille – *Le suffixe* **-cide** *signifie :* qui tue – *Un acte* **homicide** – **Fratricide** : qui tue son frère ou sa sœur – **Parricide** : qui tue son père – **Matricide** : qui tue sa mère – **Régicide** : qui tue un roi – *Un* **suicide** : action de se tuer soi-même.

LA MATURITÉ [nom]
*À 30 ans, il a enfin atteint la **maturité**.*
DÉF. : période où l'on est parvenu à son complet développement = l'âge mûr, la force de l'âge.
N.B. – *La **maturité** du fruit :* le fait d'être mûr.

◆ Famille – *Un homme **mûr** – **Mûrir** – Une personne **immature** :* sans maturité d'esprit – *La **maturation** :* le fait de mûrir.

LA NATALITÉ [nom]
*Le taux de **natalité** a tendance à baisser.*
DÉF. : nombre de naissances par rapport au chiffre global de la population dans une durée et dans un espace donnés ≠ la mortalité.

◆ Famille – *Le pays **natal** :* où l'on est né – *Des allocations **prénatales** :* avant la naissance du bébé – *La **dénatalité** :* la diminution des naissances.
N.B. – *La **Nativité** :* la naissance (RELIGION).

LA NÉCROLOGIE [nom]
1. *Le meilleur ami du mort a écrit sa **nécrologie**.*
DÉF. : petit écrit dans lequel est rappelée la vie d'une personne qui vient de mourir.
2. *Amandine lit tous les jours la **nécrologie** dans son journal.*
DÉF. : avis des décès publié par un journal.

◆ Famille – *Une notice **nécrologique** – Une **nécropole** :* un vaste cimetière – *Une **nécrose** :* la mort de tissus vivants (MALADIE).

POSTHUME [adj. qual.]
1. *Le Temps des amours est une œuvre **posthume** de Marcel Pagnol.*
DÉF. : publiée après la mort de son auteur.
2. *Ce peintre a une célébrité **posthume**.*
DÉF. : qui se manifeste après sa mort.

◆ Famille – ***Inhumer** – Une **inhumation** :* un enterrement, les obsèques – ***Exhumer** un corps :* le sortir de terre – *Une **exhumation**.*

LA PROGÉNITURE [nom]
*Victor est très fier de sa **progéniture**.*
DÉF. : ensemble des enfants issus des mêmes parents = la descendance ≠ les ascendants.

◆ Famille – ***Engendrer** = concevoir – Un **géniteur** – L'appareil **génital** – Une maladie **congénitale** :* que l'on a dès la naissance – *Un être **dégénéré** :* qui a perdu les qualités de ses ancêtres – *La **dégénérescence** –*

***Régénérer** :* renouveler en redonnant les qualités perdues – *La **régénération**.*

PUÉRIL [adj. qual.]
1. *Ses traits **puérils** lui donnent du charme.*
DÉF. : qui sont ceux d'un enfant = enfantins.
2. *Grégoire tient des propos **puérils**.*
DÉF. : qui sont ceux d'un enfant et qui manquent de profondeur = infantiles ≠ mûrs.

◆ Famille – *Agir **puérilement** – La **puérilité** d'une attitude – La **puériculture** – Une **puéricultrice** s'occupe des jeunes enfants.*

(UN) QUADRAGÉNAIRE [nom ou adj. qual.]
*C'est **un quadragénaire** en pleine forme !*
DÉF. : personne dont l'âge est compris entre quarante et quarante-neuf ans.

◆ Famille – *Le frère de Victor est **quinquagénaire** :* âgé de cinquante à cinquante-neuf ans – ***Sexagénaire** :* âgé de soixante à soixante-neuf ans – ***Septuagénaire** :* âgé de soixante-dix à soixante-dix-neuf ans – ***Octogénaire** :* âgé de quatre-vingts à quatre-vingt-neuf ans – ***Nonagénaire** :* âgé de quatre-vingt-dix à quatre-vingt-dix-neuf ans.

SÉNILE [adj. qual.]
1. *Il est agité de tremblements **séniles**.*
DÉF. : qui sont liés à la vieillesse.
2. *Il est très âgé mais n'est absolument pas **sénile**.*
DÉF. : atteint, affaibli dans ses facultés intellectuelles et sa conduite ≠ vert, juvénile.

◆ Famille – *La **sénilité**.*

UNE SÉPULTURE [nom]
*On vient de placer le défunt (le mort) dans sa **sépulture**.*
DÉF. : lieu où est déposé le cercueil = la tombe.

◆ Famille – *Le **sépulcre** du Christ :* son tombeau – ***Sépulcral** :* du tombeau.

VIRIL [adj. qual.]
1. *Il développe ses muscles pour paraître **viril**.*
DÉF. : qui est propre à l'homme, au sexe masculin = masculin ≠ féminin.
2. *Certaines formes d'éducation visent à développer les qualités **viriles**.*
DÉF. : qu'on attribue plus spécialement aux hommes (courage, énergie…).

◆ Famille – *Faire preuve de **virilité** – Agir **virilement**.*

189

(corrigé p. 281)

Manières de dire, manières de mourir

Chacune des phrases ci-dessous expriment l'idée de *mourir*. Mais elles appartiennent à des niveaux de langue bien différents !
Selon vous, à quel niveau de langue appartient chacune d'elles :

a. soutenu ou littéraire   **b.** courant   **c.** familier

1. J'ai lu dans le journal que le motard avait clamsé.

2. Je n'avais pas envie de m'en aller les pieds devant et plantai là mon poursuivant.

3. La victime est décédée hier des suites de ses blessures.

4. Le chanteur a succombé dans un accident d'avion.

5. Elle pleurait son amant descendu au tombeau.

6. Tu devrais moins sortir le soir, tu vas y laisser ta peau.

7. C'est dans la misère que l'actrice a terminé ses jours.

8. Oui, hélas, mon aimée a perdu la lumière.

9. Je souffrais atrocement de ma blessure, mais pas question de déposer le bilan !

10. Notre arrière-grand-mère nous a quittés après une courte maladie.

Une racine féconde

La racine – *gén* – indique l'idée de naissance, de famille, de descendance, de généra-tion. En associant une, deux, ou trois étiquettes à celle qui contient l'élément – *gén* – vous pouvez découvrir 13 mots qui l'utilisent. Trouvez-en le plus possible ! Attention : préfixes et suffixes sont mélangés.

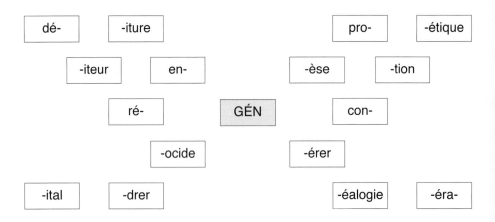

La vie intérieure

INTRODUCTION

la vie intérieure

Les grands romanciers français des XIXe et XXe siècles se sont beaucoup intéressés à la **vie intérieure.**

DÉF. : vie de l'esprit, c'est-à-dire la mémoire, le raisonnement, l'intelligence, la volonté, la sensibilité, les sensations et les perceptions, ainsi que les sentiments. On dit aussi la **vie morale** ou la **vie mentale** (TERME PLUS SCIENTIFIQUE).

la vie morale

1. *Gabriel fait preuve d'une grande force **morale*** (adj.).
DÉF. : qui est relative à l'esprit.

2. *Arthur est en pleine forme, au physique comme au **moral*** (nom).
DÉF. : ensemble des facultés de l'esprit.

N.B. – Le *moral* en ce sens est à distinguer de la morale : ensemble des règles de conduite déterminant le bien et le mal = l'éthique (Voir page 220).

3. *Juliette a bon **moral** avant son bac.*
DÉF. : état d'esprit d'une personne face à la fatigue et au danger, à ce qui est redouté.

◆ Expressions – **Avoir le moral** (FAM.) : voir les choses positivement = être optimiste – **Avoir le moral à zéro** : ne pas avoir le moral, être **démoralisé.**

la vie mentale

*Gabriel a été perturbé par son accident, mais son état **mental** reste bon.*
DÉF. : qui est relatif au fonctionnement de l'esprit = psychique.

◆ Famille – *Une maladie **mentale** :* de l'esprit – *Le calcul **mental** :* qui se fait de tête – *Calculer **mentalement** – Grégoire est un peu paresseux mais a une bonne **mentalité** :* ensemble des manières d'agir et de penser de quelqu'un.

Les sentiments

Qu'il m'aime!

À la fin d'un repas où il y a des invités, Denis, jeune adolescent, observe son père, célèbre chirurgien.

Denis observa son père d'un regard intense, derrière ses longs cils noirs, en penchant la tête. Il se trouvait légèrement déconcerté par cet homme de quarante-cinq ans, élégant et musclé, au visage bronzé que trop de minutes pathétiques, où la vie dépendait d'un geste, avaient creusé de rides – et qui, cependant, restait éclairé d'une jeunesse et d'une force triomphantes. Denis aimait les traits de son père, sans l'avoir jamais dit à personne. Il aimait le menton un peu trop carré, l'expression attentive des yeux bleus, calmes et froids dans le sourire, et ce sourire lui-même qui plissait le visage en lui prêtant l'expression fugitive de la bonté. « Je donnerais ma vie pour que papa fasse un jour une imprudence – n'importe quelle imprudence ! »

Puis il en revint au lancinant problème des adultes, « qui ne sont pas d'accord et qui nous montrent mollement, d'un signe de la main, trente six mille routes parmi lesquelles ils nous laissent choisir et nous débrouiller, les vaches ! » Denis cultivait ce genre de méditations. Il en goûtait les voluptés amères, silencieuses, qui nourrissaient au fond de lui une vie dont il n'avait pas conscience : le désespoir.

Au salon, Mme Prullé-Rousseau fit servir le café dans des tasses de Sèvres, et les alcools dans des verres en baccarat. Elle surveillait avec angoisse les évolutions de maître Martincourt, lequel avait tendance à éparpiller les cendres d'un cigare sur le mobilier Empire ou le tapis de la Savonnerie. Dans un coin de la vaste pièce, une harpe étendait ses fils comme une toile d'araignée géante, et l'on disait qu'elle avait servi aux doigts blancs de la reine Hortense.

« Denis, mon vieux, rien de neuf au collège ? » demanda le docteur à son fils, d'une voix chaude qui entraînait la sympathie des hommes, la confiance des malades et le péché des femmes. Denis regarda son père, une lueur d'espoir dans les yeux. « Est-ce que vraiment ça l'intéresse ? »

…(Denis informe alors son père de l'arrivée d'un nouveau professeur)…

Un sourire vague errait depuis un instant sur le visage du docteur, qui tapota l'épaule de son fils, regarda l'heure à son bracelet-montre et se tourna vers ses hôtes. Denis le suivit d'un regard où s'exprimèrent brusquement une tristesse, une déception profondes. Puis il ferma les yeux à demi, comme il avait accoutumé de le faire dans ses colères silencieuses, quitta le salon sans prendre congé de personne – et descendit quatre à quatre l'escalier somptueux du vieil hôtel Louis XIV.

« Il n'a même pas entendu ma dernière phrase ! »

Le garçon traversa le vestibule pavé de carreaux noirs et blancs, disposés en damier. « Il a joué au père devant les autres, pendant trois minutes… »

Michel de SAINT-PIERRE,
Les nouveaux aristocrates (1961),
© Calmann-Lévy.

la sensibilité [nom]

*Juliette a une grande **sensibilité**.*

DÉF. : disposition à être facilement touchée, émue, à éprouver émotions et sentiments.

N.B. – *J'ai une grande **sensibilité** au froid* : disposition physique à éprouver des sensations.

◆ Famille – ***Sentir – Ressentir – La sensiblerie*** : excès de sensibilité – *Une jeune fille **sensible, hypersensible*** = émotive, impressionnable – *Être **sensible** aux misères* : facilement ému ≠ *Être **insensible** – **Sensibiliser** l'opinion* : faire en sorte qu'elle soit touchée, émue par un problème – *La **sensibilisation** de l'opinion.*

N.B. – *Être **sensible** à la douleur* (VIE PHYSIQUE) – *Des progrès **sensibles*** : que l'on peut ressentir, remarquer – *Des mouvements **insensibles*** : trop faibles pour être remarqués – ***Insensiblement*** : peu à peu (IMPORTANCE).

un sentiment [nom]

*L'amour, la tristesse, la fierté sont des **sentiments**.*

DÉF. : mouvement ou état de la sensibilité plus ou moins forts et durables, provoqués par des impressions extérieures ou des pensées.

L'émotion, elle, est brève et violente.

Les sensations, perçues par les organes des sens, sont des informations sur le monde extérieur ; elles peuvent ensuite susciter des sentiments.

N.B. – *Je vais **vous donner mon sentiment*** : vous dire ce que je pense (PENSÉE – JUGEMENT).

◆ Famille – ***Sentir, ressentir*** : éprouver – *Une personne **sentimentale*** : pour qui les sentiments ont beaucoup d'importance – *Un roman **sentimental*** : d'amour – *Réagir **sentimentalement*** : selon ses sentiments – *La **sentimentalité*** (péjoratif) : importance excessive donnée aux sentiments.

N.B. – *Un **dissentiment** = une **dissension*** : un désaccord (ACCORD-OPPOSITION).

une émotion [nom]

*Quand Gabriel a eu son accident, l'**émotion** a fait s'évanouir Amandine.*

DÉF. : trouble violent de la sensibilité.

◆ Famille – ***Émouvoir*** : toucher la sensibilité par une émotion ou un sentiment (surtout la pitié ou la sympathie) – ***S'émouvoir*** : être ému – *Un spectacle **émouvant*** – *Un **émoi*** : une agitation, une émotion, un trouble – *Être **émotif*** : ressentir très fortement les émotions = être impressionnable – *L'**émotivité** – Une réaction **émotionnelle*** : inspirée par l'émotion.

L'amour – Le bonheur

Chanson

Quel jour sommes-nous
Nous sommes tous les jours
Mon amie
Nous sommes toute la vie
Mon amour
Nous nous aimons et nous vivons
Nous vivons et nous nous aimons
Et nous ne savons pas ce que c'est que la vie
Et nous ne savons pas ce que c'est que le jour
Et nous ne savons pas ce que c'est que l'amour.

Jacques PRÉVERT,
Paroles (1948), © Gallimard.

Inséparables

Dès que j'entrai en classe, Conrad se leva et vint s'asseoir près de moi. Son plaisir à me voir était si sincère, si évident, que moi-même, avec ma défiance innée, je perdis toute crainte. D'après ses propos, il était clair qu'il avait parfaitement dormi et n'avait pas un seul instant douté de ma sincérité. Je me sentis honteux de l'avoir jamais soupçonné.

Nous fûmes dès lors inséparables. Nous quittions toujours l'école ensemble – nos domiciles se trouvant dans la même direction – et il m'attendait tous les matins. Étonnée au début, toute la classe prit bientôt notre amitié pour argent comptant, sauf Bollacher, qui nous surnomma plus tard « Castor et Pollack », et le Caviar, qui décida de nous tenir à l'écart.

Fred UHLMAN,
L'ami retrouvé (1971), © Gallimard.

Sommaire

l'amour [nom masc.]

1. *L'amour de Tristan et Iseut est devenu légendaire.*
DÉF. : élan à la fois physique et sentimental qui porte un être humain vers un autre = l'affection, la passion ≠ la haine.

2. *L'amour de Mélanie pour ses enfants est parfois un peu excessif.*
DÉF. : affection entre les membres d'une famille.

3. *L'amour de la musique tient une grande place dans la vie de Juliette.*
DÉF. : goût très vif pour une chose ou une activité, attachement à une idée = la passion ≠ l'aversion.

4. *Des organisations viennent en aide aux pays sous-développés par **amour** de l'humanité.*
DÉF. : sentiment qui porte à s'intéresser aux autres = l'altruisme, la philanthropie.

N.B. – *Des **amours** enfantines :* amours est féminin au pluriel – *Un **Amour** figure sur ce tableau :* représentation du dieu mythologique de l'amour (Éros chez les Grecs, Cupidon chez les Romains), sous la forme d'un enfant portant des flèches.

◆ Famille – ***Aimer*** – *Roméo est **amoureux*** – *Être **amoureux** de peinture :* être amateur de peinture – ***Amoureusement*** – ***S'amouracher** d'une femme* (péj.) : tomber amoureux d'elle de façon peu sérieuse – *Une **amourette** :* un amour qui n'est pas sérieux – *Un **amant** :* au XVIIᵉ siècle, celui qui aime ; de nos jours, celui qui a des relations sexuelles, qui a une maîtresse – *L'**amour-propre** :* la fierté, la crainte du jugement des autres – *Une personne **aimable** :* agréable.

◆ Expressions – ***Faire l'amour** :* avoir des relations sexuelles – ***Filer le parfait amour** :* s'aimer longtemps en se désintéressant du reste du monde – *Vivre **d'amour** et d'eau fraîche :* sans s'occuper des problèmes matériels.

le bonheur [nom]

1. *Quand Juliette sort avec lui, Roméo connaît des moments de **bonheur**.*
DÉF. : état de pleine satisfaction intérieure qu'on éprouve quand ce que l'on désire se réalise = la félicité, la joie ≠ le malheur, la douleur.

2. *Nous avons eu le **bonheur** de trouver le soleil dès notre arrivée.*
DÉF. : la chance (circonstances favorables) ≠ la malchance, la déveine.

◆ Famille – *Roméo est **heureux*** – ***Heureusement*** – *Un **porte-bonheur** :* objet qui est censé porter chance.

◆ Expressions, locution – ***Au petit bonheur la chance** :* au hasard – ***Ne pas connaître son bonheur** :* ignorer la chance qu'on a, ou ne pas savoir l'apprécier – *Joli pull ! Il va faire le **bonheur** de Juliette :* lui faire plaisir – ***Porter bonheur** :* apporter la chance – ***Par bonheur** :* par chance.

EXERCICES

Testez-vous ! (corrigé p. 282)

1. Avoir de l'**estime** pour son professeur :
          a. une tendance à le rejeter ☐
          b. du respect pour lui parce qu'il a de la valeur ☐
          c. une attitude familière avec lui ☐
          d. sens ignoré ☐

2. L'**euphorie** :
          a. un état de bien-être, une griserie ☐
          b. la fierté de se sentir fort ☐
          c. une excitation incontrôlée ☐
          d. sens ignoré ☐

3. Être en **extase** :
          a. attendre avec impatience ☐
          b. avoir une joie telle qu'on ne peut plus respirer ☐
          c. admirer ou aimer au point de tout oublier ☐
          d. sens ignoré ☐

4. Exercer une **fascination** :
          a. faire naître un sentiment de rejet ☐
          b. charmer, séduire, au point de faire perdre la tête ☐
          c. insister pour obtenir ce que l'on désire ☐
          d. sens ignoré ☐

5. **Avoir pitié** de quelqu'un :
          a. être fatigué de s'en occuper ☐
          b. être attristé de ses malheurs et désirer lui venir en aide ☐
          c. appeler sur lui l'aide de Dieu ☐
          d. sens ignoré ☐

6. La **sérénité** :
          a. un état de calme, sans trouble ni ennui ☐
          b. une gaieté extrême qui donne envie de chanter ☐
          c. la douceur de l'atmosphère, le soir ☐
          d. sens ignoré ☐

7. La **sympathie** :
          a. un repli sur soi-même et sur sa tristesse ☐
          b. une joie partagée par plusieurs personnes ☐
          c. une attirance instinctive pour quelqu'un ☐
          d. sens ignoré ☐

EXERCICES

Utilisez vos connaissances (corrigé p. 283)

À l'aide des définitions en italiques, complétez chaque phrase avec l'un des mots placés dans l'encadré ci-dessous. Attention aux accords et aux conjugaisons !
Vous n'adorez pas ce genre d'exercice ? Consultez le vocabulaire des pages 200 et 201. Cela vous aidera à travailler avec plaisir et sérénité.

☐ adorer	☐ la passion	☐ l'allégresse	☐ la joie
☐ l'affection	☐ la pitié	☐ l'enthousiasme	☐ la jouissance
☐ la confiance	☐ la reconnaissance	☐ l'euphorie	☐ le plaisir
☐ l'estime	☐ la sympathie	☐ l'extase	☐ le ravissement
☐ la fascination	☐ la tendresse	☐ la griserie	☐ la sérénité

1. *Aimer quelqu'un très fort comme s'il était un dieu.*
Fantine .... Monsieur Madeleine qui lui a promis de sauver Cosette.

2. *Sentiment causé par les souffrances d'une personne et qui porte à les soulager.*
Jean Valjean a .... de la pauvre Cosette et lui prend son lourd seau d'eau.

3. *Sentiment d'affection à l'égard d'une personne qui s'est dévouée pour vous.*
Jusqu'à sa mort, Fantine voue une immense .... à monsieur Madeleine.

4. *Sentiment de respect et d'affection envers une personne à qui l'on trouve de la valeur.*
Les habitants de Montfermeil avaient de l'............ pour Monsieur Madeleine, leur maire.

5. *Attirance envers une autre personne qui partage nos goûts.*
Cosette a tout de suite éprouvé de la .... pour Marius lorsqu'elle l'a rencontré.

6. *Amour très fort, très prenant.*
Une des filles Thénardier éprouvait une .... secrète pour Marius.

7. *Manifestation par des paroles et des gestes affectueux de l'amour qu'on éprouve pour quelqu'un.*
Chez les Thénardier, Cosette ne recevait aucune marque de ...., bien au contraire !

8. *Forme d'amour qui se manifeste envers un parent ou un ami.*
À la fin de sa vie, Jean Valjean s'est soustrait à l'............ de Cosette et de Marius, pour ne pas leur faire du tort.

9. *Sentiment de sécurité inspiré par une personne ou une chose en laquelle on croit.*
Fantine a toujours eu .... en Monsieur Madeleine.

10. *Attirance presque irrésistible, qui fait perdre le sens critique.*
Marius exerçait une véritable .... sur l'une des filles Thénardier.

11. *Admiration passionnée exprimée avec une excitation joyeuse.*
Vendredi est un être joyeux qui manifeste facilement son .... quand il fait d'heureuses découvertes.

12. *Bien-être physique et moral proche de la joie.*
Robinson se laisse gagner par l'............ de Vendredi.

13. *Sentiment de bonheur causé par un événement agréable et qui envahit tout l'être.*
Lorsque le navire qui aurait pu le ramener vers la civilisation s'éloigne, Robinson ressent une grande ....

14. *Sentiment que l'on éprouve quand on fait ce qui est agréable.*
Pour Vendredi, vivre a toujours été un .... Pour Robinson, au début, ce n'étaient que des devoirs.

15. *État d'esprit paisible, sans trouble.*
Robinson ne trouvait la .... que si Vendredi n'avait pas fait de bêtises.

16. *Sentiment de joie intense, d'enchantement.*
Le .... de Vendredi écoutant la harpe était si fort qu'il en demeurait immobile.

17. *État de joie, d'émerveillement qui fait oublier tout le reste.*
Lorsque Robinson se livre enfin à la caresse du soleil, il connaît un moment d'.............

18. *Excitation joyeuse comparable aux effets d'une légère ivresse.*
Vendredi éprouve une certaine .... à revêtir les cactus des beaux vêtements venant de la Virginie.

19. *Plaisir qu'on savoure pleinement et qui pénètre tout l'être.*
Vendredi a appris à Robinson les .... élémentaires de la mer et du soleil.

20. *Joie vive et légère qui se manifeste extérieurement.*
Robinson envie l'............ de Vendredi qui bondit, joyeux, dans les sentiers de l'île.

Mélanie a
la **passion**
de la cuisine.
Elle **adore** préparer
des repas de fête
qui suscitent
l'**enthousiasme**
de la famille…
Mais elle estime
que toute la famille
doit participer !

199

VOCABULAIRE

ADORER [verbe]
1. *Les Incas adoraient le Soleil.*
DÉF. : l'honoraient comme un dieu, lui rendaient un culte = idolâtraient, aimaient ≠ détestaient.
2. *Juliette adore la musique.*
DÉF. : l'aime passionnément.

◆ Famille – *Adorable* – *Adorablement* – *Les Incas étaient les adorateurs du Soleil* – *Roméo est en adoration devant Juliette.*

L'AFFECTION [nom fém.]
Victor éprouve beaucoup d'affection pour sa mère, Amandine.
DÉF. : forme d'amour qu'on ressent pour un parent ou un ami = la tendresse.

◆ Famille – *Affectueux* – *Affectueusement* – *La désaffection des jeunes pour la lecture :* perte de goût – *L'affectivité :* ensemble des sentiments et des émotions (TERME SCIENTIFIQUE) – *Une relation affective :* qui repose sur les sentiments.

LA CONFIANCE [nom]
Amandine a une totale confiance dans les médecins qui soignent Gabriel.
DÉF. : sentiment de sécurité inspiré par une personne ou une chose en laquelle on croit ≠ *la méfiance, la défiance.*

◆ Famille – *Amandine se fie aux médecins :* a confiance = est *confiante* – *Un bateau fiable* – *Sa fiabilité* – *Un(e) fiancé(e)* – *Confier* un bébé à une nourrice – *Se défier, se méfier* d'une personne – *Être méfiant* – *Avoir foi* en l'avenir : confiance – *Une personne digne de foi :* en qui on peut avoir confiance.

L'ESTIME [nom fém.]
L'estime de Victor pour un de ses anciens professeurs ne s'atténue pas malgré les années.
DÉF. : sentiment de respect et d'affection envers une personne à qui l'on trouve de la valeur = la considération ≠ le dédain, le mépris.

◆ Famille – *Estimer* – *Estimable* – *Sous-estimer* ≠ *Surestimer.*
N.B. – *Estimer* un tableau (VALEUR) – *Estimer* que les choses vont mal : juger (PENSÉE).

LA FASCINATION [nom]
Juliette exerce une véritable fascination sur Roméo.
DÉF. : attirance presque irrésistible, qui fait perdre tout sens critique = un enchantement.

◆ Famille – *Fasciner* – *Un être fascinant.*

LA PASSION [nom]
1. *Lamartine, poète romantique, a connu une grande passion.*
DÉF. : amour très fort et très prenant.
2. *Arthur a une vraie passion pour les jeux vidéo.*
DÉF. : attirance très forte, pour une activité ou un objet ≠ le désintérêt.

◆ Famille – *Passionnant* – *Un lecteur passionné* – *Un crime passionnel* – *Se passionner* pour les jeux vidéo – *Aimer passionnément* – *Une lutte politique passionnée* – *Dépassionner* un débat.

LA PITIÉ [nom]
Mélanie a pitié des enfants abandonnés dans certains pays du monde.
DÉF. : sentiment de tristesse face aux souffrances d'une personne, et qui porte à désirer les soulager = la compassion, la commisération.

◆ Famille – *Les enfants abandonnés apitoient Mélanie* – *S'apitoyer* sur les malheureux – *L'apitoiement* – *Un spectacle pitoyable :* qui inspire de la pitié – *Impitoyable :* qui n'éprouve pas de pitié, qui ne se laisse pas fléchir – *Impitoyablement.*

LA RECONNAISSANCE [nom]
Victor a une grande reconnaissance envers son père qui lui a permis de faire des études.
DÉF. : sentiment particulier d'affection, éprouvé envers quelqu'un qui s'est dévoué pour vous = la gratitude ≠ l'ingratitude.

◆ Famille – *Être reconnaissant* – *Reconnaître* les bienfaits dont on a bénéficié.

LA SYMPATHIE [nom]
Victor et Mélanie ont tout de suite ressenti de la sympathie pour leurs nouveaux voisins.
DÉF. : attirance pour une personne chez qui on pressent des goûts semblables aux siens = des affinités ≠ *l'antipathie,* l'aversion.

◆ Famille – *Sympathiser* avec ses voisins – *Sympathique* ≠ *antipathique.*

LA TENDRESSE [nom]
Arthur exprime sa tendresse pour sa mère.
DÉF. : manifestation d'amour ou d'affection par des paroles ou des gestes affectueux ≠ la froideur.

◆ Famille – *Arthur est un tendre* – *Mélanie est tendre avec ses enfants :* sensible, douce, affectueuse – *Un petit bébé est attendrissant* – *On se laisse attendrir.*

L'ALLÉGRESSE [nom fém.]
Le défilé du Carnaval se déroule dans une atmosphère d'allégresse.
DÉF. : joie vive et légère qui se manifeste extérieurement, entrain joyeux = la gaieté.

◆ Famille – *Une personne allègre :* pleine d'entrain – *Allégrement.*

L'ENTHOUSIASME [nom masc.]
Le but de la victoire déchaîne l'enthousiasme des supporters.
DÉF. : admiration passionnée manifestée avec une excitation joyeuse = l'exaltation ≠ l'abattement.

◆ Famille – *Enthousiasmer – Les supporters s'enthousiasment – Des supporters enthousiastes – Un match enthousiasmant.*

L'EUPHORIE [nom fém.]
Grégoire et ses coéquipiers sont arrivés en pleine euphorie après avoir gagné le match.
DÉF. : bien-être physique et moral proche de la joie ≠ l'angoisse.

◆ Famille – *Des joueurs euphoriques.*

L'EXTASE [nom fém.]
Cosette est en extase devant la poupée que lui tend Jean Valjean.
DÉF. : état de joie, d'émerveillement, qui fait oublier tout le reste = la félicité, le ravissement.

◆ Famille – *Cosette est extasiée – S'extasier :* exprimer sa joie, son admiration.

LA GRISERIE [nom]
Quand Grégoire part en moto avec son copain, ils se laissent aller à la griserie de la vitesse.
DÉF. : excitation joyeuse, comparable aux effets d'une légère ivresse.

◆ Famille – *Se laisser griser par le succès :* étourdir au point d'être déraisonnable – *Un succès grisant – Son échec risque de le dégriser :* faire tomber son excitation.
N.B. – *Gris :* ivre – *Griser, se griser :* (s')enivrer.

LA JOIE [nom]
Amandine éprouve une grande joie quand elle apprend que Gabriel sera vite guéri.
DÉF. : sentiment de bonheur envahissant tout l'être = la jubilation ≠ le chagrin, la douleur, la tristesse, la peine.

◆ Famille – *Amandine est joyeuse – Joyeusement.*

LA JOUISSANCE [nom]
Coucher à la belle étoile en montagne est pour Grégoire une véritable jouissance.
DÉF. : plaisir qu'on savoure pleinement, qui pénètre tout l'être (plus souvent lié aux sensations que la joie) = la délectation, la volupté.

◆ Famille – *Jouir* (2e groupe) : *Grégoire jouit de sa nuit passée à la belle étoile – Jouir* (sans complément) : éprouver un plaisir sexuel – *Réjouir :* rendre joyeux = égayer ≠ affliger, attrister – *Se réjouir :* être joyeux – *Avoir un air réjoui – Un jouisseur :* personne qui ne pense qu'à prendre du plaisir.

LE PLAISIR [nom]
Victor et Mélanie ont beaucoup de plaisir à se promener en forêt avec leurs amis.
DÉF. : sentiment moins profond que la joie, qu'on éprouve à faire ce qui plaît, ce qui semble agréable = l'agrément.

◆ Famille – *Plaire – Une promenade plaisante :* agréable – *Une histoire plaisante :* qui fait rire – *Un plaisantin :* une personne qui fait des plaisanteries de mauvais goût.

LE RAVISSEMENT [nom]
Le ravissement de Juliette recevant un disque de son groupe préféré fait plaisir à voir.
DÉF. : sentiment de joie intense, d'admiration, de surprise heureuse ≠ la déception.

◆ Famille – *Ravir* (2e groupe) : *Juliette est ravie de son disque – Une jeune fille ravissante :* séduisante, très belle.
N.B. – *Ravir :* enlever par force ou par ruse – *Un ravisseur.*

◆ Expression, locution – *Je suis ravi de vous voir :* formule de politesse – *Elle chante à ravir :* de façon admirable.

LA SÉRÉNITÉ [nom]
Gabriel connaît des moments de sérénité.
DÉF. : état d'esprit calme, paisible, sans trouble = la quiétude, la paix ≠ l'agitation, l'anxiété.

◆ Famille – *Gabriel est serein :* placide, tranquille, paisible – *Il prend la vie sereinement – Il connaît des jours sereins :* paisibles, heureux – *Quand Arthur a peur, Mélanie doit le rasséréner :* lui faire retrouver son calme.
N.B. – *Un ciel serein :* sans nuages.

(corrigé p. 282)

De nombreux noms exprimant un sentiment se terminent par **-tion**. Retrouvez-en quelques-uns à l'aide des définitions proposées et placez-les dans la grille suivante. Prenez aussi les mots de sens voisin dans le vocabulaire.

1. Amour très fort, comme celui qu'on porte à un dieu.

2. Forme d'amour qu'on manifeste à un parent ou à un ami.

3. Plaisir qu'on savoure pleinement.

4. Attirance presque irrésistible.

5. Profond bonheur qui envahit tout l'être.

6. Admiration passionnée qui se manifeste par une excitation joyeuse.

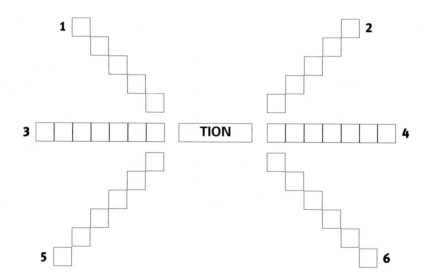

La colère – La douleur

La colère de Robinson

Lorsque Robinson sortit de la grotte où il était resté près de trente-six heures, il ne fut pas très surpris de ne plus retrouver Vendredi. Seul Tenn l'attendait fidèlement sur le seuil de la porte de la maison. Il avait d'ailleurs l'air gêné et coupable, ce pauvre Tenn, et c'est lui qui conduisit Robinson d'abord dans la plantation des cactus et des cactées où s'étalaient les plus beaux vêtements et tous les bijoux qui venaient de *La Virginie*, puis à la rizière où la récolte de l'année achevait de se dessécher au soleil. Robinson entra dans une grande colère. À tout hasard, il ferma la vanne d'évacuation de la rizière et ouvrit le canal d'alimentation. Peut-être les plants de riz voudraient-ils reprendre ? Ensuite il passa toute une journée à ramasser sur les cactus et les cactées, en se piquant cruellement les doigts, les vêtements et les bijoux qui étaient ce qu'il possédait de plus beau dans l'île. Il était d'autant plus furieux qu'il se sentait lui-même un peu coupable : s'il n'était pas descendu dans la grotte, tout cela ne serait pas arrivé.

Michel TOURNIER,
Vendredi ou la vie sauvage (1971),© Gallimard.

La tristesse de Yann

Yann, marin pêcheur, vient d'apprendre la mort de son ami Sylvestre, tué en Chine. Il est en campagne de pêche.

À contempler ce nuage, il sentait venir une tristesse profonde, angoissée, pleine d'inconnu et de mystère, qui lui glaçait l'âme ; beaucoup mieux que tout à l'heure, il comprenait maintenant que son pauvre petit frère ne reparaîtrait jamais, jamais plus ; le chagrin, qui avait été long à percer l'enveloppe robuste et dure de son cœur, y entrait à présent jusqu'à pleins bords. Il revoyait la figure douce de Sylvestre, ses bons yeux d'enfant ; à l'idée de l'embrasser, quelque chose comme un voile tombait tout à coup de ses paupières, malgré lui, – et d'abord il ne s'expliquait pas bien ce que c'était, n'ayant jamais pleuré dans sa vie d'homme. Mais les larmes commençaient à couler lourdes, rapides, sur ses joues ; et puis des sanglots vinrent soulever sa poitrine profonde.

Il continuait de pêcher très vite, sans perdre son temps ni rien dire, et les deux autres, qui l'écoutaient dans ce silence, se gardaient d'avoir l'air d'entendre, de peur de l'irriter, le sachant si renfermé et si fier…

Et la pensée que Sylvestre était resté là-bas, dans cette terre lointaine d'en-dessous, rendait son chagrin plus désespéré, plus sombre.

Avec son dédain des autres, il pleura sans aucune contrainte ni honte, comme s'il eût été seul…

Pierre LOTI, *Pêcheur d'Islande* (1886).

Sommaire

FICHES D'ENTRÉE 204
EXERCICES testez-vous !......................... 205
EXERCICES utilisez vos connaissances 206
VOCABULAIRE....................................... 208
CONTRÔLEZ VOS CONNAISSANCES.......... 210

la colère [nom]

*Grégoire s'est mis dans une **colère** incroyable parce qu'on lui a volé sa mobylette.*
DÉF. : mécontentement très violent non contrôlé = la fureur, la rage, la rogne (fam.), le courroux (littéraire) ≠ le calme.

◆ Famille – *Ne pas **décolérer** :* ne pas cesser d'être en colère – *Être **coléreux** ou **colérique** :* avoir tendance à se mettre facilement en colère = être irascible (CARACTÈRE).
◆ Expressions – ***Faire des colères*** (se dit pour les enfants) *:* avoir fréquemment des crises de colère – *Avoir des **accès de colère** :* avoir de brusques mouvements de colère – ***La colère des flots*** *:* leur déchaînement, leur fureur – *Être dans une **colère bleue, noire*** *:* une colère violente – *Une **colère froide*** *:* qui n'éclate pas – ***Passer sa colère sur quelqu'un*** *:* exprimer ce qu'on a sur le cœur, les reproches que l'on a à faire en s'en prenant à quelqu'un pour se libérer de sa colère.

la douleur [nom]

*La mort de son ami cause une grande **douleur** à Yann.*
DÉF. : sentiment très pénible causé par la perte de ce qu'on aime ou la non réalisation de ce que l'on désire = le chagrin, la peine, la souffrance, l'affliction ≠ la joie, le bonheur, le plaisir, l'euphorie.
N.B. – *Il ressent une vive **douleur** à la tête* (VIE PHYSIQUE).

◆ Famille – *Un événement **douloureux** :* qui cause une douleur morale – *Un regard **douloureux** :* qui exprime la douleur – *Ressentir **douloureusement** l'absence d'un ami.*

Testez-vous ! (corrigé p. 282)

1. L'amertume :
- **a.** tristesse causée par une injustice ☐
- **b.** pour un marin, regret de la mer ☐
- **c.** situation où l'on se sent ridicule ☐
- **d.** sens ignoré ☐

2. Le dépit :
- **a.** peur d'être poursuivi ☐
- **b.** souffrance causée par une blessure d'amour-propre ☐
- **c.** état momentané de tranquillité ☐
- **d.** sens ignoré ☐

3. La détresse :
- **a.** sentiment d'abandon et d'impuissance ☐
- **b.** colère face à l'indifférence des autres ☐
- **c.** vague souffrance qui passera vite ☐
- **d.** sens ignoré ☐

4. La frustration :
- **a.** relative indifférence, difficulté à éprouver des sentiments ☐
- **b.** sensibilité extrême qui fait facilement souffrir ☐
- **c.** souffrance ressentie parce qu'un besoin n'est pas satisfait ☐
- **d.** sens ignoré ☐

5. La nostalgie :
- **a.** souffrance causée par une dispute ☐
- **b.** regret du temps passé ☐
- **c.** grande colère de ne pas avoir obtenu ce qu'on souhaitait ☐
- **d.** sens ignoré ☐

6. La rancune :
- **a.** désir de se venger ☐
- **b.** douleur liée à une rupture ☐
- **c.** désir de demander une rançon ☐
- **d.** sens ignoré ☐

7. La xénophobie :
- **a.** haine ou peur des insectes ☐
- **b.** haine de ce qui est étranger ☐
- **c.** peur de la foule ☐
- **d.** sens ignoré ☐

EXERCICES

Utilisez vos connaissances (corrigé p. 282)

À l'aide des définitions en italiques, complétez chaque phrase avec l'un des mots placés dans l'encadré ci-dessous. Attention aux accords !
Ne vous laissez pas aller au désespoir face à cet exercice. En cas de détresse, reportez-vous au vocabulaire des pages 208 et 209.

☐ l'animosité	☐ la jalousie	☐ l'amertume	☐ la frustration
☐ la contrariété	☐ le mépris	☐ le chagrin	☐ la mélancolie
☐ le dépit	☐ la misanthropie	☐ la déception	☐ navrer
☐ la fureur	☐ la rancune	☐ le désespoir	☐ la nostalgie
☐ l'indignation	☐ la xénophobie	☐ la détresse	☐ le tourment

1. *Colère et souffrance causée par une blessure d'amour-propre.*
Arthur a du .... d'être jugé trop jeune pour aller le soir au théâtre avec Juliette.

2. *Vive irritation causée par un scandale ou une injustice.*
L'annonce d'une interrogation-surprise soulève l'............ de toute la classe.

3. *Sentiment de mécontentement et d'irritation parce qu'on rencontre un obstacle.*
Grégoire a éprouvé une vive .... lorsque Mélanie lui a interdit d'aller danser.

4. *Souffrance causée par un amour exclusif.*
La .... de Roméo est évidente quand Juliette rit avec l'un de ses amis.

5. *Sentiment qui consiste à juger qu'une personne ne mérite pas d'estime ou d'attention.*
Au xixe siècle, les maîtres traitaient souvent leurs domestiques avec ....

6. *Souffrance d'une blessure morale qui donne envie de se venger.*
Grégoire a été ridiculisé par ses copains : il leur en garde ....

7. *Colère folle s'exprimant avec une très grande violence.*
Dans *L'Assommoir,* de Zola, Gervaise et Virginie se battent avec .... dans le lavoir.

8. *Antipathie violente qui se manifeste dans les comportements.*
L'............ de Coupeau, le mari de Gervaise, à l'égard de Lantier qui plaît à sa femme, est bien explicable.

9. *Sentiment d'hostilité à l'égard des étrangers.*
L'incendie de cet immeuble où les étrangers sont nombreux est une manifestation de ....

10. *Profonde haine pour le genre humain.*
La .... du vieil homme solitaire l'a conduit à agresser un jeune qui passait.

11. *Profonde tristesse.*
La mère de Jeff a du .... parce que son enfant a une vilaine cicatrice à la lèvre.

12. *Tristesse parce qu'on n'obtient pas ce qu'on espérait.*
Lorsqu'elle a été refusée au permis de conduire, Mélanie a éprouvé une violente ....

13. *Causer une peine très vive.*
Gabriel et Amandine seraient .... que Juliette échoue à son bac.

14. *Perte de tout courage.*
Le .... s'empara de Robinson lorsqu'il constata qu'il ne pouvait mettre son bateau à l'eau pour quitter l'île.

15. *Tristesse, abattement, dégoût de la vie.*
La .... est un sentiment fréquemment évoqué dans les œuvres des écrivains romantiques.

16. *Tristesse vague causée par le regret du pays natal.*
Exilé en Angleterre, Chateaubriand avait la .... de sa Bretagne natale.

17. *Souffrance causée par une déception ou un sentiment d'injustice.*
Eugénie Grandet lit avec .... la lettre de rupture de son cousin qui l'a séduite pour avoir son argent.

18. *Sentiment d'abandon et d'impuissance éprouvé dans une situation difficile.*
Quand vient l'hiver, les sans logis sont dans une terrible ....

19. *Souffrance ressentie parce qu'un besoin vital ne peut être satisfait.*
Les réfugiés qui ont perdu tous leurs biens éprouvent une vive ....

20. *Tracas, souci, préoccupation, angoisse qui occupe sans cesse l'esprit.*
Vendredi était devenu un véritable .... pour Robinson, tant il faisait de bêtises.

*Grégoire est partagé entre le **chagrin** et la **fureur** de s'être fait voler sa mobylette. Quelle **frustration** de devoir aller à pied à la veille des vacances !*

207

VOCABULAIRE

L'ANIMOSITÉ [nom fém.]
Dans la classe de Grégoire, Valentin ressent dou-loureusement l'animosité de ses camarades.
DÉF. : antipathie violente qui se manifeste dans les comportements = la malveillance, l'hostilité ≠ la bienveillance, la sympathie.

UNE CONTRARIÉTÉ [nom]
Quelle contrariété pour les élèves de ne pas partir en voyage scolaire !
DÉF. : sentiment de mécontentement et d'irritation (le plus souvent parce qu'on rencontre un obstacle) = un ennui ≠ un plaisir.
- Famille – *L'orage va contrarier nos projets :* y faire obstacle – *Des élèves contrariés* – *Un orage contrariant.*

LE DÉPIT [nom]
Grégoire ressent du dépit : son copain a préféré faire un exposé avec un autre plutôt qu'avec lui.
DÉF. : colère et souffrance causée par une blessure d'amour-propre = l'amertume, la rancœur.
- Famille – *Grégoire est dépité :* vexé.
- Locution – *En dépit de ses efforts :* malgré ses efforts.

LA FUREUR [nom]
1. *Lorsqu'il apprend que sa sœur est fiancée avec son ennemi, Horace laisse éclater sa fureur.*
DÉF. : colère folle s'exprimant avec une très grande violence = la rage, le courroux.
2. *James Dean est inoubliable dans le film* La Fureur *de vivre.*
DÉF. : passion violente, sans limite.
- Famille – *Horace est furieux* – *Se battre furieusement* – *Avoir un air furibond :* qui manifeste une grande fureur – *Un air furibard* (FAM.) – *Une Furie :* divinité des Enfers dans la mythologie – *Une mer en furie :* déchaînée.

L'INDIGNATION [nom fém.]
Accusé d'avoir triché, Arthur exprime son indignation à sa mère.
DÉF. : vive irritation ou colère causée par un scandale ou une injustice = la révolte.
- Famille – *L'accusation indigne Arthur* – *Il s'indigne* – *Il est indigné* – *Une protestation indignée* – *Un acte indigne :* méprisable, odieux, révoltant – *L'indignité d'une personne* – *Une personne indigne de confiance :* qui ne la mérite pas ≠ digne.

LA JALOUSIE [nom]
1. *Molière met en scène la jalousie des maris.*
DÉF. : souffrance et blessure d'amour-propre liées à la crainte que la personne aimée ne soit pas fidèle.
2. *La place de premier de son copain a excité la jalousie d'Arthur.*
DÉF. : dépit ou envie face aux succès d'un autre.
- Famille – *Un mari jaloux* – *Une femme jalouse* – *Surveiller sa femme jalousement.*

LE MÉPRIS [nom]
1. *Grégoire a tendance à éprouver du mépris pour ceux qui n'aiment pas le sport.*
DÉF. : sentiment qui consiste à juger qu'une personne ou une chose ne mérite pas d'estime ou d'attention = le dédain ≠ l'estime.
2. *L'alpiniste a fait preuve d'un mépris total du danger.*
DÉF. : un dédain, une indifférence ≠ un souci.
- Famille – *Mépriser une personne* – *Mépriser le danger* – *Un homme méprisé :* considéré avec mépris ≠ estimé – *Un homme méprisable :* qui mérite d'être méprisé – *Un sourire méprisant :* fier, qui exprime le mépris.
- Locution – *Au mépris du danger :* sans en tenir compte, en dépit de lui.

LA MISANTHROPIE [nom]
Dans une de ses pièces, Molière met en scène la misanthropie d'Alceste.
DÉF. : profonde haine pour le genre humain, c'est-à-dire pour les hommes et les femmes ≠ la philanthropie, la sociabilité.
- Famille – *Un misanthrope* – *Alceste est misanthrope* = asocial ≠ sociable.

LA RANCUNE [nom]
Grégoire a de la rancune contre son ami qui l'a délaissé.
DÉF. : souffrance d'une blessure morale qui persiste et donne envie de se venger = le ressentiment.
- Famille – *Être rancunier* (CARACTÈRE).

LA XÉNOPHOBIE [nom]
Des groupes extrémistes expriment ouvertement leur xénophobie.
DÉF. : sentiment d'hostilité à l'égard des étrangers = l'intolérance ≠ la tolérance.
- Famille – *Ces hommes sont xénophobes* – *Ils éprouvent des sentiments xénophobes.*

L'AMERTUME [nom fém.]
Grégoire se rend compte avec amertume que son meilleur ami le délaisse pour un autre copain.
DÉF. : souffrance causée par une déception ou un sentiment d'injustice = le dépit.

◆ Famille – *Se plaindre amèrement – Une défaite amère :* cruelle, douloureuse – *Des reproches amers :* inspirés par l'amertume = douloureux.

UN CHAGRIN [nom]
Arthur aura un gros chagrin quand il saura que son cochon d'Inde a disparu.
DÉF. : sentiment de profonde tristesse (Arthur est très malheureux) = la peine, la douleur, l'affliction.

◆ Famille – *La disparition de son cochon d'Inde va chagriner Arthur :* l'affliger = le navrer.

UNE DÉCEPTION [nom]
Si Juliette n'avait pas son baccalauréat, ce serait pour elle une grande déception.
DÉF. : sentiment de tristesse parce qu'on n'obtient pas ce qu'on veut = une désillusion, une déconvenue, un désappointement.

◆ Famille – *Décevoir* (conjugaison comme recevoir) : *un échec décevrait Juliette – Juliette serait déçue – Un bulletin scolaire décevant.*

LE DÉSESPOIR [nom]
Quand le naufragé vit qu'il ne pouvait pas regagner la côte à la nage, il se laissa aller au désespoir.
DÉF. : perte douloureuse de tout courage = le découragement, la détresse ≠ la confiance, l'espérance.

◆ Famille – *Désespérer – Se désespérer :* être rongé d'inquiétude ou se décourager – *Un désespéré :* une personne proche du suicide – *Des nouvelles désespérantes.*

◆ Expressions, locution – *Faire le désespoir de ses parents :* les désoler en ne répondant pas à leurs espérances – *L'énergie du désespoir :* effort immense pour triompher d'une grande difficulté – *Un malade dans un état désespéré :* qu'on n'espère plus sauver, mourant – *En désespoir de cause :* quand on a tout essayé sans résultat.

LA DÉTRESSE [nom]
La détresse des populations civiles prises dans les combats émeut toute la famille.
DÉF. : sentiment d'abandon et d'impuissance éprouvé dans une situation particulièrement pénible = le désarroi, la douleur, l'affliction.
N.B. – *Les organisations humanitaires s'efforcent de remédier à la détresse des populations civiles :* leur situation douloureuse, leur malheur, leur misère – *Un avion en détresse :* en situation périlleuse – *Des signaux de détresse.*

LA FRUSTRATION [nom]
La vie d'Anne Frank dans sa cachette est pleine de frustrations.
DÉF. : souffrances ressenties parce qu'un besoin vital ne peut être satisfait = la privation.

◆ Famille – *Frustrer – Anne se sent frustrée.*

LA MÉLANCOLIE [nom]
Juliette a des accès de mélancolie inquiétants.
DÉF. : tristesse, abattement, dégoût de la vie (elle a des idées noires) = la morosité.

◆ Famille – *Être mélancolique – Une chanson mélancolique, un regard mélancolique :* qui exprime la mélancolie – *Mélancoliquement.*

NAVRER [verbe]
L'accident de Gabriel a navré Victor et Mélanie.
DÉF. : leur a causé une peine très vive = les a attristés, affligés, désolés ≠ réconfortés.

◆ Famille – *Avoir un air navré – Une nouvelle navrante – Un malentendu navrant :* regrettable – *Un contretemps navrant :* contrariant.

LA NOSTALGIE [nom]
Gabriel et Amandine ont la nostalgie des petits bals du samedi soir de leur jeunesse.
DÉF. : tristesse vague causée par le regret du temps passé et, pour les exilés, par le regret du pays natal = l'insatisfaction, le regret.

◆ Famille – Une chanson **nostalgique**.

LE TOURMENT [nom]
1. *Amandine se fait du tourment pour Grégoire.*
DÉF. : tracas, souci, préoccupation qui agite sans cesse l'esprit = une inquiétude ≠ une consolation, un apaisement.

2. *Grégoire est un tourment pour Amandine.*
DÉF. : personne qui cause de graves soucis.

◆ Famille – *Tourmenter – Le vol qu'il a commis tourmente Jean Valjean – Un esprit tourmenté :* agité d'idées sombres – *Une époque tourmentée :* agitée, troublée – *Un paysage tourmenté :* très irrégulier ≠ plat – *Une tourmente :* une tempête.

(corrigé p. 282)

1. Les degrés de la douleur : Placez sur l'escalier les 10 mots ci-dessous du plus faible (en bas) au plus fort (en haut) – comme vous les sentez – puis comparez le résultat avec le corrigé.

amertume	chagrin	désespoir
détresse	frustration	mélancolie
être navré	nostalgie	
tourment	déception	

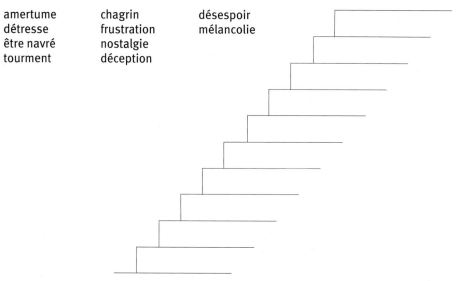

2. Les degrés de la colère : Placez sur l'escalier les 8 mots ci-dessous du plus faible (en bas) au plus fort (en haut) – comme vous les sentez – puis comparez le résultat avec le corrigé.

animosité	contrariété
dépit	fureur
indignation	jalousie
mépris	rancune

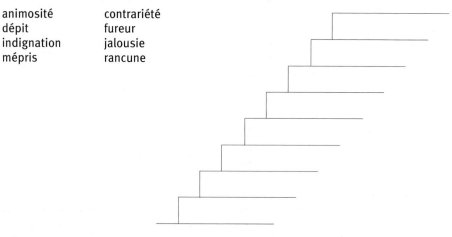

La peur et d'autres sentiments

Terreur dans les collines

Marcel, qui suivait son père parti à la chasse, s'est perdu dans les collines…

Soudain, une ombre passa sur le taillis. Je levai la tête, et je vis le condor*. Il était descendu du zénith, et il planait majestueusement: l'envergure de ses ailes me parut deux fois plus grande que celle de mes bras. Il s'éloigna, sur ma gauche. Je pensai qu'il était venu par curiosité pure, pour jeter un coup d'œil sur l'intrus qui osait pénétrer dans son royaume. Mais je le vis prendre un large virage en passant derrière moi et revenir sur ma droite: je constatai alors avec terreur qu'il décrivait un cercle dont j'étais le centre, et que ce cercle descendait peu à peu vers moi!

Alors, je pensai au vautour affamé qui suivit un jour, à travers la savane, le Chercheur de Pistes blessé, et sur le point de mourir de soif. «Ces féroces créatures suivent pendant des jours entiers le voyageur à bout de forces, et savent attendre patiemment sa dernière chute, pour arracher des lambeaux sanglants de sa chair encore palpitante.»

Je saisis alors mon couteau – que j'avais eu l'imprudence de remettre dans ma musette – et je l'aiguisai ostensiblement sur une pierre. Il me sembla que je n'étais pas à bout de forces, j'exécutai une danse sauvage, terminée par de grands éclats de rire sarcastiques, si bien répercutés par les échos du ravin qu'ils m'effrayèrent moi-même… Mais cet arracheur de lambeaux sanglants n'en parut pas intimidé, et reprit sa descente fatale. Je cherchai des yeux – ces yeux qu'il devait crever de son bec recourbé – un refuge: ô bonheur! À vingt mètres sur ma droite, une ogive s'ouvrait dans la paroi rocheuse. Je dressai mon couteau la pointe en l'air, et criant des menaces d'une voix étranglée, je me dirigeai vers l'abri de la dernière chance. Je marchais tout droit devant moi, à travers les cades et les romarins, les mollets déchirés par les petits kermès, dans le gravier des garrigues qui roulait sous mes pieds… L'abri n'était plus qu'à dix pas: hélas, trop tard! Le meurtrier venait de s'immobiliser, à vingt ou trente mètres au-dessus de ma tête: je voyais frémir ses ailes immenses, son cou était tendu vers moi… Soudain, il plongea, à la vitesse d'une pierre qui tombe. Fou de peur, et mes yeux cachés derrière mon bras, je me lançai à plat ventre sous un gros cade, avec un hurlement de désespoir. Au même instant retentit un bruit terrible, le bruit roulant d'un tombereau qui se décharge: une compagnie de perdrix s'envolait, épouvantée, à dix mètres devant moi, et je vis remonter l'oiseau de proie: d'un vol ample et puissant, il emportait dans ses serres une perdrix tressaillante, qui laissait couler dans le ciel une traînée de plumes désespérées.

Marcel Pagnol, *La Gloire de mon Père* (1957),
© Pastorelly, Monte Carlo.

* *Marcel remplace un banal oiseau de proie par le condor de ses lectures.*

Sommaire

la peur [nom]

*La **peur** d'Anne Frank dans sa cachette était malheureusement justifiée.*

DÉF. : état émotif violent causé par un danger immédiat ou à venir = la crainte, la frayeur, la terreur, l'appréhension ≠ la bravoure, le courage, l'intrépidité.

◆ Famille – *Un petit garçon **apeuré** :* qui a très peur – *Il se blottit **peureusement** contre sa mère* – *Un garçon **peureux** :* craintif, poltron (CARACTÈRE).

◆ Expressions – ***Avoir une peur bleue, être vert de peur, être mort de peur :*** éprouver une peur très forte ≠ rester impavide – ***En être quitte pour la peur :*** avoir échappé à un danger – ***Avoir plus de peur que de mal.***

◆ Locutions – ***De peur que** la police n'arrive :* de crainte que – ***Avoir peur** que la police n'arrive* – ***De peur de** déranger* – ***Avoir peur de** déranger.*

l'admiration [nom fém.]

*Amandine regarde avec **admiration** la tapisserie que Mélanie vient de terminer.*
*Le sens de l'honneur de Rodrigue provoque l'**admiration** de Chimène.*

DÉF. : sentiment causé par un objet, un spectacle, un acte particulièrement beau = l'émerveillement, le ravissement, l'enthousiasme ≠ le mépris, le dédain.

◆ Famille – ***Admirer :*** contempler avec émerveillement = s'extasier, s'enthousiasmer ≠ dédaigner – ***Admirable*** – *Le regard **admiratif** de Chimène* – *Danser **admirablement*** – *Les **admirateurs** d'un chanteur.*

la surprise [nom]

1. *La **surprise** de Mélanie a été complète quand elle a appris que Victor lui offrait un voyage « en amoureux ».*

DÉF. : sentiment ou émotion causé par un événement inattendu, imprévu = l'étonnement, la stupéfaction, l'ébahissement.

2. *Arthur aime bien les **surprises**.*

DÉF. : événements inattendus, généralement agréables (une visite, un cadeau, etc.).

◆ Famille – *Être **surpris** :* stupéfait, interdit, abasourdi, médusé, ébahi – ***Surprendre** un secret :* le découvrir – ***Surprendre** quelqu'un :* arriver à l'improviste, sans être attendu, ou prendre quelqu'un (un voleur...) sur le fait – *Des progrès **surprenants** :* étonnants – *Une **surprise-partie** :* réunion qui n'était pas prévue ; puis réunion dansante.

◆ Expression – ***Surprendre** l'ennemi :* l'attaquer par surprise, quand il ne s'y attend pas.

◆ Locution – ***La surprise du chef :*** un plat extraordinaire qu'offre un restaurateur, d'où : une chose tout à fait inattendue.

Testez-vous ! (corrigé p. 282)

1. La **confusion** :
- **a.** état de trouble causé par une maladresse que l'on a commise ☐
- **b.** grande tristesse à la suite d'un deuil ☐
- **c.** état de joie intense ☐
- **d.** sens ignoré ☐

2. La **consternation** :
- **a.** abattement et tristesse à la suite d'une mauvaise nouvelle ☐
- **b.** admiration devant une œuvre d'art ☐
- **c.** contemplation du ciel ou d'un paysage ☐
- **d.** sens ignoré ☐

3. L'**épouvante** :
- **a.** très grand espoir ☐
- **b.** état de dépression ☐
- **c.** très grande peur ☐
- **d.** sens ignoré ☐

4. La **honte** :
- **a.** sentiment de mécontentement de soi
  ou d'infériorité devant les autres ☐
- **b.** désir de fuir ☐
- **c.** sentiment de supériorité ☐
- **d.** sens ignoré ☐

5. La **perplexité** :
- **a.** complication des rapports entre les personnes dans un groupe ☐
- **b.** embarras devant une décision à prendre ☐
- **c.** désir qu'un bon moment dure longtemps ☐
- **d.** sens ignoré ☐

6. Le **remords** :
- **a.** désir de faire revivre les bons moments du passé ☐
- **b.** agitation, trouble, parce qu'on a mal agi ☐
- **c.** fuite de la réalité dans le rêve ☐
- **d.** sens ignoré ☐

7. La **stupéfaction** :
- **a.** grande finesse pour comprendre les choses ☐
- **b.** manque d'intérêt ☐
- **c.** très grand étonnement ☐
- **d.** sens ignoré ☐

Utilisez vos connaissances (corrigé p. 282)

À l'aide des définitions en italiques, complétez chaque phrase avec l'un des mots placés dans l'encadré ci-dessous. Attention aux accords !
Pas d'angoisse à avoir ! Le vocabulaire des pages 216 et 217 apaisera vos craintes.

☐ l'angoisse	☐ le désir	☐ la honte	☐ le remords
☐ l'anxiété	☐ l'émerveillement	☐ l'inquiétude	☐ la satisfaction
☐ la confusion	☐ l'envie	☐ la panique	☐ le soulagement
☐ la consternation	☐ l'épouvante	☐ la perplexité	☐ la stupéfaction
☐ la crainte	☐ la frayeur	☐ le regret	☐ la terreur

1. *Peur à la pensée de ce qui peut arriver.*
Au départ, c'est sans .... que Marcel décide de faire une fugue dans la montagne.

2. *Agitation causée par la crainte, l'incertitude, l'appréhension.*
L'............ s'empara de Marcel, lorsqu'il s'aperçut qu'il était perdu dans les collines.

3. *Grande inquiétude due à l'attente, à l'incertitude.*
L'............ grandit chez les parents de Marcel, qui est perdu dans la montagne.

4. *Envie très forte que ce qu'on souhaite se réalise.*
Le plus cher .... de Marcel est de rester à La Bastide Neuve avec Lili.

5. *Très grande admiration, éblouissement, enchantement.*
L'............ de Marcel devant ses « chères collines » ne faiblit jamais.

6. *Souhait très vif de posséder un objet ou de faire quelque chose.*
Paul, le frère de Marcel, a toujours .... de courir les collines avec lui et Lili.

7. *Sentiment pénible parce qu'un souhait ne s'est pas réalisé ou parce qu'on doit quitter ce qu'on aime.*
Le .... envahit Marcel lorsqu'il s'éloigne de La Bastide Neuve pour rentrer à Marseille.

8. *Plaisir que l'on éprouve quand ce qu'on souhaitait arrive ou quand on obtient ce qu'on désirait.*
Quelle .... pour Marcel d'apprendre qu'il reviendra passer Noël à La Bastide !

9. *Sentiment très pénible qu'on éprouve quand on est mécontent de ce qu'on a fait ou quand on se sent inférieur.*
Marcel a parfois .... quand il se laisse mener par le bout du nez par Isabelle.

10. *Très grande inquiétude qui serre la gorge, créant un malaise physique.*
L'............ de Marcel augmente quand le condor se rapproche.

11. *Sentiment d'être débarrassé d'une souffrance, d'un souci.*
Quel .... pour Joseph et Augustine lorsque Marcel rentre de sa fugue au petit matin !

12. *Peur très violente qui fait perdre la tête.*
Lorsque Marcel voit le grand-duc dans sa grotte, il est saisi d'............

13. *Accablement, tristesse profonde.*
La mort d'Augustine, la mère de Marcel, plonge toute la famille dans la ....

14. *Peur subite et violente qui entraîne un groupe à fuir en désordre.*
Lorsque le condor fond sur la compagnie de perdrix, il sème la .... parmi elles.

15. *Gêne causée par une maladresse qu'on a commise ou par un excès de timidité.*
Lili le braconnier est rouge de .... lorsqu'il mange pour la première fois chez des gens de la ville.

16. *Peur violente causée par le sentiment d'une menace toute proche.*
Même Lili a été saisi de .... quand il a senti le grand-duc aussi près de lui.

17. *Embarras qui vient de ce qu'on ne sait pas quelle décision prendre.*
Joseph est dans une grande .... : est-il bien raisonnable de revenir à La Bastide à Noël ?

18. *Peur extrême qui paralyse.*
La .... fige tout d'abord Marcel face au condor ; puis il prépare sa défense.

18. *Malaise moral causé par la conscience d'avoir mal agi.*
Après avoir fui dans les collines, Marcel est pris de .... et revient chez lui.

20. *Étonnement si profond qu'il empêche toute réaction.*
Marcel apprend avec .... que son père lui a menti, qu'il part le lendemain à la chasse sans lui.

« Mon blouson ! Où est mon blouson ? » Arthur est **consterné,** *rouge de* **confusion**... *Quoi ? Son copain a retrouvé son vêtement ?* **Stupéfaction !** *Ouf,* **quel soulagement !**

VOCABULAIRE

L'ANGOISSE [nom fém.]
*Le gardien du phare voit avec **angoisse** un bateau pris dans la tempête.*
DÉF. : très grande inquiétude qui serre la gorge = l'anxiété, la peur ≠ la tranquillité.

◆ Famille – *Juliette est **angoissée** avant son bac – Elle vit des moments **angoissants**.*

L'ANXIÉTÉ [nom fém.]
*La plupart des candidats attendent avec **anxiété** les résultats de leurs examens.*
DÉF. : grande inquiétude due à l'attente ou à l'incertitude = l'angoisse ≠ le calme, la sérénité.

◆ Famille – *Ils attendent **anxieusement** –* Une personne **anxieuse** (CARACTÈRE).

LA CONFUSION [nom]
*Anne s'est moquée de sa voisine et elle est rouge de **confusion**, car celle-ci l'a entendue.*
DÉF. : grande gêne causée par une maladresse ou une grande timidité = l'embarras.
N.B. – *La réunion se termina dans la **confusion** :* le désordre.

◆ Famille – *Anne est **confuse** :* honteuse.

LA CONSTERNATION [nom]
*L'annonce des licenciements a jeté la **consternation** parmi les membres du personnel.*
DÉF. : accablement, tristesse profonde.

◆ Famille – ***Consterner** – Les employés sont **consternés** :* atterrés, abattus, accablés, effondrés, navrés, désolés – *Des résultats **consternants**.*

LA CRAINTE [nom]
*Le copain de Grégoire a fait des bêtises et vit dans la **crainte** d'être convoqué chez le Principal.*
DÉF. : sentiment d'inquiétude, de peur à la pensée de ce qui peut arriver = l'appréhension.

◆ Famille – ***Craindre** (je crains, nous craignons, je craindrai, que je craigne) – Il **craint** d'être renvoyé :* redoute – *Il ne **craint** pas de parler :* il n'hésite pas à le faire – *Le Principal se fait **craindre** :* se fait respecter – *Avancer **craintivement** – Être **craintif** :* peureux, anxieux (CARACTÈRE).

LE DÉSIR [nom]
*Le **désir** de Juliette est d'avoir son bac.*
DÉF. : envie très forte que ce que l'on souhaite se réalise = l'aspiration.

◆ Famille – ***Désirer** – Une situation **désirable** – Une personne **indésirable** :* dont on ne souhaite pas la présence – *Je suis **désireux** de partir – Faites connaître vos **desiderata** (mot latin) :* vos souhaits.

◆ Expressions – ***Prendre ses désirs pour des réalités** :* rêver, ne pas être réaliste – *Son travail **laisse à désirer** :* n'est pas satisfaisant – ***Se faire désirer** :* se faire attendre.

L'ÉMERVEILLEMENT [nom masc.]
*L'**émerveillement** des petits visiteurs de Disneyland fait plaisir à voir.*
DÉF. : très grande admiration, éblouissement = l'enchantement.

◆ Famille – *Les enfants se laissent **émerveiller** – Ils s'**émerveillent** – Un monde **merveilleux** :* magique, féerique – ***Merveilleusement** – Le merveilleux** (LITTÉRATURE).

◆ Expression, locution – ***Promettre monts et merveilles** :* faire des promesses exagérées – *Réussir **à merveille** :* admirablement.

L'ENVIE [nom fém.]
1. *Arthur contemple avec **envie** les jouets de la vitrine.*
DÉF. : souhait très vif de posséder un objet ou de faire quelque chose = la convoitise.
2. *Les réussites de Juliette font parfois naître l'**envie** chez Grégoire.*
DÉF. : la jalousie.

◆ Famille – ***Envier** : Grégoire **envie** Juliette – Une réussite **enviable** – Être **envieux** :* jaloux de nature – *Un **envieux** (CARACTÈRE).

◆ Expression – *Ce fruit **me fait envie** :* me tente.

L'ÉPOUVANTE [nom fém.]
*L'**épouvante** de Marcel grandit, car il est persuadé que le condor veut lui arracher les yeux.*
DÉF. : peur très violente, qui peut faire perdre la tête = la frayeur, la terreur, l'horreur.

◆ Famille – ***Épouvanter** – Le condor **épouvante** Marcel :* le terrifie, le terrorise – *Un crime **épouvantable** :* qui provoque l'horreur, la répulsion.
N.B. – *Un temps **épouvantable** :* très mauvais.

LA FRAYEUR [nom]
*Un terrible coup de tonnerre a causé une grande **frayeur** à toute la famille.*
DÉF. : peur violente causée par le sentiment d'un danger imminent = l'effroi, la terreur, l'épouvante.

◆ Famille – *L'**effroi** (masc.) de Marcel – **Effrayer** – Le condor **effraie** Marcel :* lui fait

VOCABULAIRE

peur, l'affole, l'alarme – *S'effrayer* – *Un rêve effrayant* – *Un monstre effroyable = effrayant* – *Effroyablement.*

LA HONTE [nom]
Jean Valjean a honte d'avoir volé l'évêque.
DÉF.: sentiment pénible de mécontentement de soi ou d'infériorité devant les autres = la culpabilité, le déshonneur.

◆ Famille – *Être* **honteux:** éprouver de la honte – *Un acte* **honteux:** qui provoque de la honte, déshonorant – *Un menteur* **éhonté:** qui n'a pas honte – *Mentir* **honteusement.**

L'INQUIÉTUDE [nom fém.]
Amandine était rongée d'inquiétude en attendant les résultats des examens médicaux de Gabriel.
DÉF.: agitation, trouble causés par la crainte, l'incertitude = l'anxiété, le tourment ≠ le calme, l'insouciance, la quiétude.

◆ Famille – *Un regard* **inquiet:** qui exprime l'inquiétude – **Inquiéter:** l'état de Gabriel **inquiète** *Amandine* – *Elle est* **inquiète** – *Elle* **s'inquiète** – *Un état de santé* **inquiétant:** grave = alarmant ≠ rassurant.
Attention à l'accent: inquiéter, elle s'inquiète.

LA PANIQUE [nom]
Dès le début de l'incendie dans le gratte-ciel, les occupants ont été pris de panique.
DÉF.: terreur subite et violente qui entraîne une foule ou un groupe à fuir en désordre = l'affolement, l'effroi, l'épouvante ≠ le calme.

◆ Famille – *Une terreur* **panique** (adj.): qui trouble violemment l'esprit – *Être* **paniqué.**

◆ Expression – *Un vent de* **panique:** un mouvement de panique.

LA PERPLEXITÉ [nom]
Les propositions du patron de Victor plongent celui-ci dans la perplexité.
DÉF.: embarras qui vient de ce qu'on ne sait pas quelle décision prendre ou quel jugement porter = le doute, l'hésitation ≠ l'assurance, la certitude.

◆ Famille – *Victor est* **perplexe** ≠ décidé.

LE REGRET [nom]
1. *Marcel quitte avec* **regret** *son copain Lili et « ses » collines.*
DÉF.: sentiment douloureux parce qu'on quitte ce qu'on aime.
2. *Obélix n'a qu'un* **regret:** *ne pas avoir capturé davantage de sangliers.*

DÉF.: sentiment pénible parce qu'un souhait ne s'est pas réalisé.

◆ Famille – *Regretter les vacances* – *Une absence* **regrettable:** ennuyeuse, contrariante.
N.B. – *Regretter une mauvaise action:* s'en repentir.

LE REMORDS [nom]
Arthur a des **remords** *d'être rentré en retard.*
DÉF.: trouble moral mêlé de honte causé par la conscience d'avoir mal agi = le repentir.

LA SATISFACTION [nom]
Grégoire a fait des progrès ce trimestre et Victor lui dit sa **satisfaction.**
DÉF.: plaisir moral que l'on éprouve quand ce qu'on souhaitait arrive, quand on obtient ce que l'on désirait = le contentement ≠ l'insatisfaction.

◆ Famille – **Satisfaire** (se conjugue comme faire): *Grégoire* **satisfait** *Victor par ses progrès* – *L'*insatisfaction: sentiment de manque – *Être* **satisfait:** content, heureux ≠ être **insatisfait** – *Des résultats* **satisfaisants.**

LE SOULAGEMENT [nom]
Victor et Mélanie ont appris avec **soulagement** *que l'accident de Gabriel n'était pas trop grave.*
DÉF.: sentiment d'être partiellement ou totalement débarrassé d'une souffrance, d'un souci, d'une inquiétude = l'apaisement ≠ l'accablement.

◆ Famille – *La nouvelle va* **soulager** *Victor.*
N.B. – *Mélanie fait les courses d'Amandine pour la* **soulager:** diminuer sa fatigue.

LA STUPÉFACTION [nom]
Quand il apprit que sa fille était élue Miss France, la **stupéfaction** *le paralysa.*
DÉF.: étonnement si profond qu'il empêche toute réaction = la stupeur, l'étonnement.

◆ Famille – *Il est* **stupéfait:** interdit, médusé, abasourdi, ébahi – **Stupéfier:** *la nouvelle l'a* **stupéfié** – *Une nouvelle* **stupéfiante.**

LA TERREUR [nom]
Marcel voit avec **terreur** *le condor fondre sur lui.*
DÉF.: peur extrême qui paralyse = l'horreur, la frayeur.

◆ Famille – *Le condor* **terrorise** *Marcel* – *Il le* **terrifie** ≠ *le rassure* – *Être* **terrorisé, terrifié** – *Un spectacle* **terrifiant** – *Un* **terrible** *tremblement de terre:* qui inspire la terreur.

(corrigé p. 282)

1. Placez les mots suivants dans le texte ci-dessous. Vous devez évidemment conjuguer les verbes et accorder les adjectifs :

s'affoler – s'alarmer – angoisse – anxiété – anxieux – embarrassé – s'inquiéter – redouter – soulagement.

Arthur n'est pas rentré après la classe. D'abord, Mélanie ne .... **1** pas. Elle se dit qu'elle n'a pas de raison de .... **2.** Mais, le temps passant, elle devient .... **3.** Puis son .... **4** se transforme en .... **5.** Elle .... **6** qu'Arthur n'ait eu un accident, et lorsqu'elle entend la sirène des pompiers elle .... **7,** au lieu de téléphoner à l'école ou chez Amandine, chez qui Arthur est peut-être passé. C'est alors que celui-ci arrive assez .... **8** d'être resté jouer au ballon si longtemps. Mais quel .... **9** pour Mélanie !

2. Les mots suivants expriment les effets de la surprise ou de l'embarras. Mettez le mot juste à la bonne place :

abasourdi – ahuri – atterré – confus – consterné – déconcerté – décontenancé – désorienté – ébahi – interdit – emprunté – gêné – médusé – saisi – stupéfait.

Parfois plusieurs mots peuvent convenir.

a. Il est tellement étonné qu'il ouvre de grands yeux : il est ....
b. Il ne sait plus quoi faire car ce qu'il avait projeté n'est pas possible : il est .... ou ....
c. Il a perdu son assurance devant la mauvaise humeur de son employeur : il est ....
d. Il vient d'apprendre une mauvaise nouvelle : il est .... ou ....
e. Ce qu'on lui annonce est tellement surprenant qu'il ne comprend pas ce qu'on lui dit : il est ....
f. Il est tellement intimidé qu'il ne sait comment se tenir : il a l'air ....
g. Son étonnement est si grand qu'il est comme paralysé : il est .... ou .... ou .... ou .... ou ....
h. Il a honte de sa maladresse : il est .... ou ....

3. Les degrés de la peur
Avec les 10 mots suivants qui expriment, tous, des formes de PEUR, formez des couples de mots où les 2 mots indiquent à peu près le même degré de peur. Faites une liste de ces couples de mots en les classant du plus faible au plus fort.

angoisse – anxiété – appréhension – crainte – effroi – épouvante – frayeur – horreur – panique – terreur.

Les caractères

Une petite intrépide

Agile et légère, elle ne connaissait pas la fatigue. Par contre, elle était imprudente au-delà de tout. On eût dit que le danger n'existait pas pour elle. Deux fois déjà, elle s'était engagée dans des fondrières d'où elle ne se serait peut-être pas sortie sans le secours de son camarade. Il lui arrivait de grimper à des peupliers si hauts que le garçon tremblait pour elle et la suppliait de descendre au plus vite. Elle descendait pour ne pas le contrarier; mais toujours elle se moquait de ses craintes. Il en était de même pour l'étang autour duquel ils s'amusaient à courir. Rien ne pouvait empêcher Douce, de se tenir très au bord. Un jour qu'elle avait buté contre une grosse racine, Noël avait poussé un cri en la saisissant au bras. Et mère Clarisse, tout de suite debout, avait entendu :

« Prends garde ! tu pourrais te noyer.

– Mais non ! s'il m'arrive de tomber à l'eau je nagerai.

– Tu ne sais pas nager !

– Oh ! ce n'est pas difficile, il n'y a qu'à remuer les bras et les jambes. »

Marguerite AUDOUX,
Douce Lumière (1937), © Grasset.

Un personnage irascible

Une motocyclette conduite par un petit homme sec, portant lorgnon et pantalon de golf, m'avait doublé et s'était installée devant moi, au feu rouge. En stoppant, le petit homme avait calé son moteur et s'évertuait en vain à lui redonner souffle. Au feu vert, je lui demandai, avec mon habituelle politesse, de ranger sa motocyclette pour que je puisse passer. Le petit homme s'énervait encore sur son moteur poussif. Il me répondit donc, selon les règles de la courtoisie parisienne, d'aller me rhabiller. J'insistais, toujours poli, mais avec une légère nuance d'impatience dans la voix. On me fit savoir aussitôt que, de toute manière, on m'emmenait à pied et à cheval. Pendant ce temps, quelques avertisseurs commençaient, derrière moi, de se faire entendre. Avec plus de fermeté, je priai mon interlocuteur d'être poli et de considérer qu'il entravait la circulation. L'irascible personnage, exaspéré sans doute par la mauvaise volonté, devenue évidente, de son moteur, m'informa que si je désirais ce qu'il appelait une dérouillée, il me l'offrirait de grand cœur.

Albert CAMUS,
La Chute (1956), © Gallimard.

Sommaire

le caractère [nom]

1. *Dans* La Gloire de mon père, *l'oncle Jules a un très bon* **caractère**.

DÉF. : ensemble de traits concernant la sensibilité, la volonté, le comportement, qui distingue une personne d'une autre = la nature, le naturel, la personnalité, la psychologie, l'individualité.

2. *Dans son* Journal, *on voit qu'Anne Frank avait du* **caractère**.

DÉF. : de la volonté, de l'énergie.

◆ Famille – *Avoir des troubles* **caractériels** *:* du caractère.

◆ Expression – ***Avoir un caractère de chien*** *= avoir un sale caractère* ≠ ***Avoir un caractère en or.***

la morale [nom] – moral [adj. qual.] – la conscience [nom]

1. *La* **morale** *détermine clairement les qualités et les défauts.*

DÉF. : ensemble des règles de conduite déterminant le bien et le mal = l'éthique.

2. *Ce film est très* **moral**.

DÉF. : conforme aux mœurs, aux coutumes, aux règles en usage.

3. *Je prends l'engagement* **moral** *de m'occuper de lui.*

DÉF. : qui suit les exigences de ma morale personnelle.

N.B. – *La* **morale** *d'une fable :* conclusion d'une courte histoire indiquant comment il faut agir – *Une douleur* **morale** *:* qui concerne l'esprit.

◆ Famille – *La* **moralité** *d'une personne :* sa valeur sur le plan moral = le mérite – *Agir* **moralement** *– La Fontaine, dans ses fables, est un* **moraliste** *:* il donne des leçons de morale – *Un film* **immoral** *:* qui met en avant des situations contraires à la morale – *Un homme* **immoral** *:* dépravé, corrompu – *L'***immoralité** *d'un film – Un film* **amoral** *:* qui ne présente aucune morale.

N.B. – *Le* **moral** *– Son échec va le* **démoraliser** *:* lui ôter son moral, son courage = abattre, décourager – ***Se démoraliser*** *– Un échec* **démoralisant**. (Voir page 192).

◆ Expression – ***Faire la morale à quelqu'un*** *:* lui rappeler ce qui est bien.

Arthur est parfois tourmenté par sa **conscience**.

DÉF. : jugement moral qui se fait dans son esprit sur ses sentiments, ses actes.

◆ Famille – *Être* **consciencieux** *dans son travail :* écouter la voix de sa conscience = scrupuleux – *Travailler* **consciencieusement**.

◆ Expressions – ***Avoir bonne conscience*** *:* n'avoir rien à se reprocher – *La* **conscience professionnelle** *:* le désir de bien travailler dans son métier – ***Faire son examen de conscience*** *:* examiner ce qu'on a fait de bien ou de mal – ***Par acquit de conscience*** *:* pour s'assurer que l'on a fait tout ce qu'on devait = *pour avoir* **la conscience tranquille** *– ***Avoir une faute sur la conscience*** *:* avoir quelque chose de précis à se reprocher.

◆ Locution – ***En toute conscience*** *:* honnêtement, sincèrement.

EXERCICES

EXERCICES

EXERCICES

Testez-vous ! (corrigé p. 283)

1. Être dilettante :
- **a.** aimer rire ☐
- **b.** faire les choses en amateur ☐
- **c.** hésiter souvent avant de décider ☐
- **d.** sens ignoré ☐

2. Être intrépide :
- **a.** ne pas être franc ☐
- **b.** être dur avec les autres ☐
- **c.** ne jamais avoir peur ☐
- **d.** sens ignoré ☐

3. Être irascible :
- **a.** être moqueur ☐
- **b.** être entêté ☐
- **c.** se mettre facilement en colère ☐
- **d.** sens ignoré ☐

4. Être lucide :
- **a.** être tendre ☐
- **b.** ne pas se préoccuper des autres ☐
- **c.** voir les choses clairement ☐
- **d.** sens ignoré ☐

5. Être pudique :
- **a.** ne pas aimer montrer ce qui est très personnel ☐
- **b.** être franc ☐
- **c.** être prévoyant ☐
- **d.** sens ignoré ☐

6. Être scrupuleux :
- **a.** être bon camarade, sociable ☐
- **b.** avoir peur de ne pas faire assez bien ☐
- **c.** avoir mauvais caractère ☐
- **d.** sens ignoré ☐

7. Être susceptible :
- **a.** se vexer facilement ☐
- **b.** être jaloux ☐
- **c.** être autoritaire ☐
- **d.** sens ignoré ☐

Utilisez vos connaissances (corrigé p. 283)

Le professeur de gymnastique de Grégoire connaît bien ses élèves, d'autant qu'il est allé en voyage scolaire avec eux. Voici une « photo de classe » morale.

À vous de trouver le mot juste pour caractériser chacun des élèves. Attention aux accords ! Un scrupule ? Consultez le vocabulaire des pages 224 et 225.

☐ ambitieux	☐ intrépide	☐ médisant	☐ scrupuleux
☐ dilettante	☐ irascible	☐ naïf	☐ sociable
☐ discret	☐ lâche	☐ optimiste	☐ soupçonneux
☐ égoïste	☐ loyal	☐ orgueilleux	☐ susceptible
☐ indulgent	☐ lucide	☐ pudique	☐ tolérant

1. *Valentin se considère comme un excellent élève et il le fait sentir.*
Il est ....

2. *Édouard rêve de devenir ministre dans un gouvernement.*
Il est ....

3. *Grégoire travaille « en amateur », pour son plaisir.*
C'est un ....

4. *Julien « fonce » quand il fait du V.T.T. Il n'a jamais peur.*
Il est ....

5. *Gaston est malheureux car il passe son temps à supposer qu'il se passe quelque chose de mal.*
Il est ....

6. *Octave n'a pas le courage de se dénoncer.*
C'est un ....

7. *Frédéric aime se trouver dans un groupe et il y est très apprécié.*
Il est ....

8. *Étienne admet très bien qu'on ne soit pas de son avis.*
Il est ....

9. *Le professeur de maths n'a pas sanctionné Désiré qui a rendu plusieurs devoirs en retard.*
Ce professeur est ....

10. *Basile tient toujours les promesses qu'il a faites à ses camarades.*
Il est ....

11. *Angèle se vexe à la moindre critique.*
Elle est ....

12. *Eugénie travaille très lentement car elle est très exigeante.*
Elle est ....

13. *Clémence n'aime pas changer de vêtements devant ses camarades.*
Elle est très ....

14. *Victoire pense toujours que les choses vont s'arranger.*
C'est une ....

15. *Julie aime bien dire du mal de ses camarades.*
Elle est ....

16. *Emma reçoit souvent les confidences de ses amies car elle sait garder un secret.*
Elle est ....

17. *Judith fait trop confiance aux gens, elle manque d'esprit critique.*
Elle est ....

18. *Agathe ne s'occupe que d'elle-même et ne fait rien pour les autres.*
Elle est ....

19. *Parfois, Justine «a ses nerfs». Elle se met en colère pour un rien.*
Elle est ....

20. *Anne ne se fait pas d'illusions sur ses possibilités.*
Elle est ....

Pour être **sociable**,
il faut être
nécessairement
**tolérant, indulgent,
loyal.** C'est parfois
risqué quand
on a des camarades
**orgueilleux, égoïstes,
irascibles.**

VOCABULAIRE

(UN) AMBITIEUX (EUSE) [nom ou adj. qual.]
1. *Napoléon était si **ambitieux** qu'il a voulu être sacré empereur. Il avait un projet **ambitieux**.*
DÉF. : qui rêve de réussite, de gloire, de succès.
2. *Napoléon était un **ambitieux**.*
DÉF. : personne qui veut réussir, s'élever socialement = un arriviste (péj.).

♦ Famille – *L'**ambition** :* désir ardent de réussir – ***Ambitionner** un poste :* le désirer vivement – ***Ambitieusement**.*

(UN) DILETTANTE [nom ou adj. qual.]
*Ses tableaux sont vraiment originaux mais il peint en **dilettante** (nom). Il est **dilettante** (adj.).*
DÉF. : celui qui exerce une activité en amateur, pour le plaisir ≠ un professionnel, un spécialiste.

♦ Famille – *Le **dilettantisme** de ce peintre.*

DISCRET (ÈTE) [adj. qual.]
1. *Chez ses amis, c'est un invité **discret**.*
DÉF. : qui sent ce qu'il ne faut pas dire, qui sait ne pas gêner = réservé, délicat ≠ sans-gêne, indiscret.
2. *Elle fait une intervention **discrète**.*
DÉF. : qui n'attire pas l'attention.

♦ Famille – *Agir avec **discrétion** :* retenue, réserve, tact – *Partir **discrètement** – Être **indiscret** – Être coupable ou victime d'**indiscrétion(s)**.*

(UN) ÉGOÏSTE [nom ou adj. qual.]
*Mélanie ne veut pas qu'Arthur soit un enfant **égoïste**. Or Arthur est un **égoïste**.*
DÉF. : qui ne pense qu'à lui, qu'à ce qui l'intéresse et lui fait plaisir ≠ généreux, altruiste.

♦ Famille – *L'**égoïsme** d'Arthur – Agir **égoïstement** – Être **égocentrique**, l'**égocentrisme** :* termes plus scientifiques.

INDULGENT [adj. qual.]
*Mélanie est une mère **indulgente**.*
DÉF. : qui sait excuser et pardonner = compréhensive, bienveillante ≠ critique, impitoyable.

♦ Famille – *L'**indulgence** de Mélanie.*

INTRÉPIDE [adj. qual.]
*Un garçon **intrépide** descend le Tarn en canoë.*
DÉF. : qui n'a pas peur du danger, qui ne craint pas d'affronter des obstacles = courageux (euse), hardi, audacieux (euse), téméraire.

♦ Famille – *L'**intrépidité** du garçon.*

IRASCIBLE [adj. qual.]
*J'ai eu affaire à un automobiliste **irascible**.*
DÉF. : qui se met facilement en colère = coléreux (euse), violent ≠ calme, placide.

♦ Famille – *L'**irascibilité** de l'automobiliste.*

(UN) LÂCHE [nom ou adj. qual.]
*Un chevalier du Moyen-Âge ne devait pas être **lâche**. Un **lâche** ne pouvait pas être chevalier.*
DÉF. : qui manque de courage, qui n'ose pas affronter les difficultés, qui ne tient pas ses engagements = mou (molle), faible ≠ brave, courageux (euse), énergique.

♦ Famille – *La **lâcheté** d'un traître – Fuir **lâchement** :* par peur.
N.B. – ***Lâcher** :* rendre moins tendu, desserrer (MOUVEMENT) – *Un **lâcheur** :* personne qui abandonne sans hésiter ses amis – ***Relâcher** – Le cinéma fait **relâche** aujourd'hui – Le **relâchement** de l'attention à la fin de l'heure de cours.*

LOYAL [adj. qual.]
*Dans son serment de fidélité au seigneur, le chevalier promettait d'être **loyal**.*
DÉF. : fidèle aux engagements pris, aux règles acceptées = honnête, fidèle ≠ déloyal, traître.

♦ Famille – *La **loyauté** des chevaliers ≠ la **déloyauté**, la traîtrise – Un homme **déloyal** :* qui manque d'honnêteté, de bonne foi – *Agir **loyalement** ≠ **déloyalement**.*

LUCIDE [adj. qual.]
1. *Victor a toujours été un homme **lucide**.*
DÉF. : qui voit clairement la réalité, sans se faire d'illusions = clairvoyant ≠ inconscient, aveugle.
2. *J'ai secouru le blessé, qui était encore **lucide**.*
DÉF. : qui était conscient ≠ évanoui (SANTÉ-MALADIE).

♦ Famille – ***Lucidement** – La **lucidité** de Victor – **Élucider** un texte obscur :* le rendre clair – *L'**élucidation** d'un texte.*

MÉDISANT [adj. qual.]
*Dans Le Misanthrope de Molière, Alceste reproche à Célimène d'être **médisante**.*
DÉF. : qui se plaît à dire du mal d'une autre personne = mauvaise langue, cancanière.

♦ Famille – ***Médire** (vous médisez) – La **médisance** de Célimène – Des **médisances** :* des commérages, des cancans, des racontars, des potins, des ragots.

224

NAÏF (ÏVE) [adj. qual.]
*Un personnage d'un conte de Voltaire s'appelle Candide, tant il est un jeune homme **naïf**.*
DÉF. : qui croit tout ce qu'on lui dit et se laisse tromper par inexpérience et excès de confiance = crédule, ingénu, candide ≠ incrédule, critique.
N.B. – *L'art **naïf**: populaire* (CULTURE).

◆ Famille – *Répondre **naïvement*** = ingénument – *La **naïveté**:* l'ingénuité, la crédulité, la candeur.

OPTIMISTE [adj. qual.]
1. *Mélanie est de nature **optimiste**.*
DÉF. : qui voit le bon côté des choses, qui pense que tout va s'arranger = confiante ≠ pessimiste.
2. *Les médecins sont **optimistes**.*
DÉF. : pensent que la guérison est proche.

◆ Famille – *L'**optimisme** ≠ le **pessimisme**.*

ORGUEILLEUX (EUSE) [adj. qual.]
*Dans Les Caractères, La Bruyère a fait le portrait d'une personne **orgueilleuse**.*
DÉF. : qui a une très haute idée de ce qu'elle est et de ce qu'elle vaut = fière ≠ modeste, humble.

◆ Famille – *Un **orgueilleux** – Se comporter **orgueilleusement** – L'**orgueil** – S'**enorgueillir** de sa maison, en avoir l'**orgueil**:* en être fier.

PUDIQUE [adj. qual.]
1. *Juliette est **pudique**:* elle n'aime pas se mettre en bikini sur la plage.*
DÉF. : très réservée pour tout ce qui est physique ≠ **impudique**.
2. *Juliette est **pudique** et n'exprime guère ses sentiments.*
DÉF. : gênée de révéler ce qui lui est personnel = réservée.

◆ Famille – *La **pudeur**:* la décence, la réserve – *Être **pudibond**:* d'une pudeur excessive – **Pudiquement** – Être **impudent**:* être effronté, cynique – L'**impudence** – **Impudemment**.*

SCRUPULEUX (EUSE) [adj. qual.]
1. *C'est un ouvrier très **scrupuleux**.*
DÉF. : qui fait preuve d'un grand soin dans le domaine professionnel = minutieux, méticuleux.
2. *C'est un juge **scrupuleux**.*
DÉF. : très exigeant sur le plan moral = consciencieux ≠ indélicat.

◆ Famille – *Avoir des **scrupules**:* des doutes, des hésitations par exigence morale.

SOCIABLE [adj. qual.]
*Grégoire est un garçon très **sociable**.*
DÉF. : qui aime se trouver en groupe, est facile à vivre = agréable, aimable ≠ asocial, misanthrope.

◆ Famille – *La **sociabilité** de Grégoire – La **société**:* 1) *La **société** féodale:* ensemble organisé d'hommes vivant sous des lois communes = une collectivité, une communauté – *La vie **sociale*** – 2) *Une **société** sportive:* association de personnes réunies pour une activité commune = une compagnie – 3) *Une **société** commerciale:* association de personnes ayant mis en commun des intérêts – *Le capital **social**:* de la société.

SOUPÇONNEUX (EUSE) [adj. qual.]
*Harpagon est d'un naturel **soupçonneux**: il craint qu'on ne lui vole son or.*
DÉF. : qui est porté à supposer qu'on agit mal envers lui ou qu'il se passe quelque chose de mal = défiant, méfiant ≠ confiant, crédule.

◆ Famille – *Soupçonner:* 1) prêter des intentions condamnables = **suspecter** – 2) se douter – *Les **soupçons** d'Harpagon – Sa **suspicion**:* sa défiance ≠ sa confiance – *Un **suspect**:* personne qui est soupçonnée – *Un homme **insoupçonnable**.*
N.B. – *Des trésors **insoupçonnés**:* inconnus – *Un **soupçon** de lait:* très peu (QUANTITÉ).

SUSCEPTIBLE [adj. qual.]
*Juliette ne supporte aucune moquerie: elle est **susceptible**.*
DÉF. : elle se vexe, se froisse très facilement.
N.B. – *Un élève **susceptible** de faire des progrès:* qui peut en faire, sans que ce soit certain.

◆ Famille – *La **susceptibilité** de Juliette.*

TOLÉRANT [adj. qual.]
*Gabriel est un grand-père très **tolérant**.*
DÉF. : qui admet les façons de penser et de vivre autres que les siennes = compréhensif(ive), conciliant, indulgent ≠ intolérant, sectaire.

◆ Famille – *Tolérer des désordres:* les supporter à contrecœur – *Des erreurs **tolérables**:* supportables, admissibles, excusables ≠ **intolérables** – Être **intolérant** – La **tolérance** ≠ l'**intolérance**.*
N.B. – *Tolérer l'aspirine:* avoir un organisme qui la supporte.

CONTRÔLEZ VOS CONNAISSANCES

(corrigé p. 283)

1. Parmi les traits de caractère étudiés dans ce champ lexical, certains sont nettement des défauts, d'autres nettement des qualités, d'autres peuvent être l'un ou l'autre ; c'est parfois une question de degré. Voici 20 adjectifs :

☐ ambitieux	☐ intrépide	☐ médisant	☐ scrupuleux
☐ dilettante	☐ irascible	☐ naïf	☐ sociable
☐ discret	☐ lâche	☐ optimiste	☐ soupçonneux
☐ égoïste	☐ loyal	☐ orgueilleux	☐ susceptible
☐ indulgent	☐ lucide	☐ pudique	☐ tolérant

Classez-les dans les trois colonnes ci-dessous :

Qualités	Qualités ou défauts	Défauts

2. Voici 5 autres adjectifs indiquant aussi des qualités ou des défauts :

affable – cupide – méticuleux – prodigue – sectaire

À vous de les placer correctement dans les phrases suivantes. Si vous n'y arrivez pas, plongez-vous dans votre dictionnaire ! Et n'oubliez pas les accords !

a. Cet homme ne s'intéresse qu'à faire de gros bénéfices : il est ....

b. Gabriel félicite facilement ses petits-enfants : il est .... de compliments.

c. Dans son travail de maîtresse de maison, Mélanie est attentive aux détails, elle est ....

d. Le Principal du collège de Grégoire est un homme à qui il est facile de parler, car il est ....

e. Victor et Mélanie sont des parents vraiment tolérants, pas du tout ....

226

CHAMP LEXICAL **21**

La vie spirituelle et religieuse

La foi de l'enfance*

Ici, sans doute, faut-il compter avec la religion qui pénétra mon enfance et l'investit de partout: du dehors, par la liturgie[1], par ses observances, par les jalons étincelants de ses fêtes qui divisaient l'année, et dont le feu se confondait avec les bougies de la crèche, avec l'odeur vernale[2] des vacances de Pâques, et celles des Pentecôtes déjà brûlantes. Du dedans, par l'habitude prise très tôt de parler à quelqu'un qui est là et qu'on ne voit pas, et qui nous voit, et envers qui nous sommes comptables de nos moindres pensées. Par-dessus tout, régnait sur cet univers le drame du salut, l'angoisse des commentaires faits à mi-voix touchant la mort des grands-parents «qui ne pratiquaient pas»…

François MAURIAC,
Mémoires intérieurs (1959), © Flammarion.

1. *Ce qui concerne les cérémonies religieuses.*
2. *printanière.*

Prière d'un enfant malheureux*

Depuis sa naissance, Jeff souffre d'une cicatrice au-dessus de la lèvre.

– Alors, c'est promis, Dieu? murmurai-je. Demain je me réveillerai et ma lèvre sera comme celle de tout le monde. Même moi je ne le saurai pas, même moi j'aurai oublié! Promis? Juré?

Telle était ma nouvelle proposition à Dieu. Même moi je devais ignorer que le miracle avait eu lieu. Bien sûr! Dieu n'était plus le même qu'au temps où il avait fait des miracles dont on parlait à l'École du Dimanche[3]. Il avait changé d'avis. Il avait rendu l'examen plus dur. Il ne voulait plus marchander la croyance des humains à coups de miracles. Oh, Dieu en faisait toujours, même aujourd'hui, mais il les cachait exprès, pour éprouver la foi des hommes.

Bruce LOWERY, *La Cicatrice* (1960),
© Éditions Corréa, Buchet/Chastel.

3. *Enseignement religieux dans l'Église Réformée.*

* Les deux textes ci-dessus font référence à la religion chrétienne. Pour aider les élèves à comprendre certaines notions de leurs programmes d'histoire, une partie des mots de ce champ lexical sont spécifiques du christianisme.

Sommaire

FICHES D'ENTRÉE

l'esprit [nom masc.] – spirituel (elle) [adj.]

1. *Il faut distinguer, chez l'homme, le corps et l'**esprit**.*
DÉF.: part immatérielle de l'être humain = l'âme, la pensée, la conscience.

2. *Dieu est un pur **esprit**.*
DÉF.: être totalement immatériel.

3. *Victor Hugo croyait aux **esprits**.*
DÉF.: âmes des morts (fantômes, revenants), ou êtres imaginaires des mythologies (fées, lutins…).

N.B. – *Avoir l'**esprit** changeant:* le caractère – *Avoir l'**esprit** logique:* l'intelligence, la pensée (VIE INTELLECTUELLE) (Voir page 236) – *Être un homme d'**esprit**:* qui a de l'humour, de la finesse – *L'**esprit** d'un texte:* son sens profond – *L'**esprit** du XVIIIᵉ siècle:* ce qui le caractérise.

◆ Famille – ***Spirituel.***
◆ Locutions – ***Avoir l'esprit ailleurs:*** être distrait – ***En esprit:*** par la pensée – ***L'esprit de corps:*** attachement au groupe auquel on appartient.

1. *Dieu est un être **spirituel**.*
DÉF.: qui est un pur esprit = immatériel, incorporel.

2. *Les saints ont une vie **spirituelle** très intense.*
DÉF.: qui est centrée sur le surnaturel ou le divin, orientée vers des sentiments et des aspirations élevées.

N.B. – *Une remarque très **spirituelle**:* pleine d'esprit, de drôlerie, d'humour (PENSÉE).

◆ Famille – ***L'esprit*** (VIE SPIRITUELLE ET VIE INTELLECTUELLE) – *Une vie tournée vers la **spiritualité**:* vers tout ce qui est spirituel.

la ou une religion [nom]

1. *La **religion** guide les actes d'un grand nombre d'hommes.*
DÉF.: croyance en une puissance supérieure aux hommes ≠ *L'**irréligion**.*

2. *Le christianisme est une **religion** très répandue dans le monde.*
DÉF.: ensemble de croyances et de pratiques concernant les rapports entre les hommes et la divinité.

◆ Famille – *Une fête **religieuse*** – ***Religieusement*** – *Un **religieux**, une **religieuse**:* personne qui a consacré sa vie à Dieu par des vœux.
◆ Expressions – ***Entrer en religion:*** prononcer des vœux pour devenir ***religieux*** = entrer dans les ordres – *La **religion** du progrès, de la science, de l'art:* la croyance absolue en leur valeur.

Testez-vous ! (corrigé p. 283)

1. Un athée :
- **a.** personne que la religion laisse indifférente ☐
- **b.** personne qui croit que Dieu n'existe pas ☐
- **c.** personne qui est croyante ☐
- **d.** sens ignoré ☐

2. La charité :
- **a.** manifestation de l'amour qu'on éprouve pour les autres ☐
- **b.** attirance pour tout ce qui a du prix, pour les choses chères ☐
- **c.** contemplation permanente de Dieu ☐
- **d.** sens ignoré ☐

3. La damnation :
- **a.** rejet de Dieu auquel on lance des injures ☐
- **b.** punition consistant à souffrir éternellement en enfer ☐
- **c.** adoration du diable ☐
- **d.** sens ignoré ☐

4. Un fanatique :
- **a.** croit en Dieu mais ne pratique pas ☐
- **b.** veut imposer ses idées par la violence ☐
- **c.** admet très bien qu'on puisse avoir une autre croyance que la sienne ☐
- **d.** sens ignoré ☐

5. Un mystique :
- **a.** a des pratiques religieuses mystérieuses ☐
- **b.** a des idées fausses sur la religion ☐
- **c.** est en communication directe avec Dieu, grâce à sa foi ☐
- **d.** sens ignoré ☐

6. La piété :
- **a.** souci de ce qui arrive aux autres ☐
- **b.** manifestation d'amour et de respect envers Dieu et la religion ☐
- **c.** participation à des activités religieuses ☐
- **d.** sens ignoré ☐

7. Renier sa religion :
- **a.** la rejeter ☐
- **b.** la proclamer comme la seule possible ☐
- **c.** la respecter totalement ☐
- **d.** sens ignoré ☐

Utilisez vos connaissances (corrigé p. 283)

À l'aide des définitions en italiques, complétez chaque phrase avec l'un des mots placés dans l'encadré ci-dessous. Attention aux accords et conjugaisons ! Pas d'états d'âme ! Consultez fidèlement le vocabulaire des pages 232 et 233.

☐ une âme	☐ se convertir	☐ la grâce	☐ renier
☐ un ange	☐ la damnation	☐ mystique	☐ saint
☐ athée	☐ dieu	☐ un péché	☐ le salut
☐ la charité	☐ fanatique	☐ la piété	☐ la superstition
☐ confesser	☐ la foi	☐ une prière	☐ surnaturel

1. *Abandonner ses croyances antérieures pour adopter une nouvelle religion.*
À la fin du Vᵉ siècle, le roi Clovis s'est .... au catholicisme.

2. *Avouer une faute pour être pardonné.*
Dans une œuvre célèbre, Jean-Jacques Rousseau .... ses fautes.

3. *Rejeter une croyance que l'on avait précédemment.*
Henri IV a .... le protestantisme.

4. *Qui ne s'explique pas par les lois de la nature.*
Ne connaissant pas l'origine des orages, les Anciens les considéraient comme des phénomènes ....

5. *Être surnaturel, tout puissant.*
Dans l'Antiquité, les hommes vénéraient plusieurs ....

6. *Croyance totale en Dieu, sans qu'intervienne la raison.*
C'est la .... qui animait les premiers Croisés partis reconquérir le tombeau du Christ.

7. *Ce qui est immortel en l'homme, par opposition au corps.*
Cet enfant a l'............ pure.

8. *Fait d'être sauvé et de mériter la vie éternelle après la mort.*
Ce chrétien mène une vie inspirée par la foi et la charité : il fait son ....

9. *Désobéissance grave aux commandements de Dieu.*
La paresse est un des sept .... capitaux.

10. *Aide que Dieu accorde aux hommes par amour.*
Il a affronté la mort avec courage : Dieu lui a accordé sa ....

11. *Condamnation aux souffrances éternelles après la mort.*
Il s'est très mal conduit durant sa vie : il peut redouter la ....

12. *Paroles pour demander quelque chose à Dieu ou pour le louer.*
De nos jours, les chrétiens adressent des .... à Dieu pour la paix.

13. *Amour et respect pour Dieu et la religion.*
Cette femme d'une grande .... se rend chaque jour à l'église pour prier.

14. *Acte qui manifeste l'amour qu'on a pour Dieu et pour les autres.*
En s'occupant des sans-abri, l'abbé Pierre a fait preuve d'une grande ....

15. *Être surnaturel, envoyé de Dieu.*
Les personnages représentés sur ce tableau avec des ailes sont des ....

16. *Personne qui atteint un état de communion directe avec Dieu par la force de sa foi.*
Catherine de Sienne fut une grande ....

17. *Sacré du fait des souvenirs qu'elle contient.*
Les pèlerins se rendent aux lieux .... de Jérusalem.

18. *Qui affirme que Dieu n'existe pas.*
Ce savant croit uniquement à la science ; il est ....

19. *Personne qui agit avec excès et violence contre ceux qui ont une pensée religieuse différente de la sienne.*
Les guerres de religion sont provoquées par des ....

20. *Tendance à prêter un pouvoir magique à des gestes ordinaires.*
Par ...., le footballeur toucha du bois avant de commencer le match.

*Les **fanatiques** du football ne sont pas des **saints** !*

UNE ÂME [NOM]
1. *La servante Félicité était dévouée à sa maî-tresse, de toute son âme.*
DÉF. : part spirituelle de l'être humain, qu'on ne peut toucher, considérée comme immortelle par les religions, par opposition au corps = l'esprit.
2. *Rodrigue a l'âme noble.*
DÉF. : principe de la vie morale, conscience morale.

UN ANGE [nom]
Un ange annonça à Marie la venue du Christ.
DÉF. : être surnaturel, messager de Dieu, repré-senté dans l'art par un enfant ou un jeune homme pourvu d'ailes.
◆ Famille – *Un visage angélique :* aussi beau et doux que celui d'un ange = parfait ≠ diabolique.

(UN) ATHÉE [nom ou adj. qual.]
Les athées sont nombreux de nos jours.
DÉF. : personnes qui affirment que Dieu n'existe pas = les incroyants ≠ les croyants.
◆ Famille – *L'athéisme.*

LA CHARITÉ [nom]
1. *La religion chrétienne demande à ses fidèles de pratiquer la charité.*
DÉF. : manifestation de l'amour qu'on a pour Dieu et pour les autres.
2. *Autrefois, les riches devaient faire la charité aux pauvres.*
DÉF. : secours matériel = l'assistance.
◆ Famille – *Un être charitable :* qui pratique la charité – *Agir charitablement.*

CONFESSER [verbe]
1. *Face aux païens qui les persécutaient, les premiers apôtres confessaient leurs croyances.*
DÉF. : les proclamaient publiquement.
2. *L'assassin confessa son crime au prêtre.*
DÉF. : le lui avoua pour être pardonné.
N.B. – *Confesser son ignorance :* la reconnaître ≠ la cacher – *Confesser quelqu'un :* lui tirer des aveux, un secret = faire avouer (COMMUNICATION).
◆ Famille – *La confession des péchés :* le fait de les dire à un prêtre – *Le confesseur* – *Un confessionnal.*

SE CONVERTIR [verbe]
Ils se sont convertis à l'islam.
DÉF. : ont abandonné leurs croyances antérieures pour adopter une nouvelle religion = ont rallié.

N.B. – *Les abeilles convertissent le pollen en miel :* le transforment.
◆ Famille – *La conversion à une religion* – *Un converti.*

LA DAMNATION [nom]
Les gens du Moyen Âge avaient peur de la dam-nation.
DÉF. : condamnation aux souffrances éternelles de l'enfer = le châtiment éternel.
◆ Famille – *Damner* – *Ce criminel va damner son âme* ≠ *sauver* – *Il va se damner* – *Un damné :* celui qui est condamné aux peines de l'enfer ≠ un élu.

UN DIEU [nom]
1. *Les Grecs craignaient de déplaire aux dieux.*
DÉF. : êtres surnaturels tout puissants qui domi-naient la vie des hommes.
2. *Les chrétiens prient Dieu.*
DÉF. : être surnaturel, unique, éternel, créateur du monde, pur esprit parfait qui aime les hommes, ses créatures.
◆ Famille – *L'amour divin :* de Dieu – *Les divi-nités :* les dieux.
N.B. – *Une musique, une journée divine :* excellente, parfaite = sublime (SENTIMENT).

(UN) FANATIQUE [nom ou adj. qual.]
Ceux qui sont prêts à tuer pour défendre leurs idées ou leur religion sont des fanatiques.
DÉF. : personnes qui agissent avec excès et vio-lence contre ceux qui pensent différemment d'eux = intolérants, sectaires ≠ tolérants.
N.B. – *Les fanatiques du football :* les passionnés.
◆ Famille – *Le fanatisme* – *Fanatiquement* – *Fanatiser les foules :* les rendre fanatiques.

LA FOI [nom]
L'adolescent perdit brutalement la foi.
DÉF. : croyance en Dieu par une adhésion totale de l'esprit et du cœur = la certitude, la convic-tion ≠ le doute, l'incroyance, l'incrédulité.
N.B. – *La foi :* la confiance (SENTIMENT).
◆ Famille – *Un fidèle :* personne qui pratique une religion.
N.B. – *Une personne fidèle à sa parole :* qui respecte ses engagements – *Un ami fidèle :* dont les sentiments ne changent pas – *Fidèlement* (QUALITÉ).

LA GRÂCE [nom]
1. *Jean Valjean fut touché par la grâce de Dieu.*
DÉF. : aide que Dieu accorde aux hommes par amour.
2. *L'avocat a obtenu la grâce de son client :* la levée de la condamnation.

◆ Famille – *Gracier un condamné – Tomber en disgrâce :* perdre l'amitié de quelqu'un.

(UN, UNE) MYSTIQUE [nom ou adj. qual.]
Sainte Thérèse d'Avila était une mystique.
DÉF. : personne qui atteint un état de communication directe et immédiate avec Dieu par la force de la foi.

◆ Famille – *Le mysticisme :* disposition de l'esprit qui permet d'atteindre une communication intime avec Dieu.

UN PÉCHÉ [nom]
Dans la religion chrétienne, la colère est un péché.
DÉF. : désobéissance grave aux commandements de Dieu = une faute.
ATTENTION ! – Ne pas confondre avec : – le pêcher, la pêche (l'arbre et son fruit) – pêcher, la pêche, le pêcheur (qui prend du poisson).

◆ Famille – *Pêcher – Un pêcheur.*

LA PIÉTÉ [nom]
1. *Les fidèles prient avec une grande piété.*
DÉF. : amour et respect envers Dieu et la religion, qui se manifeste dans la vie = la dévotion, la ferveur ≠ l'impiété.
2. *Victor exprime souvent sa piété filiale.*
DÉF. : affection respectueuse d'un fils pour ses parents.

◆ Famille – *Un homme pieux ≠ un impie :* un homme qui insulte la religion – *Un acte impie – Pieusement.*

UNE PRIÈRE [nom]
1. *J'ai fait de nombreuses prières pour que mon enfant guérisse.*
DÉF. : paroles pour demander quelque chose à Dieu, le remercier ou le louer.
2. *Les moines consacrent une grande partie de leur temps à la prière.*
DÉF. : élévation de l'esprit vers Dieu, expression de l'amour et de la reconnaissance qu'on a pour lui.
N.B. – *Adresser une prière à quelqu'un :* une demande (COMMUNICATION).

◆ Famille – *Prier :* implorer, supplier.

RENIER [verbe]
Séduit par des idées nouvelles, il a renié sa religion.
DÉF. : l'a rejetée = l'a abjurée.
N.B. – *Renier sa famille :* ne plus la reconnaître = la rejeter – *Renier son œuvre :* la désavouer.

◆ Famille – *Un renégat :* celui qui a renié ses croyances – *Le reniement de ses croyances.*

(UN) SAINT [nom ou adj. qual.]
1. *Jeanne d'Arc a été proclamée sainte en 1920.*
DÉF. : reconnue par l'Église comme un modèle qu'il convient d'imiter. *C'est une sainte.*
2. *La Mecque est une ville sainte pour les musulmans.*
DÉF. : sacrée du fait des souvenirs qu'elle contient.

◆ Famille – *La sainteté d'un être, d'un lieu – Un sanctuaire – Sanctifier :* rendre saint – *La sanctification.*

LE SALUT [nom]
Un chrétien doit faire son salut.
DÉF. : fait d'être sauvé, c'est-à-dire de mériter la vie éternelle après la mort.
N.B. *Il n'a dû son salut qu'à la rapidité des secours :* le fait d'échapper à un danger mortel.

◆ Famille – *Une décision salutaire :* qui agit favorablement dans le domaine physique ou moral = bienfaisante ≠ néfaste.
N.B. – *Saluer quelqu'un – Une salutation* (COMMUNICATION).

LA SUPERSTITION [nom]
Par superstition, Amandine ne passe jamais sous une échelle.
DÉF. : croyance que certains actes, religieux ou non, ont des effets surnaturels bons ou mauvais.

◆ Famille – *Une personne superstitieuse – Superstitieusement.*

(LE) SURNATUREL [nom ou adj. qual.]
Les petits bergers pensèrent qu'il s'agissait d'une apparition surnaturelle. Tout ce qui relève de Dieu appartient au surnaturel.
DÉF. : qui ne s'explique pas par les lois de la nature = miraculeux (euse) ≠ naturel (elle).
N.B. – *L'intervention surnaturelle d'une fée :* magique, féerique, fantastique – *Une beauté surnaturelle :* extraordinaire = merveilleuse.

233

CONTRÔLEZ VOS CONNAISSANCES

(corrigé p. 283)

De nombreux termes religieux sont entrés dans des expressions de la vie courante. La preuve en est cette petite scène entre Grégoire et Juliette. À vous de placer les mots qui manquent dans ce texte ! Contrôlez ensuite à l'aide du corrigé.

☐ âme	☐ ange	☐ anges	☐ confesser
☐ damné	☐ dieu	☐ foi	☐ grâce
☐ péché	☐ saint		

Ce jour-là, Grégoire manquait totalement d'imagination pour faire sa rédaction et souffrait comme un .... 1. .... 2 à Dieu, Juliette accepta de l'aider, et espérait bien faire produire un chef-d'œuvre à son frère. « Il n'y a que la .... 3 qui sauve ! » pensa Grégoire. Il était aux .... 4. Son esprit s'évadait et il rêvait d'une part de tarte aux pommes que Mélanie avait préparée. C'était son .... 5 mignon ! Juliette se mit à crier à fendre l'............ 6. D'accord, son frère était beau comme un .... 7, mais quel paresseux ! Elle aurait bien voulu faire avouer à Grégoire qu'il pensait à tout autre chose qu'à son travail, mais il refusait de le .... 8. Un .... 9 passa. La pauvre Juliette ne savait plus à quel .... 10 se vouer. Et elle finit par laisser son frère se débrouiller seul !

la vie intellectuelle

l'esprit [nom masc.]

C'est une idée qui ne m'était pas venue à l'esprit.

DÉF. : ce que vous sentez vivre dans votre tête et qui anime à la fois la vie intérieure (sensibilité, caractère, spiritualité), et l'intelligence, la raison, le jugement, l'imagination, la volonté. C'est ce qui permet de sentir, de connaître, de comprendre et de créer = l'âme, la pensée, la conscience.

N.B. – *L'Esprit :* Dieu (VIE SPIRITUELLE). (Voir page 228)

◆ Famille – *Une plaisanterie **spirituelle**,* qui témoigne d'une grande vivacité d'esprit – ***Spirituellement.***

l'intelligence [nom fém.]

1. *C'est un homme dont l'**intelligence** est remarquable.*

DÉF. : capacité de bien connaître et de bien comprendre les rapports entre les idées ainsi que les rapports entre les différents aspects de la réalité = la compréhension, l'entendement.

2. *Son **intelligence** lui a permis de se sortir d'une situation difficile.*

DÉF. : capacité de comprendre des situations nouvelles et s'y adapter = la réflexion.

N.B. – *L'**intelligence*** est différente de *l'intuition* qui n'a pas besoin de faire appel au raisonnement pour connaître ou comprendre.

◆ Famille – *Un homme **intelligent** – Parler **intelligemment** – Des paroles **intelligibles** :* compréhensibles ≠ ***inintelligibles.***

(un) intellectuel [nom ou adj. qual.]

1. *La vie **intellectuelle** a été très intense au XVIIIe siècle.*

DÉF. : qui concerne les différentes activités de l'esprit.

2. *« Mais oui, mais oui, pendant une grande partie de votre temps, vous faites du travail **intellectuel** ».*

DÉF. : qui fait appel surtout à votre intelligence, à votre raisonnement.

3. *Les **intellectuels** ont un rôle important dans un pays.*

DÉF. : personnes dont l'activité principale ou la profession est consacrée aux activités de l'esprit (par opposition aux manuels).

◆ Famille – ***L'intelligence*** et tous les mots de la famille – ***Intellectuellement.***

Le raisonnement

Un raisonnement sur le progrès

La science n'a pas empêché les guerres, les violences, les injustices. Elle les a même rendues plus aiguës. Les avantages acquis grâce à elle paraissent contrebalancés par les inconvénients. Chaque progrès semble se payer, parfois chèrement, par des désavantages majeurs. La physique des particules nous a instruits de la structure de la matière ; nous en avons profité pour créer l'arme nucléaire. [...]

Alors, oubliant les conséquences heureuses du prodigieux essor de la science, beaucoup ne virent que ses aspects négatifs. La déception s'est traduite par un doute, voire un véritable désenchantement.

Et pourtant, la science et les connaissances accumulées par la recherche sont a priori parfaitement neutres, bien qu'elles soient toujours étroitement liées à des motivations politiques. Leurs conséquences comme leurs applications sont bonnes ou mauvaises selon la volonté de ceux qui les convertissent en moyens d'action. On ne reprochera pas à Henri Becquerel d'avoir découvert la radioactivité, sous prétexte que deux villes japonaises ont été détruites, une cinquantaine d'années plus tard, par des explosions atomiques. Ni à Zeider d'avoir synthétisé un produit chimique qui a empoisonné les oiseaux, après avoir, sous le nom de D.D.T., sauvé des millions d'hommes de maladies transmises par les insectes.

En réalité, pour que notre civilisation renaisse sous une forme nouvelle, il faut d'abord étendre nos connaissances. Le paradoxe de la science... est qu'il n'y a qu'une réponse à ses méfaits et à ses périls : encore plus de science, écrit Romain Gary.

Jean DORST, *La Force du vivant* (1981),
© Flammarion.

Sommaire

FICHES D'ENTRÉE

Les mots de ce champ lexical peuvent vous paraître difficiles. Pourtant, dans toutes les matières scolaires et aussi quand vous parlez ou écrivez, vous avez besoin de ces mots-là. Aussi est-il important de vous familiariser avec eux.

le raisonnement [nom]

1. *Seuls les hommes sont capables de **raisonnement**.*
DÉF. : mise en œuvre par l'homme de ses capacités à connaître et à juger, pour savoir comment se conduire.

2. *Ton **raisonnement** est parfait, je n'ai rien à y redire.*
DÉF. : suite logique d'idées, aboutissant à une conclusion = une argumentation.

◆ Famille – *L'homme utilise sa **raison*** : sa capacité de jugement pour se conduire – ***Raisonnable** – **Raisonnablement** – **Raisonner*** : faire usage de sa ***raison*** pour former des idées, des jugements – *La **raison** de son départ* : la cause – *Faire le **raisonneur*** : raisonner tout le temps et en devenir fatigant.

◆ Expressions – ***Faire entendre raison*** : convaincre d'avoir une attitude *raisonnable* – ***L'âge de raison*** : l'âge (souvent 7 ans) où l'on juge les enfants capables de se conduire *raisonnablement*.

◆ Locution – ***À plus forte raison*** : d'autant plus.

(la) logique [nom et adj. qual.]

1. *Ton devoir n'est pas **logique*** (adj.).
DÉF. : tes idées ne se suivent pas selon les rapports que tu étudies en analyse logique : cause, conséquence, condition, comparaison ou analogie, concession, but = cohérent, rigoureux, méthodique ≠ illogique, incohérent.

2. *Il sait très bien observer les règles de **la logique*** (nom).
DÉF. : ensemble des règles qui permettent de raisonner juste = le raisonnement.

◆ Famille – *Construire son devoir **logiquement** – Une conduite **illogique** – L'analyse **logique*** (GRAMMAIRE).

◆ Expression – ***La logique** des courants de pensée du XVIIIe siècle aboutit à la Révolution française* : suite explicable par des rapports ***logiques*** d'événements, de choses ou de positions intellectuelles, politiques, etc.

A. TERMES GÉNÉRAUX

Testez-vous ! (corrigé p. 283)

1. Un terme abstrait :
- **a.** qui désigne une réalité que l'on peut percevoir par les sens ☐
- **b.** qui ne peut être saisi que par l'esprit ☐
- **c.** qui est très compliqué ☐
- **d.** sens ignoré ☐

2. Une classe :
- **a.** ensemble d'éléments ayant des caractères communs ☐
- **b.** suite d'éléments organisés selon une hiérarchie ☐
- **c.** regroupement d'éléments très différents ☐
- **d.** sens ignoré ☐

3. Concevoir un nouvel engin :
- **a.** en faire l'expérience, le tester ☐
- **b.** le créer avec son imagination, sa réflexion ☐
- **c.** comprendre comment il fonctionne ☐
- **d.** sens ignoré ☐

4. Une évidence :
- **a.** idée sans importance, vide de sens ☐
- **b.** idée qui demande à être prouvée ☐
- **c.** ce qui s'impose à l'esprit comme vrai, sans avoir besoin d'être prouvé ☐
- **d.** sens ignoré ☐

5. Une norme :
- **a.** un cas particulier, exceptionnel ☐
- **b.** une déviation de l'esprit, un égarement ☐
- **c.** ce qui est conforme à la règle établie et donc habituel, ordinaire ☐
- **d.** sens ignoré ☐

6. Un trait spécifique :
- **a.** qui est très général ☐
- **b.** qui est propre à une espèce, à une catégorie ☐
- **c.** qui demande à être précisé, spécifié ☐
- **d.** sens ignoré ☐

7. Une synthèse :
- **a.** observation détaillée de divers faits ☐
- **b.** examen d'un fait précis et particulier ☐
- **c.** rassemblement d'idées diverses en un exposé d'ensemble ☐
- **d.** sens ignoré ☐

Utilisez vos connaissances (corrigé p. 283)

À l'aide des définitions en italiques, complétez chaque phrase avec l'un des mots placés dans l'encadré ci-dessous. Attention aux accords et aux conjugaisons! Si vous consultez le vocabulaire des pages 242 et 243, les notions utilisées dans cet exercice deviendront des évidences.

☐ abstrait	☐ complexe	☐ une faculté	☐ un processus
☐ analyser	☐ concevoir	☐ une norme	☐ spécifique
☐ un caractère	☐ considérer	☐ une notion	☐ une structure
☐ une classe	☐ définir	☐ un phénomène	☐ une synthèse
☐ cohérent	☐ une évidence	☐ une précision	☐ un système

1. *Saisir par l'intelligence, la pensée.*
Que la terre soit ronde est une réalité difficile à ....

2. *Procéder à un examen attentif et critique.*
Avant d'acheter leur nouvelle voiture, Victor et Mélanie en .... tous les avantages et les inconvénients.

3. *Distinguer les divers éléments d'un problème.*
Avant de résoudre son problème de maths, Juliette en .... les données.

4. *Trait marquant, signe distinctif.*
Il existe de très nombreuses variétés de singes, qui ont chacune des .... particuliers.

5. *Déterminer et énoncer les caractères d'un être, d'une chose, d'une idée...*
Grégoire est bien embarrassé, car on lui demande de .... l'humour.

6. *Ce qui se produit, est observable et peut être étudié.*
On réussit désormais à expliquer presque tous les .... météorologiques.

7. *Enchaînement de faits qui constitue une progression dans le temps.*
On connaît bien maintenant le .... qui a conduit à la seconde guerre mondiale.

8. *Ce qui s'impose à l'esprit comme vrai, sans avoir besoin d'être prouvé.*
Que la nuit soit due à l'absence de lumière est une ....

9. *Capacité intellectuelle, morale ou physique d'un être vivant.*
Les personnes qui ont la .... de lire très vite ont bien de la chance!

10. *Connaissance immédiate, qui ne s'appuie pas sur l'expérience.*
Grégoire s'interdit de mentir à ses parents, car il a la .... du bien et du mal.

11. *Façon dont les diverses parties d'un ensemble sont disposées entre elles pour former un tout construit.*
Connaître dans le détail la .... du corps humain demande des années d'études.

12. *Ensemble d'idées visant à expliquer le monde.*
En économie, Juliette vient d'étudier les .... capitaliste et communiste.

13. *Ensemble d'êtres vivants ou d'objets qui ont des caractères communs.*
Les jeunes de la colonie de vacances sont répartis par .... d'âge.

14. *État habituel, ordinaire, conforme à la règle.*
Arthur est très fantaisiste, mais son comportement reste quand même dans la ....

15. *Élément plus net, que l'on ajoute.*
Grégoire connaissait bien le sujet de l'exposé de son copain, et y a apporté des ....

16. *Réunion des divers éléments d'un ensemble en un tout cohérent.*
Juliette a maintenant suffisamment d'idées pour son exposé : elle peut en faire la ....

17. *Exclusivement propre à une espèce, à une catégorie, à un groupe.*
La tenue vert et jaune est .... de l'équipe de football de Nantes.

18. *Qui comprend beaucoup d'éléments différents.*
Dans toutes ses aventures, James Bond doit venir à bout de situations très ....

19. *Qui est perçu par l'intelligence et non par les sens.*
Les grandes marques de lessive vendent de la blancheur : notion .... !

20. *En rapport les unes avec les autres.*
Grégoire n'a pas eu la moyenne à sa rédaction, car ses idées n'étaient pas ....

*Arthur concentre ses **facultés** sur l'étude des oiseaux. Il en **analyse** la structure avec une grande précision.*

241

VOCABULAIRE

ABSTRAIT [adj. qual.]
*La sagesse est une notion **abstraite**.*
DÉF. : qui est saisi uniquement par l'esprit ≠ **concrète** : qui est perçue par les sens, appartenant au réel.

◆ Famille – ***Abstraitement*** – ***Abstraire*** *une donnée :* l'isoler par la pensée, la considérer à part – *La sagesse est une **abstraction**.*

ANALYSER [verbe]
1. *Les chimistes **analysent** des produits.*
DÉF. : les décomposent en leurs divers constituants.
2. *Les congressistes **analysent** la montée du chômage.*
DÉF. : distinguent les divers éléments du problème.

◆ Famille – *Faire l'**analyse** d'un problème* ≠ la synthèse – *Une situation **analysable*** – *Une méthode **analytique**.*

UN CARACTÈRE [nom]
1. *En sciences naturelles, on définit une espèce par les **caractères** communs à tous les individus de cette espèce.*
DÉF. : les traits marquants, les signes distinctifs.
2. *Le **caractère** dangereux de la situation ne lui échappe pas.*
DÉF. : l'aspect particulier, distinctif.

◆ Famille – ***Caractériser*** – ***Se caractériser :*** se distinguer – *Les **caractéristiques** d'une machine* – *Un bruit **caractéristique**.*
N.B. – *Le **caractère** d'une personne :* les façons de sentir et de réagir qui lui sont propres = la personnalité.

UNE CLASSE [nom]
*En sciences naturelles, on range les animaux par **classes** (Ex. : les oiseaux, les poissons, etc.).*
DÉF. : ensembles d'êtres vivants ou d'objets qui ont des caractères communs = une catégorie.

◆ Famille – ***Classer :*** ranger par catégories ou par séries – *Faire une **classification*** – *Faire un **classement :*** ranger selon un certain ordre.

COHÉRENT [adj. qual.]
*Il a eu un gros choc dans l'accident mais ses propos sont quand même **cohérents**.*
DÉF. : en rapport les uns avec les autres ≠ **incohérents**.

◆ Famille – *La **cohérence** des propos* – *La **cohésion** d'un groupe :* le fait que ses membres sont unis.

COMPLEXE [adj. qual.]
1. *Ce problème de maths est vraiment **complexe**.*
DÉF. : comprenant beaucoup d'éléments différents = compliqué ≠ simple.
2. *Germinal est un roman **complexe**.*
DÉF. : difficile à analyser ≠ simple.

◆ Famille – *La **complexité** d'un problème.*

CONCEVOIR [verbe]
1. *Nous avons du mal à **concevoir** ce qu'explique notre professeur.*
DÉF. : saisir par l'intelligence = comprendre.
2. *L'ingénieur **a conçu** un nouveau système de protection contre le vol.*
DÉF. : a créé avec son imagination et sa réflexion = a imaginé, a inventé.

◆ Famille – *Une situation **concevable*** ≠ ***inconcevable*** – *Des idées **préconçues :*** toutes faites, sans vérification par l'expérience ou le jugement – *Un **concept :*** ce qui est conçu par l'esprit = une idée.

CONSIDÉRER [verbe]
*Le juge **considère** la situation sous tous ses aspects avant d'annoncer sa décision.*
DÉF. : procède à un examen attentif et critique = examine, observe.
N.B. – ***Considérer** quelqu'un :* 1) l'observer (VUE) 2) l'estimer, l'apprécier (SENTIMENT).

◆ Famille – *Prendre un problème en **considération :*** l'examiner, en tenir compte.

DÉFINIR [verbe]
*Il n'est pas facile de **définir** l'État.*
DÉF. : déterminer et énoncer les caractères d'un être, d'une chose, d'une idée, d'un sentiment.

◆ Famille – ***Définissable*** – *Donner la **définition** d'un mot :* sa signification – *Un sentiment **indéfinissable :*** vague, complexe.
N.B. – *Une décision **définitive :*** sur laquelle on ne reviendra pas = irrévocable.

UNE ÉVIDENCE [nom]
*Il faut manger pour vivre : c'est une **évidence**.*
DÉF. : ce qui s'impose à l'esprit comme vrai, sans avoir besoin d'être prouvé = une certitude.

◆ Famille – *Une idée **évidente :*** indiscutable, incontestable, indéniable, indubitable – *Il a **évidemment** compris.*

UNE FACULTÉ [nom]
*Les hommes ont des **facultés** intellectuelles que les oiseaux n'ont pas.*
*Mais les oiseaux, eux, ont la **faculté** de voler !*
DÉF.: capacité intellectuelle, morale ou physique que possède un être vivant pour agir= l'aptitude.

UNE NORME [nom]
1. *En dormant le jour et en sortant la nuit, il s'écarte de la **norme**.*
DÉF.: état habituel, ordinaire, conforme à la règle établie = la **normale** ≠ *l'anormal*.
2. *Cet appareil ménager répond aux **normes**.*
DÉF.: règles imposées dans la production.

◆ Famille – *Une vie **normale** ≠ **anormale** – **Normalement** ≠ **anormalement** – La **normalité**.*

UNE NOTION [nom]
1. *Après son accident, il avait perdu la **notion** du temps.*
DÉF.: connaissance immédiate = la conscience.
2. *On connaît des mots sans comprendre la **notion** qu'ils couvrent.*
DÉF.: idée = le concept.
3. *Avec ses **notions** de mécanique, il pourra dépanner ta voiture* (au pluriel en ce sens).
DÉF.: connaissances peu approfondies.

◆ Famille – *Un champ lexical est un regroupement **notionnel** de mots :* fait selon une même notion, une même idée.

UN PHÉNOMÈNE [nom]
1. *Les hommes aimeraient maîtriser tous les **phénomènes** naturels.*
DÉF.: ce qui se produit, est observable et peut être étudié = les faits.
2. *Un veau à deux têtes est un **phénomène**.*
DÉF.: objet, personne, fait ou événement surprenants parce que rares, extraordinaires.
◆ Famille – *Faire un bond **phénoménal**.*

UNE PRÉCISION [nom]
1. *Son explication demande des **précisions** !*
DÉF.: des éléments supplémentaires plus nets.
2. *Sa pensée frappa l'auditoire par sa **précision**.*
DÉF.: sa clarté = sa netteté ≠ sa confusion.
3. *« Voici un instrument de **précision** ».*
DÉF.: qui donne une mesure exacte.

◆ Famille – *Un signalement **précis** :* exact ≠ **imprécis** – **Précisément** – **Préciser** ses intentions.

UN PROCESSUS [nom]
*Le vieillissement est un **processus** que personne ne sait arrêter.*
DÉF.: enchaînement de faits qui constitue une progression dans le temps = une évolution.

◆ Famille – *Un **procédé** :* une méthode utilisée pour parvenir à un résultat
◆ Expression – ***Procéder par ordre** :* agir selon un certain ordre.

SPÉCIFIQUE [adj. qual.]
1. *Le pelage tacheté est **spécifique** des léopards.*
DÉF.: exclusivement propre à une espèce, à une catégorie = caractéristique.
2. *Les Esquimaux ont des coutumes **spécifiques**.*
DÉF.: qui ont leurs caractéristiques propres.

◆ Famille – *Des coutumes **spécifiquement** esquimaudes – La **spécificité** des coutumes – Un **spécimen** :* représentant d'une espèce ou d'une série.
N.B. – ***Spécifier** un code pénal :* le préciser.

UNE STRUCTURE [nom]
*Nous avons analysé au microscope la **structure** d'une feuille d'arbre.*
DÉF.: façon dont les diverses parties d'un ensemble concret ou abstrait sont disposées entre elles pour former un ensemble construit = l'organisation.

◆ Famille – ***Structurer** sa pensée – La **structuration** de la pensée – Un déséquilibre **structurel**,* en économie.

LA SYNTHÈSE [nom]
*Le journaliste présente une **synthèse** des débats.*
DÉF.: exposé réunissant les divers éléments d'un ensemble en un tout cohérent ≠ une analyse.

◆ Famille – *Une présentation **synthétique** – **Synthétiquement** – **Synthétiser** :* associer, combiner par une synthèse intellectuelle.

UN SYSTÈME [nom]
1. *Le **système** de Newton a mis en évidence la loi de la pesanteur.*
DÉF.: ensemble d'idées visant à expliquer le monde = une théorie.
2. *Le **système** nerveux est complexe.*
DÉF.: ensemble organisé d'éléments de même nature.

◆ Famille – *Un classement **systématique** :* méthodique – *Un esprit **systématique** :* qui pense selon un système sans tenir compte de la réalité – *Un refus **systématique**.*

(corrigé p. 283)

A. Essayez de trouver le contraire des mots en gras. Attention aux accords !

1. La conduite de Juliette en la circonstance n'était pas **cohérente** ; elle était ....

2. La gourmandise est une notion **abstraite** ; les bonbons sont des objets ....

3. On reproche à Juliette de ne pas avoir l'esprit de **synthèse**. En revanche, elle a d'excellentes facultés d'............. .

4. Les explications d'Arthur manquent totalement de **précision**. Leur .... trouble Victor et Mélanie.

B. Certains mots du vocabulaire des pages 242 et 243 ont un deuxième sens aussi important que le premier. À l'aide des définitions données avant les phrases, complétez chacune d'elles avec le mot approprié. Attention aux accords et aux conjugaisons !

1. *Créer avec son imagination et sa réflexion.*
Un jeune garçon a .... une machine à administrer les médicaments, pour laquelle il a reçu un prix.

2. *Personne ou objet surprenant parce que rare, extraordinaire.*
Le héros du film *Elephant Man* est un ...., qui connaît de tristes aventures.

3. *Règles techniques à suivre dans la production.*
On a offert à Victor un téléphone sans fil venant des États-Unis. Mais il ne répond pas aux .... françaises !

4. *Très riches en nuances, difficiles à analyser.*
Les films de Charlot font beaucoup rire, mais certains sont très ....

5. *Aspect particulier, distinctif.*
Que Grégoire se lève à l'aube ce jour-là avait un .... exceptionnel qui surprit toute la famille.

6. *Connaissances élémentaires, peu approfondies.*
Arthur n'a que des .... d'électronique, mais il commence à fabriquer des circuits intégrés.

7. *Qui ont leurs caractéristiques et leurs lois propres.*
Les romans policiers sont écrits selon des règles ....

8. *Qui donne une mesure exacte.*
Les balances électroniques sont des instruments de grande ....

B. LA CAUSE – LA CONSÉQUENCE – LE BUT

Testez-vous ! (corrigé p. 283)

1. Que dois-tu en **déduire** ?
- **a.** Quelle justification dois-tu trouver ? ☐
- **b.** Quel but dois-tu chercher à atteindre ☐
- **c.** Quelle conséquence dois-tu tirer ? ☐
- **d.** sens ignoré ☐

2. Un **facteur** d'échec :
- **a.** l'élément qui contribue à un échec ☐
- **b.** ce qui l'excuse ☐
- **c.** le résultat d'un échec ☐
- **d.** sens ignoré ☐

3. **Justifier** une absence :
- **a.** en souligner les conséquences ☐
- **b.** fournir une excuse, une explication de cette absence ☐
- **c.** s'en sentir coupable ☐
- **d.** sens ignoré ☐

4. Tu dois **motiver** ta décision de partir :
- **a.** dire ce qui te fait prendre cette décision ☐
- **b.** la mettre en œuvre ☐
- **c.** y renoncer ☐
- **d.** sens ignoré ☐

5. Le **prétexte** de son absence est la maladie :
- **a.** la cause indiscutable ☐
- **b.** la justification exacte ☐
- **c.** le motif apparent qui cache la vraie raison ☐
- **d.** sens ignoré ☐

6. La victoire **résulte** d'un entraînement intensif :
- **a.** exige un entraînement intensif ☐
- **b.** en est la conséquence logique ☐
- **c.** le justifie ☐
- **d.** sens ignoré ☐

7. Cet homme a des **visées** claires :
- **a.** des raisons pour agir ☐
- **b.** un but qu'il se propose d'atteindre ☐
- **c.** des moyens honnêtes ☐
- **d.** sens ignoré ☐

Utilisez vos connaissances (corrigé p. 283-284)

À l'aide des définitions en italiques, complétez chaque phrase avec l'un des mots placés dans l'encadré ci-dessous. Attention aux accords et aux conjugaisons !
Votre objectif : réussir cet exercice. Consulter le vocabulaire des pages 248 et 249 sera un bon facteur de succès.

☐ un but	☐ un effet	☐ le fruit	☐ un objectif
☐ une cause	☐ envisager	☐ impliquer	☐ un prétexte
☐ une conséquence	☐ un facteur	☐ justifier	☐ résulter
☐ déduire	☐ une fin	☐ un mobile	☐ susciter
☐ dépendre	☐ fonder	☐ motiver	☐ une visée

1. *Élément qui est à l'origine d'un fait.*
On vient de découvrir la .... du mal au ventre d'Arthur : il a mangé trop de cerises.

2. *Résultat qui peut être constaté.*
Les encouragements ont un .... très positif sur la conduite de Grégoire.

3. *Ce qui est entraîné par un fait et se situe donc après lui.*
La joie de Juliette est la .... de ses bons résultats au bac blanc.

4. *Donner des explications valables.*
Valentin ne peut .... son retard : il risque d'être puni.

5. *Ce qui pousse à agir.*
C'est sans .... apparent que Désiré a agressé son camarade à la récréation.

6. *Donner les raisons de son projet.*
Pour être admise dans sa nouvelle école, Juliette doit .... sa demande d'y entrer.

7. *Résultat qu'on se propose d'atteindre.*
Le .... de Victor est que ses enfants réussissent leur vie.

8. *Raison inexacte que l'on met en avant pour cacher la vraie raison.*
Pour ne pas aller à la piscine, Justine a avancé comme .... un mal de dents.

9. *Faire naître, provoquer, entraîner.*
Le désordre de Grégoire .... de l'énervement dans la famille !

10. *Être la conséquence réelle et logique.*
La santé remarquable de Gabriel .... de l'activité physique qu'il continue à pratiquer.

11. *But qu'on espère atteindre.*
Victor s'efforce d'aider ses enfants, car il a des .... ambitieuses pour leur avenir.

12. *Examiner un projet à réaliser dans l'avenir.*
Si Grégoire a des difficultés en seconde, ses parents .... de le faire redoubler.

13. *But précis d'une action.*
Pour beaucoup de parents, le premier .... des études est l'obtention du bac.

14. *Tirer comme conséquence logique.*
« Mon copain n'est pas dans le bus ; j'en .... qu'il a pris le bus précédent. »

15. *Ne peut se produire que si une condition est remplie.*
Les progrès d'Arthur en natation ne .... que de lui : il suffit qu'il s'entraîne davantage.

16. *Élément contribuant à un résultat.*
Le travail est l'un des .... de la réussite scolaire.

17. *Résultat qu'on veut atteindre.*
Grégoire est parvenu à ses .... : ses parents lui ont acheté une mobylette.

18. *Faire reposer une idée ou une décision sur un élément existant.*
Juliette .... son espoir de succès au bac sur ses bonnes notes en français.

19. *Profit, bénéfice, ce qu'on a avantageusement récolté.*
Le succès de Joseph est bien mérité ; il est le .... de son application.

20. *Renfermer comme conséquence logique.*
Qu'Arthur ait la permission de faire des gâteaux .... qu'il lave ensuite les moules.

« Mon **but**, c'est une balade à mobylette avec Charlotte. Un tel **objectif justifie** bien quelques efforts ! »

VOCABULAIRE

UN BUT [nom]
*Le **but** de cet athlète est d'obtenir une médaille.*
DÉF. : résultat qu'il se propose d'atteindre = l'objectif, la fin, la visée, le dessein (avec un *e*).
N.B. – *La flèche atteint son **but*** : sa cible.

◆ Locution – ***Dans le but de.***

UNE CAUSE [nom]
1. *Le médecin cherche la **cause** de la maladie.*
DÉF. : élément ou action qui l'a provoquée = l'origine ≠ la conséquence.
2. *La **cause** de sa démission est connue.*
DÉF. : la raison de sa démission = le motif.

◆ Famille – ***Causer** un accident* : l'occasionner = le provoquer – *La **causalité*** – *Une relation **causale** entre deux faits* : un fait est la cause de l'autre qui est la conséquence du premier.
N.B. – ***Causer** = parler familièrement* (COMMUNICATION).

◆ Locution – ***À cause de.***

UNE CONSÉQUENCE [nom]
*La chute de l'arbre est la **conséquence** de l'orage.*
DÉF. : ce qui est causé par l'orage et se situe donc après celui-ci = l'effet ≠ la cause.

◆ Famille – *La fatigue **consécutive** à un effort* : qui en est la conséquence.
N.B. – *Un être **conséquent*** : qui pense et agit avec logique ≠ ***inconséquent*** (CARACTÈRE) – *Six jours **consécutifs*** : qui se suivent (TEMPS).

◆ Locution – ***En conséquence*** : donc, ainsi.

DÉDUIRE, SE DÉDUIRE [verbe]
1. *À te voir si bien habillée, j'en **déduis** que tu sors ce soir.*
DÉF. : tire comme conséquence logique = je conclus ≠ j'***induis***.
2. *Le temps qu'il fera demain **se déduit** des relevés météorologiques sur l'Océan.*
DÉF. : se trouve logiquement à partir de ces relevés = découle.

◆ Conjugaison – *Je déduis, nous déduisons, je déduisis, je déduirai, déduisant,* part. passé : *déduit.*

◆ Famille – *La **déduction*** : forme de raisonnement logique faite d'une suite d'idées, chacune étant la conséquence de la précédente = une démonstration ≠ l'***induction*** – *Une **déduction*** : conclusion que l'on tire d'une idée ou d'un fait prouvé.

DÉPENDRE [verbe]
1. *Sa réussite à l'examen **dépend** de son calme.*
DÉF. : ne peut se produire que si une condition est remplie = découle ≠ entraîne.
2. *Son passage en seconde **dépend** de l'avis du conseil de classe.*
DÉF. : est soumis à la décision du conseil.

◆ Famille – *La **dépendance** entre deux faits* : la corrélation – *Un fait **dépendant** ou **indépendant** d'un autre fait* – *L'**indépendance**, l'**interdépendance**.*

UN EFFET [nom]
*Les crises économiques ont un **effet** catastrophique sur l'emploi.*
DÉF. : résultat produit par une cause = une conséquence, une incidence ≠ une cause.

◆ Famille – *Une aide **effective*** : qui se traduit dans la réalité – ***Effectivement*** : en fait.

◆ Locution – ***En effet*** : car.

ENVISAGER [verbe]
*Mes parents **envisagent** d'acheter un nouveau poste de télévision.*
DÉF. : y pensent comme à une chose à réaliser dans l'avenir = projettent (projeter).
N.B. – ***Envisager** une situation* : l'examiner, y réfléchir, la considérer – ***Envisager** le pire* : le prévoir comme possible (HYPOTHÈSE).

UN FACTEUR [nom]
*Les **facteurs** qui interviennent dans la pollution sont nombreux.*
DÉF. : les différents éléments contribuant à un résultat = les causes, les agents.
N.B. – ***Facteur*** : celui qui fait – Ex : *un **facteur** d'orgue.*

◆ Famille – ***Faire.***

UNE FIN [nom]
*Le patron de Victor a une attitude surprenante et on se demande quelle **fin** il poursuit.*
DÉF. : quel résultat il veut atteindre = un but.
N.B. – *La **fin*** (TEMPS OU LIEU).

◆ Famille – *La **finalité** des actes* : le fait qu'ils sont exécutés dans un but ; ce but lui-même.

◆ Expression – *Roméo **est parvenu à ses fins*** : *Juliette l'aime* : (au pluriel) a obtenu le résultat qu'il souhaitait = a réussi ≠ a échoué.

◆ Locution – ***À cette fin*** : dans ce but.

FONDER [verbe]
Les écologistes fondent leur action sur la certitude que la nature est en danger.
DÉF. : la font reposer sur cette certitude = basent, justifient, motivent.
N.B. – *Fonder une ville :* la créer, l'établir.

◆ Famille – *Le fond* – *Un reproche fondé :* justifié – *Le fondement d'un fait* – *Un principe fondamental :* qui est à la base d'un fait et le justifie – *Le bien-fondé d'une idée, d'une action :* le fait qu'elle est conforme à la raison, à la loi.

LE FRUIT [nom]
Son importante culture est le fruit de ses lectures.
DÉF. : le profit, le bénéfice, ce qu'il a « récolté » = un gain ≠ une perte.

◆ Famille – *Fructifier :* produire des fruits (sens propre), de bons résultats, des bénéfices (sens figuré) – *Des efforts fructueux :* profitables.

IMPLIQUER [verbe]
Être humain implique qu'on est mortel.
DÉF. : renferme comme conséquence logique = entraîne ≠ exclut.
N.B. – *Impliquer quelqu'un dans une affaire :* l'y mêler de façon fâcheuse = compromettre – *L'implication d'une personne* – *S'impliquer dans un projet :* s'y donner à fond.

◆ Famille – *Les implications d'une décision :* les conséquences qu'elle entraînera.
N.B. – *Un accord implicite :* inclus, mais non exprimé.

JUSTIFIER [verbe]
Tout élève qui a manqué la classe doit justifier son absence.
DÉF. : en donner une explication valable.

◆ Famille – *Une décision juste ≠ injuste* – *Se justifier :* prouver qu'on n'est pas coupable – *Une justification* – *Une absence justifiée ≠ injustifiée* – *Une absence injustifiable* – *Des pièces justificatives, des justificatifs :* documents qui servent à prouver un fait.

UN MOBILE [nom]
Les enquêteurs découvrent le mobile du crime.
DÉF. : ce qui a poussé à agir, autre que la raison.
N.B. – *Un mobile :* tout corps qui se déplace – *Mobile :* qui bouge (mouvement)

MOTIVER [verbe]
1. *« Tu dois motiver ta demande ».*
DÉF. : donner les raisons qui la rendent acceptable.
2. *Son mal motive une intervention chirurgicale.*
DÉF. : est une raison pour = nécessite.

◆ Famille – *Un motif :* une raison qui pousse à agir – *La motivation :* l'ensemble des motifs – *Un élément motivant.*

UN OBJECTIF [nom]
L'objectif premier des organismes humanitaires est de sauver le plus possible de vies.
DÉF. : but précis d'une action.
N.B. – *Un objectif militaire :* point contre lequel est dirigée une opération.

◆ Famille – *L'objet d'un désir, d'une action :* ce vers quoi tend un désir ou une action = le but.
N.B. – *Une personne objective* (PENSÉE) – *Le complément d'objet* (GRAMMAIRE).

UN PRÉTEXTE [nom]
Son mal de tête est un prétexte pour paresser.
DÉF. : une raison inexacte, mise en avant pour cacher le vrai motif d'un acte ou d'un comportement.

◆ Famille – *Prétexter des maux de tête.*
◆ Locution – *Sous prétexte de, sous prétexte que.*

RÉSULTER [verbe]
1. *Sa fatigue résulte d'un manque de sommeil.*
DÉF. : est la conséquence logique = découle.
2. *Il résulte de l'enquête que le voleur a agi seul.*
DÉF. : apparaît comme une conclusion évidente, il ressort.

◆ Famille – *Un résultat :* une conséquence concrète – *Une résultante :* résultat de plusieurs facteurs.

SUSCITER [verbe]
Sa déclaration suscita de vives réactions.
DÉF. : fit naître = causa, provoqua, entraîna.

UNE VISÉE [nom]
Ses visées sont très ambitieuses (généralement au pluriel).
DÉF. : but qu'il espère atteindre = un projet, une intention, un dessein.

◆ Famille – *Viser la réussite :* l'avoir pour but.
N.B. – *Viser avant de tirer :* pointer avec une arme – *Cette remarque vise tout le monde :* concerne – *Se sentir visé.*

CONTRÔLEZ VOS CONNAISSANCES

(corrigé p. 284)

1. Chassez l'intrus dans les séries suivantes.

a. une cause – un effet – un facteur – un mobile – un prétexte.

b. un but – une fin – le fruit – un objectif – une visée.

2. Placez les mots suivants dans le tableau pour les classer en mots contenant une idée de **cause** ou de **conséquence** ou de **but**.

- ☐ un agent
- ☐ un dessein
- ☐ un motif
- ☐ une raison
- ☐ causer
- ☐ entraîner
- ☐ une origine
- ☐ un résultat
- ☐ conclure
- ☐ une incidence
- ☐ un projet
- ☐ découler
- ☐ une intention
- ☐ provoquer

Cause	Conséquence	But

Testez-vous ! (corrigé p. 284)

1. L'adjonction d'un paragraphe dans une rédaction :
- **a.** le fait de le supprimer ☐
- **b.** le fait de l'ajouter ☐
- **c.** son inutilité ☐
- **d.** sens ignoré ☐

2. Une alternative :
- **a.** nécessité de choisir à la place d'un autre ☐
- **b.** choix parmi de très nombreux éléments ☐
- **c.** nécessité de choisir entre deux éléments ☐
- **d.** sens ignoré ☐

3. Confronter ses idées :
- **a.** les comparer en les rapprochant ☐
- **b.** les mettre en commun ☐
- **c.** les approfondir ☐
- **d.** sens ignoré ☐

4. Coordonner les différents services d'une entreprise :
- **a.** les surveiller ☐
- **b.** les organiser en un ensemble cohérent ☐
- **c.** les commander ☐
- **d.** sens ignoré ☐

5. Une hypothèse :
- **a.** une idée fausse ☐
- **b.** une supposition qui demande à être vérifiée ☐
- **c.** une idée contraire à la raison ☐
- **d.** sens ignoré ☐

6. Une présomption :
- **a.** une certitude ☐
- **b.** un projet irréalisable ☐
- **c.** une supposition pour laquelle on n'a aucune preuve ☐
- **d.** sens ignoré ☐

7. Une sélection :
- **a.** choix pour ne retenir que ce qui est le mieux ☐
- **b.** réunion pour prendre une décision ☐
- **c.** déclaration pour annoncer ce qui a été décidé ☐
- **d.** sens ignoré ☐

Utilisez vos connaissances (corrigé p. 284)

À l'aide des définitions en italiques, complétez chaque phrase avec l'un des mots placés dans l'encadré ci-dessous. Attention aux accords et aux conjugaisons !
À supposer que vous hésitiez beaucoup, vous pouvez toujours confronter les définitions qui vous sont proposées avec celles du vocabulaire des pages 254 et 255.

☐ une adjonction	☐ confronter	☐ une corrélation	☐ un paradoxe
☐ une alternative	☐ une conjecture	☐ différencier	☐ une présomption
☐ une analogie	☐ une conjonction	☐ une éventualité	☐ une restriction
☐ associer	☐ une contradiction	☐ une exception	☐ une sélection
☐ une condition	☐ coordonner	☐ une hypothèse	☐ supposer

1. *Ce qui est indispensable pour qu'un fait se produise.*
Un terrain sec est la .... de la victoire de ce cheval, qui court mal sur sol humide.

2. *Penser sans être certain.*
« Je .... que tu auras une excellente note en français. »

3. *Fait de considérer une chose comme possible.*
Victor se place dans l'............ où Juliette serait reçue au bac.

4. *Supposition fondée sur des éléments vraisemblables.*
Lorsqu'il a écrit *On a marché sur la lune,* Hergé faisait reposer son histoire sur des ....

5. *Événement qui peut se produire ou ne pas se produire.*
Malgré tout, que Grégoire n'ait pas son brevet est une .... qu'il ne faut pas écarter.

6. *Opinion fondée sur des indices, non sur des preuves.*
Que ce soit Arthur qui ait vidé la boîte de chocolats n'est pour Mélanie qu'une ....

7. *Ce qui limite un accord, un jugement, une mesure, une décision.*
« Oui, nous irons à la mer demain. À une .... près cependant : qu'il fasse beau ! »

8. *Rapport entre deux faits, l'un entraînant l'autre, et inversement.*
Il y a une évidente .... entre les succès scolaires de Juliette et son travail.

9. *Action d'ajouter un élément.*
L'............ d'illustrations à son dossier aurait rendu ce dernier plus attrayant.

10. *Réunion de plusieurs éléments.*
La .... des idées de toute la famille a permis de préparer un formidable projet de vacances.

11. *Mettre ensemble, réunir, joindre.*
Tout le monde adore Arthur, qui .... la drôlerie et l'astuce.

12. *Mettre en ordre et organiser logiquement des éléments.*
Les propositions fusaient de toutes parts et le Président de l'assemblée a dû les ....

13. *Action de mettre à part, de ne pas comprendre dans un ensemble.*
Tout le monde doit aider Mélanie à la maison ; une .... est parfois faite pour Arthur !

14. *Ressemblance partielle d'un élément avec un autre.*
Il existe un délicieux gâteau long et fin que l'on a appelé Finger par .... avec un doigt.

15. *Mettre en présence deux éléments pour les comparer.*
Le professeur nous a proposé deux textes pour que nous .... les pensées des deux auteurs.

16. *Distinguer les caractères particuliers de chacun.*
Dans la classe d'Arthur, il y a des jumeaux que seuls leurs parents arrivent à ....

17. *Fait que deux éléments ne peuvent aller ensemble, s'opposent.*
Les .... des témoins rendent toute certitude impossible.

18. *Affirmation étonnamment contraire à la logique.*
Dire « Admirez ma remarquable modestie » est un ....

19. *Choix pour ne retenir que ce qu'il y a de mieux.*
La .... des joueurs pour les grands matchs de football est toujours délicate.

20. *Choix entre deux solutions possibles, et deux seulement.*
Aller voir Roméo ou aller au cours d'anglais : face à cette ...., Juliette hésite.

Grégoire émet une **hypothèse** *: il* **suppose** *une* **corrélation** *entre un bon travail et de bonnes vacances... Cruel* **paradoxe**.

VOCABULAIRE

UNE ADJONCTION [nom]

*Il veut du sirop sans **adjonction** de colorants.*

DÉF. : fait d'ajouter un élément = une addition.

◆ Famille – ***Joindre** (je joins, il joint, nous joignons, il joindra, qu'il joigne) – Ces deux maisons **se joignent** :* se touchent – *La **jonction** de deux routes – **Joindre** nos efforts :* les conjuguer – ***Adjoindre** un colorant à une boisson – Il **s'adjoint** un collaborateur :* trouve quelqu'un pour l'aider – *Un **adjoint** – Une **conjonction**.*

UNE ALTERNATIVE [nom]

1. *Partir en vacances à l'étranger ou faire une randonnée en France : embarrassante **alternative** !*

DÉF. : choix entre deux solutions possibles, et deux seulement = un dilemme.

2. *Elle passe par des **alternatives** de peur et d'espoir.*

DÉF. : états opposés qui se succèdent.

◆ Famille – *Une proposition **alternative** :* qui propose un choix – ***Alterner** :* se succéder régulièrement (TEMPS) – *L'**alternance** des saisons – **Alternativement** :* tour à tour.

UNE ANALOGIE [nom]

*La souris d'un ordinateur est ainsi appelée par **analogie** avec le petit rongeur.*

DÉF. : ressemblance partielle = une similitude ≠ une opposition, une différence.

◆ Famille – *Un raisonnement **analogique** – Des objets **analogues** :* similaires.

ASSOCIER [verbe]

*Le sculpteur Rodin **associait** le génie et le travail.*

DÉF. : réunissait, joignait, alliait ≠ **dissociait**.

◆ Famille – *Une **association** de personnes :* groupement de personnes travaillant dans le même but – *Un **associé** – Un mouvement **associatif**.*

UNE CONDITION [nom]

1. *Le travail est une **condition** de la réussite.*

DÉF. : ce qui est indispensable pour qu'un fait se produise = une nécessité.

2. *Les vainqueurs imposent leurs **conditions**.*

DÉF. : ce qu'ils veulent = leurs exigences.

N.B. – *La **condition** sociale :* le rang social. – *La **condition** physique :* l'état de santé, la forme.

◆ Famille – *Une acceptation **conditionnelle** :* qui dépend de certaines conditions ≠ **inconditionnelle** – **Conditionner** :* être la condition de.

CONFRONTER [verbe]

1. *Le juge **confronte** les parties adverses.*

DÉF. : les met en présence pour comparer leurs affirmations ≠ les examine séparément.

2. *En classe, nous **confrontons** deux œuvres.*

DÉF. : comparons point par point.

◆ Famille – *La **confrontation** de deux œuvres.*

UNE CONJECTURE [nom]

*Les scénarios de science-fiction reposent sur des **conjectures** en ce qui concerne l'avenir.*

DÉF. : suppositions basées sur des éléments vraisemblables et non certains = des hypothèses.

◆ Famille – ***Conjecturer** :* supposer.

LA CONJONCTION [nom]

*La **conjonction** de la chaleur et de la pluie a donné de beaux fruits.*

DÉF. : leur réunion ≠ leur **disjonction**.

◆ Famille – *Une **adjonction** – Joindre – La **conjoncture** économique :* rencontre de circonstances – *Un **conjoint** :* épouse ou mari.

N.B. – *Une **injonction** :* un ordre – ***Enjoindre** :* ordonner.

UNE CONTRADICTION [nom]

*Arthur est rentré en retard ; ses explications embarrassées sont pleines de **contradictions**.*

DÉF. : faits, comportements, déclarations qui ne peuvent aller ensemble ≠ des concordances.

N.B. – *Apporter la **contradiction** : **contredire** =* dire le contraire (COMMUNICATION).

COORDONNER [verbe]

*Pour que son raisonnement soit convaincant, il doit **coordonner** ses idées.*

DÉF. : les mettre en ordre, pour obtenir un ensemble cohérent = agencer, organiser, ordonner ≠ désorganiser.

◆ Famille – *La **coordination** – Une conjonction de **coordination** – Des actions **cordonnées** :* organisées, mises en ordre ≠ **désordonnées** :* désorganisées.

UNE CORRÉLATION [nom]

*Sans doute faut-il établir une **corrélation** entre son amaigrissement et sa maladie.*

DÉF. : rapport entre deux faits, l'un entraînant l'autre ou l'inverse = lien réciproque.

◆ Famille – *Des faits **corrélatifs** :* liés l'un à l'autre – ***corrélativement** – Une **relation**.*

DIFFÉRENCIER [verbe]
*Comment **différencier** un oiseau mâle d'une femelle ?*
DÉF. : faire apparaître les caractères particuliers de chacun, faire la différence = distinguer.

◆ Famille – *La **différence** entre deux oiseaux – **Différent** – **Différemment**.*
N.B. – *Un **différend** :* un désaccord.

UNE ÉVENTUALITÉ [nom]
*Dans l'**éventualité** d'un orage, nous rentrons !*
DÉF. : fait possible, qui peut arriver.

◆ Famille – *Un orage **éventuel*** = hypothétique – *Je passerai te voir **éventuellement** :* à l'occasion, peut-être.

◆ Expression – ***Être prêt à toute éventualité** :* prévoir tout ce qui peut arriver.

UNE EXCEPTION [nom]
1. *Les enfants se coucheront à huit heures. Une **exception** sera faite pour les plus de 12 ans.*
DÉF. : action de mettre à part, de ne pas comprendre dans un ensemble = une dérogation (exception par rapport à la loi).
2. *En orthographe, il y a beaucoup d'**exceptions**.*
DÉF. : ce qui n'est pas conforme aux règles = une anomalie ≠ la règle, la norme.

◆ Famille – ***Excepter** – Une mesure **exceptionnelle** :* qui sort de l'ordinaire – *Une personne **exceptionnelle** :* qui sort de l'ordinaire, remarquable – *Sortir **exceptionnellement** – Il aime tout, **excepté** les endives* (adverbe) : sauf les endives.

UNE HYPOTHÈSE [nom]
1. *Pour expliquer les tremblements de terre, on émet l'**hypothèse** d'une grande faille océanique.*
DÉF. : supposition admise provisoirement, qui devra être vérifiée = la probabilité.
2. *Elle admet l'**hypothèse** de se marier.*
DÉF. : fait de considérer une chose comme possible = l'éventualité.
N.B. – *Une **hypothèse** :* une donnée (MATHS).

◆ Famille – *Un départ **hypothétique** :* incertain – ***Hypothétiquement**.*

UN PARADOXE [nom]
1. *Il y a chez Grégoire un **paradoxe** entre son désir de réussir au brevet et sa paresse.*
DÉF. : opposition surprenante, qui paraît illogique et qui renferme une contradiction.

2. *Cet homme original aime lancer des **paradoxes**.*
DÉF. : affirmations contraires aux idées habituelles.

◆ Famille – ***Paradoxal** – **Paradoxalement**.*

UNE PRÉSOMPTION [nom]
*Le prévenu fut acquitté, car les jurés n'avaient que des **présomptions** contre lui.*
DÉF. : opinions fondées seulement sur des indices ou sur des apparences ≠ des preuves.
N.B. – *Un être plein de **présomption**, **présomptueux** :* qui a une opinion trop avantageuse de lui-même = la prétention ≠ la modestie (CARACTÈRE).

◆ Famille – ***Présumer** quelqu'un coupable :* le supposer sans preuve – *Un homme **présumé** coupable :* censé ou supposé être coupable.

UNE RESTRICTION [nom]
*Il accepte les contraintes familiales, à une **restriction** près : qu'on le laisse sortir le samedi soir.*
DÉF. : limite mise à un accord, à un jugement, à une mesure, à une décision = une réserve.

◆ Famille – ***Restreindre** (conjug. comme peindre) – Une mesure **restrictive**.*

UNE SÉLECTION [nom]
1. *Le jury procéda tout d'abord à une **sélection**.*
DÉF. : choix des individus ou des objets qui conviennent le mieux = un choix.
2. *La **sélection** des films pour le festival est bonne.*
DÉF. : ensemble de ce qui a été choisi.
N.B. – *La **sélection** naturelle* (BIOLOGIE).

◆ Famille – ***Sélectionner** – Une mesure **sélective** :* qui ne concerne pas tout le monde, qui constitue un choix.

SUPPOSER [verbe]
1. *Je **suppose** qu'il dit la vérité* (indicatif).
DÉF. : je le pense, sans en être certain = je le présume ≠ je le nie.
2. ***Supposons** que la température soit constante* (subjonctif).
DÉF. : posons comme point de départ d'un raisonnement = admettons.
N.B. – *Se risquer ainsi **suppose** beaucoup de courage :* nécessite = exige.

◆ Famille – *Une **supposition** :* une idée sans preuves = une hypothèse.

JEUX

(corrigé p. 284)

Puzzle

En associant les étiquettes suivantes, vous pouvez reconstituer 10 mots de la série sur le raisonnement. Essayez de les trouver tous ! Certaines étiquettes seront utilisées plusieurs fois.

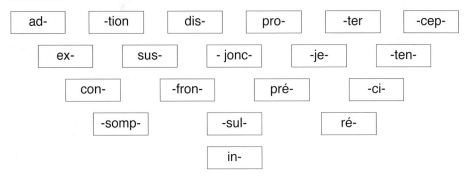

| ad- | -tion | dis- | pro- | -ter | -cep- |

| ex- | sus- | - jonc- | -je- | -ten- |

| con- | -fron- | pré- | -ci- |

| -somp- | -sul- | ré- |

| in- |

L'esprit d'escalier

« Avoir l'esprit de l'escalier » = être capable de répondre de manière vive et spirituelle, mais le faire à retardement, trop tard.
Ne vous montrez pas trop lent pour remplir les grilles suivantes, en vous aidant des définitions proposées !

Qui comprend beaucoup d'éléments différents.	C ....
Trait marquant, signe distinctif.	C ....
Supposition basée sur le vraisemblable et non le certain.	C ....
Rapport entre deux faits, l'un entraînant l'autre ou l'inverse.	C ....

Réunir, joindre.	A ....
Ressemblances partielles d'une chose avec une autre.	A ....
Fait d'ajouter.	A ....
Choix entre deux solutions possibles et deux seulement.	A ....

Raison fausse avancée pour cacher la vraie raison.	P ....
Ce qui se produit, est observable, et peut être étudié.	P ....
Éléments supplémentaires plus nets.	P ....
Opinion qui repose sur le possible et non sur des preuves.	P ....

La pensée – Le jugement – L'imagination

Chronique

Une idée suisse

Heureux habitants du XVIIIe arrondissement de Paris et des départements français, la vie moderne constitue, pour les esprits positifs, une succession d'émerveillements dus au progrès. Quiconque observe le monde autour de lui ne peut que constater que nous sommes entourés et protégés par des cerveaux inlassablement attelés à la tâche de nous faciliter l'existence. Ces cerveaux sont nourris des informations les plus diverses, des statistiques les plus minutieuses, des dossiers les mieux fournis. À Genève, ils ont décidé de modifier le système de fermeture des portes des autobus.

En effet, la circulation ralentie ne provoque-t-elle pas des stress qui portent préjudice à l'activité économique tout en dégradant le confort urbain? Et l'un des responsables de cette circulation ralentie, c'est la lenteur du système d'ouverture et de fermeture des portes des autobus. Vous n'y auriez pas pensé, parce que cela ne se voit pas à l'œil nu, mais les cerveaux n'ont pas l'œil nu. Les cerveaux ont l'œil équipé, c'est pourquoi ils réfléchissent, ils se concentrent, ils délibèrent, ils considèrent, ils étudient, ils examinent, ils pèsent, ils songent et, finalement, ils décident. En l'occurrence, ils ont décidé que, pour que les autobus genevois ne restent pas à l'arrêt trop longtemps, le temps d'ouverture et de fermeture de leurs portes serait limité à trois secondes. Qui a dit que les Suisses n'étaient pas rapides?

Augusta Bozzini est suisse, enfin suissesse. Cela fait exactement quatre-vingts ans qu'elle est suissesse. Grâce à Dieu et pourvu que ça dure, elle jouit d'une bonne santé et se déplace toute seule. En autobus. Elle a désormais trois secondes pour descendre. À quatre-vingts ans, Augusta Bozzini trouve que trois secondes, c'est possible, mais enfin, quand on n'a jamais suivi d'entraînement au triple saut, ce n'est peut-être pas un délai excessif pour descendre d'un autobus. Alors, elle a écrit aux cerveaux et elle a envoyé une copie de sa lettre à son journal.

«Au début du nouveau système de fermeture, écrit Augusta Bozzini, j'ai un peu paniqué. Mais j'ai été rassérénée très vite et je voudrais vous en remercier. Au-dessus des portes de sortie de vos autobus, il y a en effet une publicité qui semble particulièrement destinée aux passagers dans ma situation. Il s'agit d'une réclame pour une assurance décès-invalidité.»

Je vous propose de lever votre tasse de thé à la santé d'Augusta Bozzini.

Je vous souhaite le bonjour!

Philippe MEYER, *Heureux habitants de l'Aveyron et des autres départements français…* Coll. Points Actuels (1990), © Éditions du Seuil.

Sommaire

FICHES D'ENTRÉE

la pensée [nom] – l'imagination [nom fém.]

1. *Le professeur Tournesol est absorbé dans ses pensées.*
DÉF. : activités de l'esprit, telles que connaître, comprendre, imaginer, se souvenir, raisonner, concevoir = une réflexion, une idée, un raisonnement.

2. *Émile Zola a exprimé sa pensée à travers ses romans.*
DÉF. : résultat des pensées d'une personne, organisé en théorie = une philosophie.

3. *La pensée de la rentrée rendait Marcel terriblement triste.*
DÉF. : fait d'avoir une chose présente à l'esprit = l'idée.

◆ Famille – **Penser** : réfléchir, méditer – *Je pense que la démocratie est bonne* : j'ai ce point de vue = j'estime, je crois – **Penser** *à ses vacances* : s'en souvenir ou les prévoir – *Victor pense aux autres* : s'y intéresse – *Un penseur* : personne dont les pensées ont une grande valeur – *Une arrière-pensée* : pensée que l'on cache par calcul mais qui détermine ce que l'on fait – *Être pensif* : songeur – **Pensivement** – *Un événement impensable* : qu'on ne peut imaginer – **Repenser** *une question* : y revenir pour trouver une meilleure solution – *La liberté de pensée* : de conscience.

Les poètes comme les enfants ont beaucoup d'imagination.
DÉF. : capacité de se représenter ou de créer des objets, des histoires ou des idées dans l'esprit = l'invention, la fantaisie, la créativité.

◆ Famille – *Une image* – **Imaginer** *les vacances* : se les représenter – *Léonard de Vinci a imaginé un objet volant* : l'a inventé – *Juliette s'imagine qu'Arthur ne l'aime pas* : le pense sans raison – *Elle s'imagine en robe de mariée* : se représente elle-même dans son esprit – *Un monde imaginaire* : irréel, fictif ≠ réel – **Inimaginable** : inconcevable – *Un enfant imaginatif* : qui invente des histoires – *Un style imagé* : qui fait appel à des images (LITTÉRATURE).

le jugement [nom]

1. *J'ai confiance en son jugement.*
DÉF. : faculté de bien raisonner, d'arriver à des idées justes = le bon sens.

2. *Le metteur en scène attend anxieusement le jugement du public.*
DÉF. : appréciation sur la valeur de ce qu'il a fait = la critique.

N.B. – *Un jugement en justice* : décision du juge = la sentence, le verdict.

◆ Famille – **Juger** *qu'il faut partir* : le penser = estimer – *Se juger perdu* : se considérer comme tel – *La jugeote* (fam.) : le bon sens – *Une décision judicieuse* : sensée, pertinente – *Choisir judicieusement* – *Se déjuger* : changer d'avis – *Juger un candidat* : l'apprécier, estimer sa valeur = l'évaluer – *Juger un accusé* : évaluer sa culpabilité – *Se faire mal juger* : critiquer = blâmer – *Le pouvoir judiciaire* : de la justice.

Testez-vous ! (corrigé p. 284)

1. Une conviction :
- **a.** le fait que plusieurs personnes ont les mêmes idées, un accord ☐
- **b.** une idée à laquelle on croit fermement ☐
- **c.** le renvoi d'un dossier ☐
- **d.** sens ignoré ☐

2. Délibérer :
- **a.** laisser chacun libre de son choix ☐
- **b.** discuter longuement pour prendre une décision ☐
- **c.** refuser une permission ☐
- **d.** sens ignoré ☐

3. Un dilemme :
- **a.** un choix à faire entre deux solutions qui s'excluent l'une l'autre ☐
- **b.** le fait de retarder une décision ☐
- **c.** une réflexion à plusieurs sur un sujet ☐
- **d.** sens ignoré ☐

4. Un juge partial :
- **a.** qui favorise l'un des adversaires ☐
- **b.** qui n'intervient que sur une partie du jugement ☐
- **c.** qui examine avec soin toutes les parties du dossier ☐
- **d.** sens ignoré ☐

5. Une réflexion pertinente :
- **a.** très juste ☐
- **b.** insolente ☐
- **c.** qui est à côté du sujet ☐
- **d.** sens ignoré ☐

6. Un préjugé :
- **a.** le fait de déclarer qu'un accusé est innocent ☐
- **b.** une appréciation faite avant un examen réfléchi ☐
- **c.** l'enquête qui précède un jugement ☐
- **d.** sens ignoré ☐

7. Un esprit subtil :
- **a.** trop rigoureux, qui manque de souplesse ☐
- **b.** enfantin ☐
- **c.** plein de finesse ☐
- **d.** sens ignoré ☐

Utilisez vos connaissances (corrigé p. 284)

À l'aide des définitions en italiques, complétez chaque phrase avec l'un des mots placés dans l'encadré ci-dessous. Attention aux accords et aux conjugaisons !
En cas de doute, évitez les erreurs en consultant le vocabulaire des pages 262 et 263 !

☐ un avis	☐ délibérer	☐ une idée	☐ la perspicacité
☐ comprendre	☐ un dilemme	☐ l'intuition	☐ pertinent
☐ la conscience	☐ un doute	☐ objectif	☐ un préjugé
☐ une conviction	☐ élaborer	☐ une opinion	☐ réfléchir
☐ une critique	☐ une erreur	☐ partial	☐ subtil

1. *Jugement ou conseil sur un sujet.*
Grégoire attend avec impatience l'............ du conseil de classe sur son orientation.

2. *Examiner à plusieurs les différents aspects d'un problème pour prendre une décision.*
Ce soir, le Conseil Municipal .... sur l'augmentation des transports en commun.

3. *Le fait de s'être trompé sur le plan des connaissances, du jugement ou de la morale.*
C'est une .... de penser qu'on peut tout dire au risque de blesser ses interlocuteurs.

4. *Point de vue, avis.*
Grégoire a des .... sur la politique à mener pour les jeunes.

5. *Qui favorise ou défavorise des personnes ou des entreprises.*
Arthur trouve que son père est ...., qu'il est moins sévère avec Juliette qu'avec lui.

6. *Qui convient exactement à ce dont il est question.*
Victor et Mélanie écoutent volontiers Juliette, car elle tient des raisonnements très ....

7. *Examiner longuement des idées, les approfondir.*
Victor hésite à accepter le poste qui lui est offert. Il doit prendre le temps d'y ....

8. *Fait de se rendre compte de la gravité de ce qu'on fait.*
Arthur n'a pas eu .... du danger en s'engageant sur un pont de bois en mauvais état.

9. *Opinion arrêtée avant un jugement objectif.*
Dans la *Chanson pour l'Auvergnat*, Georges Brassens met en scène des gens qui ont des .... sur les pauvres.

10. *État d'esprit d'une personne qui croit fermement ce qu'elle pense et dit.*
Gabriel continue à lutter avec .... pour aider les malheureux.

11. *Jugement défavorable sur une œuvre ou un comportement.*
Juliette ne supporte pas bien les ....

12. *Obligation de choisir entre deux solutions opposées.*
S'il accepte le poste qui lui est proposé, Victor devra quitter sa ville, ce dont il n'a pas envie ; s'il refuse, sa carrière sera compromise : il se trouve face à un ....

13. *Préparer, mettre au point grâce à un long travail.*
Le principal-adjoint a eu beaucoup de mal à .... les emplois du temps.

14. *Qui ne fait pas intervenir ses goûts ou ses sentiments dans ses jugements.*
Les élèves ont tendance à penser que les professeurs ne sont pas toujours ....

15. *Forme de connaissance immédiate qui ne passe pas par le raisonnement.*
Mélanie se fie à son .... pour comprendre ses enfants.

16. *Qualité d'un esprit très fin qui voit ce qui échappe aux autres.*
Dans *Le Malade imaginaire* de Molière, la servante Toinette est un personnage essentiel en raison de sa ....

17. *État d'esprit de quelqu'un qui ne sait que croire ni quelle décision prendre.*
Victor est dans une période de .... en ce qui concerne sa situation professionnelle.

18. *Saisir par l'intelligence pour arriver à une idée claire.*
Grégoire n'a eu aucun mal à .... le fonctionnement d'un ordinateur.

19. *Plein de finesse pour percevoir des nuances dans les sentiments ou analyser des distinctions délicates entre les idées.*
Le commentaire très .... que Juliette a proposé d'un poème de Verlaine a impressionné son professeur.

20. *Créations de la pensée ou de l'imagination.*
Grégoire manque parfois d'............. pour faire des narrations.

MÉLANIE – Arthur, j'ai **l'intuition** qu'il se passe quelque chose. C'est mon **opinion**, j'en ai même la **conviction** : aucun **doute** n'est possible, tu as reçu ton carnet.

UN AVIS [nom]

*Anne Franck trouve qu'on ne tient pas compte de son **avis.***

DÉF. : ce qu'elle pense sur un sujet ou les conseils qu'elle donne = une opinion, un jugement, un point de vue.

◆ Famille – *Il faudra **aviser** :* prendre une décision – *Il **s'avisa** de partir en mobylette, puis **se ravisa** :* se mit en tête, puis changea d'avis – *Anne est une petite fille **avisée** :* qui agit avec intelligence et à propos.

COMPRENDRE [verbe]

1. *Grégoire **comprend** les mathématiques.*
DÉF. : saisit par l'esprit pour arriver à une idée claire = conçoit (concevoir).
2. *Victor **comprend** l'attitude de Grégoire.*
DÉF. : en discerne les causes et les motifs.

◆ Famille – *La **compréhension** – Un texte **compréhensible** ≠ **incompréhensible** – Une personne **compréhensive (compréhensif).***

LA CONSCIENCE [nom]

1. *Gabriel a eu **conscience** de ce qui se passait.*
DÉF. : sentiment plus ou moins clair du monde extérieur et aussi de sa propre existence.
2. *Arthur n'a pas toujours **conscience** de la portée de ses actes.*
DÉF. : fait de se rendre compte de la gravité de ce qu'on fait.
3. *Arthur est parfois tourmenté par sa **conscience.***
DÉF. : jugement moral sur lui-même.

◆ Famille – *Gabriel était **conscient** ≠ **inconscient** – L'**inconscience** d'Arthur – Agir **consciemment** :* en toute lucidité ≠ **inconsciemment**.
N.B. – *Être **consciencieux*** (CARACTÈRE).

UNE CONVICTION [nom]

1. *Ne cherche pas à changer ma **conviction** sur la nécessité d'une réforme.*
DÉF. : état d'esprit d'une personne qui croit fermement ce qu'elle pense = la certitude.
2. *Des révolutionnaires se sont battus pour défendre leurs **convictions** (pluriel).*
DÉF. : croyances politiques ou religieuses.

◆ Famille – ***Convaincre** une personne (je convaincs, il convainc, ils convainquent, il convainquit, il convaincra) :* la persuader, lui faire admettre une idée – *Être **convaincant** :* persuasif. – *Être un partisan **convaincu.***

UNE CRITIQUE [nom]

1. *Victor fait la **critique** d'un nouveau film.*
DÉF. : jugement sur les qualités et défauts d'une œuvre = l'appréciation.
2. *Sa conduite fait l'objet de vives **critiques.***
DÉF. : jugements défavorables ≠ des éloges.

◆ Famille – *L'esprit **critique** – **Critiquer** un film – **Critiquer** une information avant de la diffuser :* vérifier son exactitude – *Un **critique** :* personne qui publie des **critiques** – ***Critiquable** :* blâmable.

DÉLIBÉRER [verbe]

*Les membres du jury se retirent pour **délibérer.***
DÉF. : discuter ensemble sur les différents aspects d'une question pour prendre une décision.

◆ Famille – *Une **délibération** – Une voix **délibérative** :* qui donne le pouvoir de décider ≠consultative – *Un refus **délibéré** :* réfléchi, résolu – *Refuser **délibérément.***

UN DILEMME [nom]

*Venger son père ou perdre son honneur, tel est le célèbre **dilemme** de Rodrigue.*
DÉF. : obligation de choisir entre deux solutions qui s'opposent et même s'excluent.

LE DOUTE [nom]

1. *Juliette est dans le **doute** sur ce qu'elle fera l'année prochaine.*
DÉF. : état d'esprit de quelqu'un qui ne sait pas quelle décision prendre ou quel jugement porter = l'incertitude, la perplexité ≠ la certitude.
2. *Mélanie a des **doutes** sur les explications d'Arthur.*
DÉF. : des soupçons = la méfiance ≠ la confiance.

◆ Famille – ***Douter** des explications d'Arthur :* s'en méfier – ***Douter** d'Arthur :* ne pas avoir entièrement confiance en lui – ***Se douter** qu'il va pleuvoir :* le considérer comme probable – *Un résultat **douteux** :* incertain – *Des mœurs **douteuses** :* condamnables – *Un ton **dubitatif** :* qui indique une incertitude – *Un fait **indubitable** :* dont on ne peut douter – ***Indubitablement.***

ÉLABORER [verbe]

*Une équipe d'ingénieurs **a élaboré** le nouveau modèle de Formule 1.*
DÉF. : a préparé, au prix d'un long travail de recherche et de mise au point = a créé.

◆ Famille – *L'**élaboration** d'un modèle.*

UNE ERREUR [nom]
Situer la bataille de Marignan en 1516 est une erreur.
DÉF. : fait de se tromper dans le domaine des connaissances, du jugement ou de la morale.

◆ Famille – *Un calcul erroné :* inexact – *Une aberration :* une erreur de jugement – *Une idée aberrante – Un erratum :* note signalant une faute d'impression dans un texte.

UNE IDÉE [nom]
1. *La beauté est une idée formée à partir d'êtres ou d'objets beaux.*
DÉF. : résultat d'une opération d'abstraction qui consiste à dégager un caractère commun à des objets concrets = un concept.
2. *Il a des idées sur l'origine de l'Univers.*
DÉF. : représentations élaborées par la pensée = des notions.
3. *Pasteur a eu l'idée du vaccin contre la rage.*
DÉF. : création de la pensée = la conception.
4. *Il a des idées de droite.*
DÉF. : des opinions.

◆ Famille – *Une idéologie :* un système d'idées – *Un idéal :* un modèle parfait – *La femme idéale – Idéaliser la femme – Être idéaliste :* faire une plus grande part à l'idéal qu'à la réalité – *L'idéalisme – Un idéaliste.*

L'INTUITION [nom fém.]
Les découvertes scientifiques partent souvent d'une intuition.
DÉF. : forme de connaissance immédiate qui ne passe pas par le raisonnement.

◆ Famille – *Une démarche intuitive – Découvrir intuitivement.*

OBJECTIF (IVE) [adj. qual.]
1. *Un historien objectif est très apprécié.*
DÉF. : qui ne fait pas intervenir ses sentiments dans ses jugements = impartial ≠ partial.
2. *Le Soleil est une réalité objective.*
DÉF. : qui existe indépendamment de notre esprit ≠ subjective = selon les goûts, la personnalité.

◆ Famille – *Considérer objectivement une situation – L'objectivité d'un bon historien.*

UNE OPINION [nom]
«Voici mon opinion sur l'avenir de l'Europe».
DÉF. : Mon point de vue = mon avis.

◆ Famille – *L'opinion publique :* les idées les plus répandues dans une société – *La liberté d'opinion :* la liberté de pensée – *Une per-*

sonne opiniâtre : très attachée à ses opinions = obstinée – *Son opiniâtreté.*

PARTIAL [adj. qual.]
Les joueurs ont eu affaire à un arbitre partial.
DÉF. : qui favorise ou défavorise des personnes ou des entreprises = de parti pris ≠ équitable.

◆ Famille – *La partialité ≠ l'impartialité – Juger partialement ≠ impartialement.*

LA PERSPICACITÉ [nom]
L'inspecteur Maigret est célèbre pour sa perspicacité.
DÉF. : qualité d'un esprit très fin qui voit ce qui échappe aux autres = le flair, la subtilité.

◆ Famille – *Maigret est perspicace.*

PERTINENT [adj. qual.]
Il donne des réponses pertinentes en cours.
DÉF. : qui convient exactement à ce dont il est question = appropriées, judicieuses.

◆ Famille – *La pertinence d'un argument – Pertinemment :* sans erreur possible.

UN PRÉJUGÉ [nom]
Beaucoup de personnes âgées ont un préjugé sur les jeunes.
DÉF. : opinion formée personnellement ou reçue du milieu social ou de l'éducation et qui précède le jugement = un parti pris, une idée reçue.

◆ Famille – *Préjuger des réactions des jeunes :* juger d'avance, sans être informé.

RÉFLÉCHIR [verbe]
Victor s'est isolé pour réfléchir.
DÉF. : examiner longuement des idées, les étudier, les approfondir, les peser = délibérer.

◆ Famille – *La réflexion de Victor – Il fait part de ses réflexions :* du résultat de sa réflexion – *Une décision réfléchie :* raisonnée, mûrie ≠ *irréfléchie :* hâtive.
N.B. – *Un homme réfléchi :* posé, pondéré.

SUBTIL [adj. qual.]
Mélanie a un esprit très subtil.
DÉF. : fin, qui perçoit des nuances délicates entre les idées ou dans les sentiments ≠ lourd, grossier.
N.B. – *Un parfum subtil – Un goût subtil – Une différence subtile de couleurs* (SENSATION).

◆ Famille – *Raisonner subtilement :* finement – *La subtilité d'une analyse.*

Il est un peu cruche, l'ami Cruchon !

Il ne faut pas avoir l'esprit de l'escalier quand on a pour métier de résoudre des énigmes policières !...

Yvonne Potin, la concierge d'un bel immeuble de quinze étages, est morte. D'un méchant coup de poignard dans le ventre. Son corps gît au milieu du hall d'entrée. Comme le sang a giclé sur l'assassin, on peut presque le suivre à la trace. Une **évidence** s'impose : il n'a pas pris l'ascenseur. Il a préféré prendre la fuite par l'escalier. Piste que l'inspecteur de police Eugène Cruchon suit immédiatement. Sa **perspicacité**, dit-on, est tout aussi affûtée que son nez en forme de lame de couteau. Quant à ses **jugements**, ils sont souvent **pertinents**.

Le vaillant inspecteur monte les marches deux à deux en soufflant et en bougonnant. « Avec mon esprit **critique**, se dit-il, je devrais bien finir par **comprendre** ce qui a bien pu **motiver** un tel geste. »
Les traces de sang mènent jusqu'au quinzième et dernier étage. De là à en **déduire** que l'assassin se cache en haut de l'immeuble, il n'y a qu'un pas. En **conséquence**, il va interroger les habitants des quatre appartements de l'étage. En vain. Tous peuvent **justifier** leur emploi du temps. Cruchon se perd en **conjectures**. Il a pourtant **envisagé** toutes les **éventualités**. Il ne parvient pas à se forger une **opinion**. Encore moins une intime **conviction**. À peine une **présomption**, **fondée** sur quelques **hypothèses**. Dans le **doute**, poussé par ses **préjugés**, il arrête un locataire dont la tête ne lui revient pas. Une grave **erreur**. Mais Cruchon est parfois **partial**.
C'est alors que son patron arrive sur le lieu du crime.
– « L'**intuition** ne suffit pas, Cruchon ! Certes, nous sommes **confrontés** à un crime dont le **caractère** est tout à fait particulier... Certes, je veux un coupable, mais pas n'importe lequel ! Voyons, Cruchon, faites un effort de **synthèse** ! Ne **considérez** pas ce meurtre comme une **exception** à la règle ; pensez à des situations comparables.
– Pardon patron, demande Cruchon pour qui les considérations **abstraites** sont trop **subtiles**.
– Réfléchissez... Je vous demande d'être **cohérent** et de bien **analyser** notre affaire !... À votre **avis**, pourquoi un assassin monte-t-il quinze étages à pied au lieu de prendre l'ascenseur ?... Ne voyez-vous pas un lien de **cause** à **effet** ?
– Si, peut-être parce qu'il est sportif, patron ?
– Cruchon, pour vous, tous les **prétextes** sont bons pour dire des âneries !... Savez-vous à quelle **classe** d'hommes vous appartenez ? À celle des imbéciles !... Et c'est un **paradoxe** que beaucoup de gens **considèrent** que vous êtes intelligent !
– Mais je le suis, s'exclame Cruchon, qui en plus a **l'esprit de contradiction** ! »
Et, comme il est vexé, il émet une **hypothèse** en ronchonnant.
– « Ça y est, patron, j'ai trouvé. L'assassin est bien trop petit pour atteindre le bouton du quinzième étage de l'ascenseur !... C'est un nain !
– Eh bien bravo, Cruchon... Enfin votre **réflexion** porte ses **fruits** : Il reste maintenant à connaître le **mobile** ! »
Mais ça, pour Cruchon, c'est une autre affaire...

Olivier THIÉBAULT.

Les mots suivants désignent différents types d'erreur. Essayez de compléter les phrases suivantes avec le mot qui convient. Attention aux accords!
Contrôlez votre résultat avec le corrigé et cherchez dans le dictionnaire le sens des mots que vous avez mal employés.

☐ aberration	☐ égarement	☐ malentendu	☐ péché
☐ confusion	☐ illusion	☐ méprise	☐ quiproquo
☐ contresens	☐ inadvertance		

1. Les oasis qu'on voit parfois dans le désert alors qu'elles n'existent pas sont des .... d'optique.

2. Dans *Les Femmes savantes* de Molière, lorsque la servante Martine pense qu'on parle de «grand-mère», alors qu'il s'agit de «grammaire», il y a un ....

3. Prétendre que la Terre est plate est une .... contraire aux lois scientifiques et au bon sens.

4. J'ai mis une adresse fausse sur mon enveloppe par .... ; je n'ai pas fait attention.

5. Je n'ai pas écouté les indications qu'on me donnait sur le lieu du rendez-vous et il y a eu un ....

6. Sur le plan moral, il s'est trop souvent écarté des règles et on peut difficilement lui pardonner ses ....

7. En situant la bataille de Waterloo en 1805 et celle d'Austerlitz en 1815, j'ai fait une grossière ....

8. Mélanie a commis une .... : elle s'est adressée au professeur de français de Grégoire en pensant que c'était son professeur de maths.

9. En anglais, Juliette a fait de multiples erreurs sur le texte : sa traduction est pleine de ....

10. Gabriel et Amandine ont été très compréhensifs à l'égard de Victor et lui ont toujours pardonné ses .... de jeunesse.

LEXIQUE

pour réussir une étude de texte

Le livre - La littérature - La narration - Le théâtre - La poésie

LE LIVRE

UN LIVRE [nom]
1. Ensemble d'un grand nombre de feuilles imprimées destinées à être lues = un ouvrage.
2. Cahier sur lequel on note quelque chose = un registre. Ex. : *Un livre de comptes.*

◆ Famille – *Une culture* **livresque** – *Un* **livret** *scolaire, militaire, de famille :* petit livre comportant des renseignements.

UN ALINÉA [NOM]
1. Retrait laissé avant le premier mot d'une ligne, pour marquer le début d'un texte ou d'un paragraphe.
2. Passage de texte compris entre deux retraits = un paragraphe.

UNE ANTHOLOGIE [nom]
Recueil de textes choisis, en prose ou en vers. Ex. : *L'anthologie des poètes du XVIe siècle.*

UN APPENDICE [nom]
Partie ajoutée à la fin d'un livre et qui contient des notes, notices, documents, ou remarques.

UNE BIBLIOGRAPHIE [nom]
Liste des livres écrits sur un même sujet ou sur un même auteur, ou cités dans un livre.

UNE BIBLIOTHÈQUE [nom]
1. Endroit, public ou privé, où sont rangées et gérées des collections de livres, d'imprimés, de manuscrits.
2. meuble à étagères où sont rangés les livres.

N.B. : Une **librairie** est un magasin où des livres sont vendus par un **libraire.**

UNE COTE [nom]
Marque écrite, faite de lettres ou de chiffres, qui permet de classer les livres d'une bibliothèque et de les retrouver.

UNE DÉDICACE [nom]
Formule imprimée ou manuscrite au début d'un livre par laquelle l'auteur offre son œuvre à quelqu'un.

UN ÉDITEUR [nom]
Personne ou société qui se charge de la publication et de la vente des livres, c'est-à-dire de leur **édition.**
N.B. : L'**imprimeur** est la personne qui fabrique les livres.

UNE ENCYCLOPÉDIE [nom]
Ouvrage dans lequel toutes les connaissances sont présentées dans un ordre alphabétique ou méthodique.

UN FASCICULE [nom]
Chaque partie d'un ouvrage publié par fragments livrés successivement.

UN INDEX [nom]
Liste alphabétique des sujets et noms propres ou difficiles apparaissant dans un ouvrage, avec, pour les retrouver, les numéros des pages.

UNE LÉGENDE [nom]
Explications qui accompagnent un dessin, un graphique, une carte.

UN LEXIQUE [nom]
Liste alphabétique de tous les termes techniques utilisés dans

une science ou un art précis, ou par un auteur = un **glossaire.**

UN MANUSCRIT [nom]
1. Ouvrage écrit à la main.
2. Exemplaire (original ou copie) d'un texte, écrit à la main, dactylographié, ou saisi par ordinateur, qui est remis à l'éditeur.

UNE PRÉFACE [nom]
Texte placé en tête d'un livre et qui en fait la présentation au lecteur = un **avant-propos.**

UNE RÉFÉRENCE [nom]
1. Indication précise (page, ligne, etc.) qui permet de se reporter au passage d'un texte cité.
2. Titre et éditeur d'un livre.

UN RÉPERTOIRE [nom]
Inventaire (table, liste, recueil) où les matières sont rangées dans un ordre et dans une présentation qui les rend faciles à retrouver. Cet ordre peut être alphabétique ou notionnel. Ex. : *Un* **répertoire** *téléphonique.*

UN SOMMAIRE [nom]
1. Bref résumé ne retenant que l'essentiel des chapitres d'un ouvrage.
2. Liste des chapitres d'un ouvrage.

UNE TABLE DES MATIÈRES [nom]
Liste des chapitres et questions traitées dans un livre, avec les renvois aux pages ou aux paragraphes correspondants.

LA TYPOGRAPHIE [nom]
1. Art de composer les pages d'un livre, d'un journal.
2. Types de caractères utilisés.

UN VOLUME [nom]

Un livre. Quand une œuvre ne peut tenir en un seul **volume**, on la publie en plusieurs **volumes** appelés *tomes*. *Ex: on trouve le dessin de cette fleur dans La Grande Flore de Gaston Bonnier en 5 volumes, au tome 2, page 160.*

LA LITTÉRATURE

UNE ŒUVRE LITTÉRAIRE
[groupe nominal]
Texte (principalement récit, pièce de théâtre, poème) dont la valeur et la beauté proviennent de l'art avec lequel il a été composé et écrit dans un style personnel et original. Il vaut en général aussi par ce qu'il communique sur les hommes et sur la vie.

LA LITTÉRATURE [NOM]
1. Ensemble des œuvres littéraires d'une époque ou d'un pays.
2. Ensemble des connaissances concernant les œuvres, leurs critères, les mouvements littéraires. Ex.: *Un manuel de* **littérature.**

UN GENRE LITTÉRAIRE
[groupe nominal]
Catégorie d'œuvres qui se caractérise par le sujet traité, le ton, le style et la forme. Les principaux genres sont le **récit, le théâtre, la poésie.**

L'HUMOUR [nom masc.]
Disposition d'esprit se traduisant dans le langage, qui consiste à faire apparaître les aspects drôles ou absurdes de la réalité, en présentant comme sérieux ce qui ne l'est pas ou vice versa, dans le but de faire sourire. L'humour est un jeu. Ex.: *L'***humour** *de Marcel Pagnol dans ses romans.*

◆ Famille – *Un* **humoriste** – *Un dessin* **humoristique.**

L'IRONIE [nom fém.]
Manière de se moquer ou de critiquer en disant le contraire de ce que l'on pense. L'ironie est blessante. Ex.: *Grégoire fait de l'***ironie** *s'il dit à un ami qui vient de lui faire un mauvais coup: «C'est vraiment sympa!».*

◆ Famille – **Ironiser** – *Une personne* **ironique** – *Une remarque* **ironique** – **Ironiquement.**

UNE PARODIE [nom]
Imitation comique, même parfois burlesque d'une œuvre. Ex.: *La* **parodie** *du Cid.*

◆ Famille – **Parodier** *une œuvre.*

UN PASTICHE [nom]
Texte ou œuvre d'art dans lequel on imite le style et la manière d'un écrivain ou d'un artiste. Ex.: *Pour bien connaître le style d'un écrivain, il est amusant d'en faire un* **pastiche.**

◆ Famille – **Pasticher.**

(LE) PATHÉTIQUE [nom et adj.]
Qualifie un ton qui bouleverse, qui émeut. Ex.: *La supplication* **pathétique** *de Marianne à son père, qui veut la marier contre son gré, dans Le Tartuffe de Molière.*

(LA) POLÉMIQUE [nom et adj.]
Qualifie un ton critique, agressif, dans un affrontement d'idées sur une question d'actualité. Ex.: *Les décisions gouvernementales entraînent souvent des articles* **polémiques** *dans la presse.*
N.B. – *Déclencher une* **polémique:** *une discussion où les avis s'opposent* = une controverse.

◆ Famille – **Polémiquer.**

LA PROSE [nom]
Ce qui n'est pas en vers, selon Monsieur Jourdain. Forme d'expression courante qui peut être proche du langage parlé et qui n'a pas les caractères de la poésie. Ex.: *Un roman, un manuel d'histoire sont des écrits en* **prose.**

LE REGISTRE [nom]
1. Tonalité générale d'un texte. Quelques exemples de **registres:** *réaliste, épique, dramatique, pathétique, tragique, comique, lyrique, polémique, merveilleux, romanesque.*
2. Niveau de langue utilisé. Les trois principaux **registres** de langue sont le **registre familier,** utilisé surtout à l'oral, *le* **registre courant,** utilisable en toutes situations, et le **registre soutenu,** utilisé surtout à l'écrit.

LE STYLE [nom]
Manière particulière et personnelle dont un auteur utilise la langue pour exprimer sa pensée, ses sentiments. Ex.: *le* **style** *de Michel Tournier.*

◆ Famille – *Une figure de* **style:** forme particulière donnée à l'expression dans le but de produire un effet. Ex.: *Une métaphore.*

UN THÈME [nom]
Sujet développé dans un texte ou dans un ensemble de textes = le référent. Ex.: *L'amour est un* **thème** *de la poésie romantique.*
N.B. – On dit aussi *un* **thème** *musical, le* **thème** *d'un film, le* **thème** *d'un tableau.*

LE TON [nom]
1. Façon de dire un texte pour le mettre en valeur. Ex.: *Mettre le* **ton** *en lisant un texte.*
2. Ce que le texte suggère de l'état d'esprit de son auteur. Ex.: *Le* **ton** *mélancolique de nombreux poèmes de Verlaine.*

LA NARRATION

LA NARRATION [nom]
Le fait de raconter une histoire, vraie ou inventée, oralement, par écrit, ou dans un film = le récit. Ex. : *En 5e, on écrit des narrations.*

◆ Famille – *Le narrateur* est celui qui raconte l'histoire ; dans un roman ou une nouvelle, *le narrateur* est souvent l'un des personnages ; *le narrateur* est l'auteur dans les récits autobiographiques – *Un texte narratif* – *Narrer :* raconter, conter.

UN RÉCIT [nom]
Histoire, racontée de vivevoix, par écrit, au théâtre ou dans un film, d'événements réels ou imaginaires = une narration. Ex. : *À l'école, Arthur fait le récit de ses vacances.* (Des descriptions peuvent intervenir dans un récit.)

◆ Famille – *Réciter un texte :* le dire à haute voix, de mémoire – *Une récitation.*

UNE BIOGRAPHIE [nom]
Récit de la vie d'une personne. Ex. : *La biographie de Napoléon.*

◆ Famille – *Une notice biographique* – *Une autobiographie :* récit de sa propre vie par la personne elle-même.
N.B. – Attention ! Ne confondez pas avec **bibliographie** ! (p. 267)

UN CONTE [nom]
Récit assez court de faits ou d'aventures imaginaires, qui, à la différence du roman, ne cherche pas à donner l'impression de la réalité. Il vise à dépayser, à amuser, à illustrer une idée. Ex. : *Les contes de Maupassant.*

◆ Famille – *Un conteur :* personne qui raconte oralement ou par écrit des contes – *Raconter.*

UNE DESCRIPTION [nom]
Fait de préciser, à l'écrit ou à l'oral, comment se présente une chose ou une personne.
N.B. – *Un portrait :* description physique et/ou morale d'une personne.

◆ Famille – *Décrire* – *Un texte descriptif* – *Un désordre indescriptible.*

LE DISCOURS [nom]
Dans un texte narratif, passages qui rapportent des paroles prononcées, au style direct ou indirect ≠ le récit.
N.B. – Intervention orale préparée, bien composée, faite dans un style soutenu = une allocution. Ex. : *Le discours du maire pour l'inauguration du gymnase.*

L'ÉPILOGUE [nom masc.]
Partie d'un récit qui informe le lecteur de faits postérieurs à l'action et qui en constitue la conclusion, parfois lointaine. Ex. : *L'épilogue de La gloire de mon père et du Château de ma mère se situe quinze ans après la fin de l'histoire* ≠ **le prologue** qui informe le lecteur de faits antérieurs à l'action, est une sorte de présentation.

UN ÉPISODE [nom]
1. Partie d'un roman ou d'un film ayant une unité mais s'intégrant naturellement dans l'ensemble de l'œuvre.
2. Action secondaire liée à l'action principale (théâtre, roman, film). Ex. : *L'épisode de la bataille de Waterloo dans* Les misérables.

UNE ÉPOPÉE [nom]
Récit en prose ou en vers d'aventures héroïques devenues légendaires, dans lesquelles le merveilleux intervient et dont le but est de célébrer un héros ou un événement. Ex. : *La Chanson de Roland est une épopée.*

◆ Famille – *Une œuvre épique.*

UNE FABLE [nom]
1. Petit récit inventé, généralement en vers, destiné à illustrer une morale. Ex. : *Les fables de* La Fontaine.
2. Récit totalement imaginaire considéré comme un mensonge.

◆ Famille – *Un fablier est un recueil de fables* – La Fontaine est un *fabuliste* – *Fabuler :* inventer des histoires – *Un fabulateur* – *Une fabulation* ou *affabulation* – *Un spectacle fabuleux :* si extraordinaire qu'il paraît imaginaire.

(LE) FANTASTIQUE [nom et adj.]
Intervention imaginaire du surnaturel qui produit un effet bizarre, inquiétant, comme dans un cauchemar. Ex. : *Le fantastique, dans* Le Horla *de Maupassant* – *Un animal fantastique.*

LA FICTION [nom]
Caractère de ce qui est créé par l'imagination. Tout récit inventé ≠ le réel. Ex. : *Les romans, les films en tant qu'œuvres d'art sont de la fiction.*

◆ Famille – *Un personnage fictif.*

UN HÉROS [nom]
Personnage principal d'une œuvre littéraire (roman, théâtre, épopée) ou cinématographique. Ex : *Jean Valjean est le héros des* Misérables.
N.B. – *Un héros est aussi une personne très courageuse, héroïque* (CARACTÈRE).

◆ Famille – *Un antihéros :* personnage de fiction qui ne présente pas les caractères habituels du héros, ou même présente des caractères contraires. Ex. : *Dans le roman de Cervantès, Don Quichotte est un antihéros.*

UN JOURNAL [nom]
Écrit dans lequel l'auteur raconte au jour le jour ce qui lui

est arrivé, les impressions qu'il a ressenties et les idées qu'il a eues ou rencontrées. Ex.: *le journal* d'Anne Frank.

UNE LÉGENDE [nom]
Récit dont le point de départ a pu être réel mais a été transformé par l'imagination populaire. Ces récits transmis oralement se retrouvent dans les folklores (CULTURE). Ex.: *L'histoire d'Hercule est une* **légende**.
◆ Famille – *Un personnage* **légendaire**. *La prise de Troie est* **légendaire**.

DES MÉMOIRES [nom]
(Masculin pluriel avec une majuscule). Relation écrite d'événements qui se sont passés pendant la vie de l'auteur et dans lesquels il a joué un rôle. Ex.: *Les* **Mémoires** *du général de Gaulle*.

LE MERVEILLEUX [nom]
Intervention du surnaturel ou création de l'imagination, qui étonne par son caractère magique ou miraculeux. Ex.: *Les contes de fées sont du domaine du* **merveilleux**.
◆ Famille – *Un pays* **merveilleux** – **Merveilleusement**.

UN MYTHE [nom]
1. Récit fabuleux d'origine populaire qui met en scène, sous une forme imagée, des personnages, des sentiments collectifs (comme la peur), des interprétations de la vie humaine ou de la nature (le dieu Zeus assimilé au tonnerre). Ex.: *Le* **mythe** *d'Œdipe*.
2. Amplification ou déformation par l'imagination populaire d'un personnage, de faits historiques ou actuels. Ex.: *Le* **mythe** *napoléonien*.
◆ Famille – *La* **mythologie** – **Mythique**.

UNE NOUVELLE [nom]
Récit de même nature qu'un roman, mais plus court, plus condensé dramatiquement autour d'une seule action Ex.: *Maupassant a écrit de nombreuses* **nouvelles**.

UNE PÉRIPÉTIE [nom]
Changement soudain de la situation, dû soit à un événement extérieur imprévu, soit à une évolution psychologique d'un personnage, qui modifie brusquement l'action. Ex.: *Les films avec James Bond sont pleins de* **péripéties**.

LE POINT DE VUE [nom]
Manière dont le narrateur peut voir et donc raconter un événement.
1. Il peut connaître les pensées et les sentiments des personnages.
2. Il peut seulement les voir agir de l'extérieur.

UN PROTAGONISTE [nom]
Un personnage qui joue un rôle important dans une pièce de théâtre, un roman ou un film. Ex.: *Petit Gibus est l'un des* **protagonistes** *de La Guerre des boutons, de Louis Pergaud*.

LE RÉALISME [nom]
1. Parti pris qui consiste, pour un écrivain, un cinéaste, un peintre, à donner une vision exacte de la réalité telle qu'elle est, dans sa diversité, d'où parfois une tendance à insister sur ses aspects grossiers ou pénibles. Ex.: *Le* **réalisme** *d'Émile Zola*.
2. Mouvement littéraire du XIXe siècle, auquel appartiennent des romanciers tels que Balzac, Maupassant, Flaubert.
◆ Famille – *Une peinture* **réaliste**, *un roman* **réaliste**.

UN ROMAN [nom]
1. Au Moyen-Âge, récit en prose ou en vers, écrit en roman et non en latin. Ex.: *Le* **Roman** *de Renart*.
2. Depuis le XVIe siècle, récit d'une certaine longueur, d'événements imaginaires en prose, qui met l'accent soit sur une aventure, une histoire, soit sur la psychologie des personnages, soit sur une époque, une société etc.
◆ Famille – *Un* **romancier** – *Une histoire* **romancée** – *Des aventures* **romanesques** : comme on peut en rencontrer dans les romans – *Une jeune fille* **romanesque** : qui aime oublier les contraintes de la vie en lisant des romans.

LE SUSPENSE [nom]
Terme emprunté à l'anglais caractérisant un moment où l'action inspire un sentiment d'attente angoissée. Ex.: *Hitchcock est considéré comme le maître du* **suspense**.

VRAISEMBLABLE [adj.]
Qui peut être admis comme vrai. Pour un roman : qui donne l'impression de la réalité ≠ **invraisemblable**. Ex.: *Un récit* **vraisemblable**.
◆ Famille – *La* **vraisemblance** *d'un récit* ≠ *l'* **invraisemblance**.

LE THÉÂTRE

LE THÉÂTRE [NOM]
1. *Ce soir, je vais au* **théâtre** : représentation d'œuvres dramatiques devant un public = le spectacle.
2. *La représentation a lieu au* **théâtre** *de l'Odéon, à Paris*.: lieu où se donne la représentation, souvent un bâtiment.
3. *Nous venons d'étudier Le Cid, œuvre majeure du* **théâtre** *de Corneille* : ensemble des œuvres dramatiques d'un auteur.
4. *Cet acteur ne fait pas de cinéma, il se consacre au* **théâtre** : art de jouer une œuvre dramatique.
◆ Famille – *une représentation* **théâtrale**.

UN ACTE [nom]

Chacune des grandes parties d'une pièce de théâtre centrée autour d'une péripétie importante. Ex.: *Les œuvres dramatiques du théâtre classique du XVIIᵉ siècle comportent cinq actes.*

UN(E) ACTEUR (TRICE) [nom]

Personne qui a généralement reçu une formation pour interpréter le rôle d'un personnage au théâtre ou au cinéma = un **comédien**, une **comédienne** (ce mot se dit surtout pour le théâtre), un(e) interprète.
N.B. – Il faut distinguer **l'acteur** du **personnage** qu'il interprète.

L'ACTION [nom fem.]

Suite des événements s'enchaînant dans une œuvre dramatique. Ex.: *Le théâtre classique obéit à la règle de l'unité d'action.*
N.B. – S'emploie aussi pour un récit ou un film.

UN APARTÉ [nom]

Paroles qu'un personnage prononce en se mettant à part, de façon à être entendu des spectateurs sans que les autres personnages soient supposés entendre. Ex.: « *Tu me payeras mes coups de bâton* » dit Maître Jacques, en **aparté** dans une scène de L'Avare.

(LE) BURLESQUE [nom et adj.]

Genre de comique assez grossier qui vise à faire rire par des situations et des personnages absurdes, extravagants = la **farce**. Ex.: *Les Marx Brothers se sont illustrés dans le burlesque. C'étaient des acteurs burlesques.*

LA COMÉDIE [nom]

Pièce de théâtre qui vise à faire rire et reposant sur des intrigues ou des situations divertissantes dont le dénouement est heureux. Ex.: Le Bourgeois Gentilhomme, de Molière, est une **comédie**.

N.B. – *Jouer la comédie :* faire du théâtre.

(LE) COMIQUE [nom et adj.]

Ce qui, au théâtre, fait rire par les paroles prononcées, par les gestes et les jeux de scène ou par les caractères des personnages ou par les situations. Ex: *Le comique du Médecin malgré lui – Sganarelle est comique – Une pièce, un film comique.*

UN COUP DE THÉÂTRE [nom]

Brusque changement dans le déroulement de l'action, qui provoque un effet de surprise. Ex.: *Il y a un coup de théâtre à la fin des Fourberies de Scapin, lorsque Géronte retrouve sa fille.*

LE DÉNOUEMENT [nom]

Partie finale d'une œuvre dans laquelle l'action aboutit à une solution heureuse ou malheureuse. Les comédies se caractérisent par des **dénouements** heureux.

UNE DIDASCALIE [nom]

Indication scénique donnée par l'auteur. Ex.: *Scapin lui remet la tête dans le sac* – Les Fourberies de Scapin.

(UNE) DRAMATIQUE [nom et adj. qual.]

1. Qualifie ce qui a un rapport avec le théâtre. Ex.: *un auteur ou une œuvre dramatique.*
2. Qualifie le mouvement d'une pièce de théâtre qui progresse en fonction des événements et des réactions des personnages. Ex.: *le mouvement dramatique.*
3. Qualifie, au théâtre ou dans la vie, une action dont l'issue est incertaine, provoquant des alternatives de crainte et d'espoir. Ex.: *un sauvetage dramatique.*
4. Pièce de théâtre diffusée à la télévision. Ex.: *Une dramatique de 52 minutes.*

L'EXPOSITION [nom fem.]

Premières scènes d'une pièce de théâtre qui permettent au spectateur de connaître la situation présente, les rapports entre les personnages, et qui précisent le plus souvent le temps et le lieu de l'action. Ex.: *L'exposition des Fourberies de Scapin est une conversation entre Scapin, Octave et Sylvestre.*

L'INTRIGUE [nom]

Ce qui se passe dans une pièce de théâtre, l'histoire qui est mise en scène et qu'on peut résumer. Ex.: *L'intrigue du Bourgeois Gentilhomme.*

UN MÉLODRAME [nom]

Drame populaire où se multiplient les événements émouvants, les intrigues compliquées et les péripéties imprévues. Ex.: Les deux Orphelines.

◆ Famille – *Le genre mélodramatique – Une scène mélodramatique.*

UN MONOLOGUE [nom]

Texte ou tirade dite par un acteur qui se trouve seul en scène et semble parler pour lui-même. Ex.: *Le monologue d'Harpagon dans L'Avare.*
N.B. – Quand deux personnages se parlent, c'est un *dialogue*.

UN PERSONNAGE [nom]

Personne participant à l'action, dans une œuvre théâtrale, qui est interprété par un acteur. Ex.: *Le personnage d'Argan, dans Le Malade imaginaire, a été interprété par l'acteur Molière.*
N.B. – Dans un récit ou dans un film, ce peut-être aussi un animal personnifié ou même un objet. Ex.: *Renart est le personnage principal dans Le Roman de Renart ou aussi la locomotive dans la Bête humaine de Zola.*

UN QUIPROQUO [nom]

Erreur qui consiste à prendre une chose pour une autre ou une personne pour une autre, ce qui peut entraîner des situations comiques ou tragiques, au théâtre = un malentendu. Ex. : *Dans Le Malade imaginaire, lorsqu'Argan parle de son futur époux à sa fille Angélique, il y a un* **quiproquo**, *car le père et la fille pensent parler du même homme alors que ce n'est pas le cas.*

UN RÔLE [nom]

Ce que doit dire et faire un acteur dans une pièce de théâtre ou un film. Ex. : *Beaucoup d'acteurs rêvent d'interpréter le* **rôle** *d'Hamlet.*

UNE SCÈNE [nom]

1. Partie du théâtre où se joue la pièce, où est planté le décor. Ex. : *Entrer* **en scène**. *La* **scène** *représente un palais.*
2. Division d'une œuvre dramatique, notamment d'un acte. Ex. : *Acte II,* **scène** *2.*
3. L'action qui se passe pendant une scène. Ex. : *La* **scène** *du désespoir d'Harpagon, dans* L'Avare.
N.B. – On emploie aussi ce mot pour une œuvre radiophonique ou cinématographique.

◆ Famille – *Mettre en* **scène** *:* préparer une représentation théâtrale ou un film.

UN SKETCH [nom]

(Mot emprunté à l'anglais). Courte pièce généralement comique en une seule scène, parfois improvisée, interprétée par un petit nombre d'acteurs. N.B. – *Un film à* **sketches** *:* film composé de plusieurs petits films, pas nécessairement comiques, centrés sur un même thème.

UNE TIRADE [nom]

Longue suite de phrases interprétées par un seul acteur. Ex. : *La* **tirade** *du nez dans* Cyrano de Bergerac.

(LE) TRAGIQUE [nom et adj.]

1. Qualifie la situation d'un personnage qui paraît victime de la fatalité, qui s'efforce en vain d'échapper à son destin comme les personnages de la tragédie grecque. Ex. : *Œdipe est un héros* **tragique**.
2. Qualifie aussi un événement qui place le héros dans cette situation. Ex. : *Agamemnon, contraint de sacrifier sa fille, est confronté à un événement* **tragique**.
3. Genre littéraire. Ex. : *Molière a écrit des comédies mais il était aussi attiré par le* **tragique**.

UNE TRAGÉDIE [nom]

Œuvre dramatique mettant en scène des personnages illustres aux prises avec le malheur, dont les luttes et les désespoirs inspirent de ce fait l'horreur ou la pitié. Ex. : *Andromaque de Racine est une* **tragédie**.

LA POÉSIE

LA POÉSIE [NOM]

1. Genre littéraire qui se caractérise par l'art de suggérer des impressions, des sentiments, une vision du monde, une aventure héroïque... Ex. : *Du Bellay a composé surtout de la* **poésie**.
2. Caractère de ce qui touche l'âme, la sensibilité. Ex. : *La* **poésie** *d'un paysage.*

◆ Famille – *Un* **poème** (on dit parfois *une* **poésie**) – *Un* **poète** *:* créateur qui s'exprime par la poésie, ou être rêveur, sensible à la poésie – *La* **fonction poétique** *:* le fait de créer par les sonorités, le rythme, les images (comparaisons ou métaphores), des impressions qui ajoutent au sens du texte et se communiquent directement au lecteur.

UN ALEXANDRIN [nom]

Vers de douze syllabes. Ex. : *«Heureux qui, comme Ulysse, a fait un beau voyage.»* Du Bellay. N.B. – L'alexandrin est le vers des œuvres dramatiques du XVIIe siècle.

UNE ALLITÉRATION [nom]

Répétition d'une sonorité par la répétition d'une même consonne, dans le but d'accentuer l'idée exprimée. Ex. : *«Le fleuve à grand bruit roule un flot rapide et jaune»*. Victor Hugo. (ici le «r» évoque un roulement).

UNE ASSONANCE [nom]

Répétition d'une sonorité par la répétition d'une même voyelle, dans le but d'accentuer l'impression suggérée. Ex. : *«Deux jeunes filles se disent leurs amours / Sur deux infiniment plaintives mandolines»* Valéry Larbaud. (ici le «i» suggère une douceur mélancolique).

UN CALLIGRAMME [nom]

DÉF. : Disposition des vers de façon à figurer un objet qui ajoute au sens du poème. Ex. : *Dans un* **calligramme** *d'Apollinaire, les vers figurent un jet d'eau.*

LA CÉSURE [nom]

DÉF. : Coupe principale dans un vers. Dans l'alexandrin classique, la césure se trouve au milieu du vers. Ex. : *Dans le vers de Du Bellay, la* **césure** *se trouve après «Ulysse».*

UNE CHANSON [nom]

1. Texte en vers d'origine populaire divisé en couplets avec un refrain, qui se chante sur une musique simple. Ex. : *Il pleut Bergère.*
2. Parfois un texte seul qui a les caractères d'une chanson. Ex. : ***Chanson***, *de Verlaine.*
N.B. – Des poèmes du XXe siècle, comme ceux de Prévert ou d'Aragon, ont été mis en ***chansons***.

UNE COMPARAISON [nom]

Image créée par le poète, et qui établit une ressemblance en la faisant apparaître grammaticalement. Ex. : *« Le violon frémit comme un cœur qu'on afflige »*, Baudelaire.

N.B. – On trouve aussi des comparaisons dans le langage courant.

UN HÉMISTICHE [nom]

Chacune des deux parties égales du vers coupé par la césure. Ex. : *« Heureux qui comme Ulysse / a fait un beau voyage »* comporte deux **hémistiches.**

LYRIQUE [adj. qual.]

1. Qui exprime des sentiments de manière à communiquer une émotion. Ex. : Le Lac, *de Lamartine, est un poème* **lyrique.**
2. Qui est destiné à être chanté. Ex. : Carmen, *de Bizet, est une* œuvre **lyrique.**

◆ Famille – *Le* **lyrisme** *de Lamartine.*

UNE MÉTAPHORE [nom]

Image, créée par le poète, qui établit, sans que cela apparaisse grammaticalement, une ressemblance entre deux éléments concrets ou entre un élément concret et un élément abstrait, idée ou sentiment. Ex. : *« Cette* **faucille d'or** *dans le champ des étoiles ».* Victor Hugo (ici, la faucille est la lune).

N.B. – On trouve aussi des métaphores dans le langage courant.

UNE PERSONNIFICATION [nom]

Représentation d'un élément inanimé, d'une idée abstraite, d'un sentiment, comme s'il s'agissait d'un être humain. Ex. : *« Il lançait un regard vers la lune… elle fut tout près d'atteindre le nuage qu'elle poursuivait… elle courait derrière lui ».* Bernard Clavel.

◆ Famille – **Personnifier :** Clavel **personnifie** la lune – À l'inverse, *Harpagon* **personnifie** *l'avarice.*

UN QUATRAIN [nom]

Strophe de quatre vers aux rimes déterminées. Ex. : *Tout sonnet commence par deux* **quatrains.**

LES RIMES [nom]

Sonorités qui reviennent à la fin des vers. On leur affecte une lettre : a, b, ou c. Les rimes les plus courantes sont :
a, a, b, b = rimes plates ou suivies ;
a, b, a, b = rimes croisées ;
a, b, b, a = rimes embrassées.
Les terminaisons muettes sont des rimes féminines, les terminaisons sonores sont des rimes masculines. Ex. :
« Les sanglots longs **(a)**
Des violons **(a)**
De l'automne **(b)**
Bercent mon cœur **(c)**
D'une langueur **(c)**
Monotone. » **(b)**   Verlaine

LE RYTHME [nom]

Comme la musique, un texte poétique a un **rythme :** retour régulier de temps forts créés par les syllabes accentuées alternant avec des temps faibles en une cadence. Ex. : *« La nuit* **vint** *; tout se* **tut** *; les flambeaux s'éteignirent. »* Victor Hugo.

◆ Famille – **Rythmer** *un vers –* Un vers **rythmique.**

UN SONNET [nom]

Poème à forme fixe composé de quatorze vers répartis en deux quatrains et deux tercets. La disposition des rimes est également fixe. Les vers sont le plus souvent des alexandrins, mais peuvent être parfois des décasyllabes (vers de dix syllabes). Ex. : Heureux qui, comme Ulysse, *de Du Bellay, est un* **sonnet.**

UNE STROPHE [nom]

Groupe de vers ayant une unité, comportant une disposition généralement fixe des rimes et du nombre de syllabes des vers. Cf. *supra*, les sanglots longs.

UNE SYLLABE [nom]

Groupe de consonnes et de voyelles qui se prononce d'une seule émission de voix. Les mots d'une **syllabe** sont des monosyllabes. Le nombre de **syllabes** détermine le type de vers. Ex. : *10* **syllabes** *= déca***syllabe** *; 8 syllabes = octo***syllabe.**

UN SYMBOLE [nom]

Élément concret choisi conventionnellement par un groupe ou une société pour représenter une idée abstraite, parce qu'ils ont un élément ou une qualité en commun. Ex. : *La balance est* le **symbole** *de la justice* (balance = justesse).

◆ Famille – *Une représentation* **symbolique** *–* **Symboliquement** *– Le* **Symbolisme :** mouvement littéraire de la seconde moitié du XIXe siècle qui privilégie le symbole et l'image comme moyens d'expression poétique.

UN TERCET [nom]

Strophe de trois vers aux rimes fixes. Ex. : *Tout sonnet comporte deux* **tercets** *après les quatrains.*

UN VERS [nom]

Groupe de mots dont le nombre de syllabes et donc le rythme est déterminé ≠ la prose. Les poèmes en vers sont les plus fréquents, mais la poésie en prose existe aussi.

CORRIGÉS

CHAMP LEXICAL 1

Testez-vous! A   1. a   2. b   3. a   4. b   5. b   6. c   7. a

Utilisez vos connaissances A

1. chronologie	6. précède	11. postérieure	16. persiste
2. dorénavant	7. périodiques	12. succède	17. hebdomadaire
3. jadis	8. ponctualité	13. millénaire	18. contemporaine
4. permanente	9. hivernale	14. ère	19. vestiges
5. antérieure	10. délai	15. récentes	20. cycle

Jeu A

1. Église Saint-Jacques	3. Cathédrale	5. Palais de la Bourse	7. Complexe sportif
2. Château	4. Théâtre	6. Grand magasin	

Testez-vous! B   1. c   2. b   3. a   4. c   5. b   6. c   7. c

Utilisez vos connaissances B

1. éphémères	6. simultanés	11. vétuste	16. ancestrale
2. ultérieures	7. antécédents	12. concomitance	17. intermittent
3. anachronisme	8. ultime	13. précoces	18. anticipé
4. provisoire	9. séculaires	14. immémoriales	19. périmés
5. imminent	10. différer	15. temporiser	20. prématuré

Contrôlez vos connaissances

1. ponctualité	6. dorénavant	11. éphémère	16. ultime
2. provisoire	7. récente	12. vestiges	17. hivernale
3. différé	8. contemporain	13. périmée	18. délai
4. antérieur	9. anachronique	14. ancestrale	19. temporisa
5. vétuste	10. précédé	15. se succédaient	20. ultérieure

CHAMP LEXICAL 2

Testez-vous! A   1. b   2. c   3. b   4. b   5. a   6. c   7. b

Utilisez vos connaissances A

1. échelle	6. délimite	11. étendues	16. latérales
2. infini	7. interstice	12. repéré	17. agencé
3. environnement	8. mitoyen	13. proximité	18. spacieux
4. champ	9. aire	14. superficie	19. écart
5. enceinte	10. perspective	15. intervalle	20. circonscrivent

Contrôlez vos connaissances A

Ex. 1.   *Série a :* rurale   *Série b :* l'espace

Ex. 2.   a. étranger   b. amont   c. centre   d. fini ou borné   e. continentaux
f. éloignement   g. citadine (plutôt que urbaine)   h. exiguë

Testez-vous! B   1. b   2. a   3. a   4. b   5. c   6. c   7. b

Utilisez vos connaissances B

1. citadine	6. aval	11. pôle	16. orbite
2. autochtones	7. rural	12. horizon	17. antipodes

3. sites	8. abîmes	13. zénith	18. zone
4. agglomération	9. spatiale	14. trajectoire	19. confins
5. étoiles	10. insulaires	15. cosmos	20. limitrophe

Jeux B

1. a. un délai : indication de temps et non d'espace.
   b. différer : relève du temps et non du lieu.
3. Rébus : sue – père – fils – scie : superficie

2. a. an – type – ode : antipode.
   b. dé – lit – mi – thé : délimiter.

CHAMP LEXICAL ③

Testez-vous ! A   1. b   2. b   3. c   4. b   5. a   6. c   7. c

Utilisez vos connaissances A

1. brinquebale	6. impulsion	11. pivote	16. convergent
2. émerge	7. afflua	12. amovible	17. bifurque
3. s'infléchit	8. cahote	13. remous	18. obliquer
4. ballottent	9. saccades	14. trépidations	19. mobiles
5. oscille	10. tanguent	15. s'ébranle	20. s'engouffra

Testez-vous ! B   1. c   2. a   3. c   4. a   5. c   6. b   7. c

Utilisez vos connaissances B

1. élan	6. arpente	11. vaciller	16. cabrioles
2. culbuté	7. côtoyer	12. déambuler	17. palpitait
3. chancelle	8. se faufile	13. se hisse	18. déploie
4. s'esquiva	9. fondirent	14. s'ébattent	19. érigé
5. déguerpissent	10. se cabrer	15. virevoltent	20. accéder

Jouez avec les mots

1. obliquer	3. déployer	5. palpiter	7. osciller
2. culbuter	4. vaciller	6. esquiver	8. arpenter

Contrôlez vos connaissances

Vers le haut : se cabrer, ériger, se hisser
Vers le bas : crouler, dévaler, fléchir, immerger, fondre sur
En allant vers un point : affluer, converger
En s'éloignant d'un point : refluer, rétrograder
D'un point à un autre : ramper, côtoyer, arpenter
Mouvement en rond : pirouetter, pivoter, tortiller, virevolter, voltiger

CHAMP LEXICAL ④

Testez-vous ! A   1. a   2. b   3. b   4. a   5. c   6. c   7. c

Utilisez vos connaissances A

1. excès	6. intensité	11. exacerbait	16. envergure
2. monceau	7. portée	12. profusion	17. amplifiant
3. extension	8. prodigieux	13. insigne	18. outrer
4. croître	9. stimule	14. fondamental	19. substantielle
5. capitales	10. majeure	15. essentielle	20. évaluent

Contrôlez vos connaissances A

1. abus
2. primordiale
3. remarquable
4. exagère
5. encourage
6. amoncellement
7. augmente
8. puissance
9. intensifia
10. grandissent

Jeu A

amoindrir	amplifier
amortir	exacerber
atténuer	outrer
modérer	stimuler
rapetisser	— — — —
réduire	— — — —
restreindre	— — — —
tempérer	— — — —

Testez-vous ! B   1. c   2. a   3. b   4. a   5. a   6. a   7. b

Utilisez vos connaissances B

1. amortissent
2. déprécie
3. degrés
4. jauge
5. infime
6. minime
7. dose
8. lacunes
9. restreint
10. insignifiants
11. réduit
12. modérer
13. estimé
14. atténue
15. bribes
16. tempère
17. amoindrit
18. rapetissé
19. détériore
20. proportion

Contrôlez vos connaissances B

1. a. un rien de temps
   b. un brin de fantaisie
   c. un grain de folie
   d. une pointe d'humour
   e. un nuage de lait
   f. un souffle de vent
   g. un soupçon de rouge
   h. une parcelle de vérité
   i. un doigt de vin

2. Mince comme un fil – haut comme trois pommes – large comme la main – léger comme une plume – maigre comme un clou.

Jeu B   atténuer – réduire – amoindrir – restreindre – tempérer – modérer – déprécier – amortir – rapetisser.

CHAMP LEXICAL ⑤

Utilisez vos connaissances A

1. dévisagent
2. contemplait
3. observer
4. examine
5. lorgne
6. scrute
7. toisent
8. inspecte
9. épie
10. guettent

Testez-vous ! B   1. b   2. b   3. c   4. a   5. a   6. c   7. a.

Utilisez vos connaissances B

1. ténèbres
2. crépuscule
3. pénombre
4. aurore
5. aube
6. lueurs
7. clair-obscur
8. blafarde
9. crue
10. tamisée
11. diffuse
12. radieux
13. rutilante
14. irisés
15. translucides
16. lustrer
17. scintillent
18. miroite
19. chatoie
20. réverbère

Contrôlez vos connaissances B

Ex. 1   a. cendre   b. lait   c. argent   d. plomb   e. phosphore   f. nacre

Ex. 3
1. aube
2. aurore
3. radieux
6. lustra
7. crépuscule
8. clair-obscur
11. tamisée
12. chatoyante
13. miroitait
16. rutilant
17. irisé
18. lueurs

| 4. blafardes | 9. translucides | 14. scintillantes | 19. pénombre |
| 5. crus | 10. diffuse | 15. réverbéraient | 20. ténèbres |

Testez-vous ! C 1. a 2. b 3. c 4. c 5. a 6. b 7. c

Utilisez vos connaissances C

1. nuances	6. chamarré	11. chaudes	16. sourds
2. carnation	7. criardes	12. froides	17. pourpre
3. coloris	8. fauve	13. cramoisi	18. écarlate
4. teintes	9. bariolés	14. glauque	19. ternes
5. tons	10. basané	15. soutenu	20. fané

Contrôlez vos connaissances C

Ex. 1 Couleurs de l'arc-en-ciel : violet, indigo, bleu, vert, jaune, orangé, rouge.

Ex. 2 – *rubis :* rouge foncé
– *saphir :* bleu acier ou bleu profond velouté
– *émeraude :* vert clair à vert foncé, un peu bleuté
– *turquoise :* bleu ciel ou bleu-vert
– *opale :* blanc irisé
– *corail :* rouge orangé

Ex. 3

gris anthracite	bleu canard	gris acier
rouge brique	jaune citron	jaune safran
vert pomme	bleu lavande	rouge sang
rouge cerise	jaune d'or	vert émeraude

Ex. 4 – *Les dahlias sont d'un pourpre riche et sombre :* nom avec deux adjectifs épithètes.
– *Un petit grenadier à fleurs du plus éclatant orangé rouge :* nom composé.
– *A fruits vert jaune :* adjectif composé de deux couleurs.
– *Les figuiers émeraude :* comparaison avec une matière.
– *La salle est rouge-sang :* comparaison avec une matière.
– *Un jaune sourd :* nom avec un adjectif épithète.
– *Quatre lampes jaune citron :* comparaison avec un objet.

CHAMP LEXICAL 6

Testez-vous ! A 1. a 2. c 3. a 4. b 5. b 6. a 7. c

Utilisez vos connaissances A

1. chuintement	6. clapotis	11. tinter	16. timbre
2. crissement	7. grésillement	12. cacophonie	17. assourdit
3. détonation	8. rumeur	13. cliquetis	18. grave
4. fracas	9. vrombissement	14. charivari	19. strident
5. bruissement	10. gronde	15. crépitements	20. discordant

Contrôlez vos connaissances A

1. *Fleur à 8 pétales :* bruissement – chuintement – clapotis – cliquetis – crépitement – grésillement – rumeur – tintement.
Fleur à 5 pétales : cacophonie – charivari – détonation – fracas – vrombissement.

2. 1. cristallin 2. argentin 3. feutré 4. métallique 5. cuivrées

Testez-vous ! B 1. c 2. b 3. b 4. a 5. c 6. a 7. b

Utilisez vos connaissances B

1. clament	6. marmonner	11. vocifèrent	16. cassée
2. interpellé	7. apostropher	12. récriminer	17. gutturale
3. ânonne	8. susurre	13. se récrie	18. nasillardes.
4. grommelles	9. tonitrue	14. s'égosille	19. chevrotante
5. invoque	10. vagir	15. maugréant	20. sourde

Jeu B

1. marmonner	4. maugréer	7. apostropher	10. vociférer ou tonitruer
2. grommeler	5. vagir	8. s'égosiller	
3. susurrer	6. interpeller	9. vociférer ou tonitruer	

CHAMP LEXICAL ❼

Testez-vous !   1. b   2. a   3. a   4. c   5. c   6. b   7. a

Utilisez vos connaissances

1. aspérités	6. éraflé	11. onctueuses	16. rigide
2. modeler	7. palpent	12. râpeuse	17. rêche
3. effleure	8. granuleux	13. tangible	18. moelleux
4. pétrit	9. moite	14. visqueuse	19. poli
5. tâte	10. flasque	15. veloutée	20. poisseux

Contrôlez vos connaissances

1. a. satiné   c. soyeux   e. cotonneux   g. crémeux
    b. duveteux   d. velouté   f. pelucheux   h. farineux

2. un serpent → froid   une couette→ moelleuse
    la neige fraîche → poudreuse   la main d'une personne fiévreuse → moite
    la peau d'une pêche → duveteuse   un chewing-gum → poisseux
    le sable → granuleux

3. a. effleurer   b. érafler   c. pétrir   d. râpeux ou rêche   e. visqueux

CHAMP LEXICAL ❽

Testez-vous !   1. a   2. b   3. a   4. c   5. b   6. a   7. c

Utilisez vos connaissances

1. arôme	6. fumet	11. fétide	16. embaument
2. bouquet	7. parfums	12. infecte	17. exhale
3. effluves	8. relents	13. nauséabonds	18. flaire
4. émanations	9. capiteux	14. empestaient	19. fleure
5. essences	10. éventé	15. hume	20. pue

Contrôlez vos connaissances

1. Exemples : l'odeur fraîche de la menthe ; l'odeur âcre des allumettes soufrées ;
        l'odeur tenace du feu de bois ; l'odeur amère du laurier ; l'odeur subtile de l'anis.

Jeu   éventé ; exhaler ; embaumer ; émanation ;   fumet ; fétide ; fleurer.

CHAMP LEXICAL ❾

Testez-vous !   1. a   2. c   3. a   4. c   5. a   6. b   7. c

Utilisez vos connaissances

1. gastronomie
2. chère
3. mets
4. gourmet
5. assaisonnement
6. déguster
7. s'est régalé
8. siroter
9. âcres
10. aigre
11. amer
12. corsée
13. culinaires
14. exquise
15. fades
16. friand
17. insipide
18. rance
19. relevés
20. sur

Contrôlez vos connaissances

1. *acide :* un son acide – une couleur acide ; *âcre :* une odeur âcre ; *aigre :* un son aigre ; un vent aigre (TOUCHER) ; *fade :* une couleur fade.

2. *des paroles amères :* tristesse, déception.
une conversation insipide : ennui.
des remarques aigres : colère, mécontentement.

3. aigre → sur
se délecter → savourer
délicieux → exquis
fade → insipide
raffoler → être friand
relevé → épicé

4. *Du beurre :* rance   *Une potion :* amère   *Un vin :* aigre   *Des sauces brûlées :* acres

CHAMP LEXICAL ⑩

Testez-vous ! A   1. a   2. b   3. b   4. a   5. a   6. c   7. b

Utilisez vos connaissances A

1. balbutie
2. consenti
3. confié
4. prétend
5. certifie
6. conteste
7. acquiesça
8. renchérissent
9. objectent
10. préconisent
11. se rétracte
12. dissuadée
13. contredisent
14. démenti
15. sollicite
16. nie
17. huer
18. réfuter
19. persuade
20. concède

Contrôlez vos connaissances A

1. conversation
2. demanda
3. approuva
4. affirmait
5. répondit
6. assurer
7. se moqua
8. notées
9. précise
10. nouvelles
11. dit
12. parlons
13. bavarder
14. silencieux
15. interrompre
16. informer

Testez-vous ! B   1. b   2. b   3. b   4. a   5. c   6. c   7. b

Utilisez vos connaissances B

1. conciliant
2. élocution
3. élogieux
4. inintelligible
5. tranchant
6. inconvenante
7. prolixe
8. insultantes
9. propos
10. diction
11. réplique
12. serment
13. lestes
14. verve
15. reparties
16. ambiguë
17. interlocuteur
18. discours
19. oiseuses
20. véhémentes

Jeu   concéder – conciliant – consentir – contestation – contradiction – démentir – élocution – élogieux – éloquence – insultant.

CHAMP LEXICAL ⑪

Testez-vous !   1. b   2. a   3. b   4. c   5. b   6. a   7. a

Utilisez vos connaissances

1. dédaignent	6. désinvolture	11. affecte	16. brave
2. distinction	7. respectent	12. dynamisme	17. se pavane
3. exubérance	8. gravité	13. provoquent	18. se maîtriser
4. héroïsme	9. impassibilité	14. ménager	19. embarrassé
5. minaude	10. impertinence	15. arrogant	20. dévouement

Contrôlez vos connaissances

1. a. braver	1. b. provoquer	
2. a. désinvolture	2. b. impertinence	2. c. arrogance
3. a. dynamisme	3. b. exubérance	
4. a. impassibilité	4. b. gravité	

CHAMP LEXICAL 12

Testez-vous !   1. c   2. b   3. a   4. b   5. a   6. b   7. c

Utilisez vos connaissances

1. communion	6. concordance	11. contrecarrent	16. conviennent
2. hostiles	7. se concertent	12. rivales	17. querelles
3. adhéraient	8. différend	13. malentendu	18. conformité
4. transiger	9. zizanie	14. se sont brouillés	19. solidaires
5. litiges	10. compatible	15. unanimité.	20. connivence

Contrôlez vos connaissances

1. ont favorisé	6. concorde
2. ont rejeté	7. discordance
3. se sont réconciliés	8. désaccord
4. favorable	9. un allié
5. consentement	10. discorde

Jeu   1. il accorde   2. la discorde   3. la concorde   4. désaccordé   5. raccorde

CHAMP LEXICAL 13

Testez-vous !   1. b   2. a   3. b   4. c   5. c   6. b   7. a

Utilisez vos connaissances

1. captifs	6. brident	11. entrave	16. libéral
2. tyrannie	7. contrainte	12. soumission	17. tutelle
3. délivrer	8. servitude	13. s'affranchir	18. s'émanciper
4. hiérarchie	9. autonome	14. sommé	19. se rebeller
5. réprimées	10. opprimer	15. subordonné	20. assujetti

Pour en savoir plus

1. merci	3. griffes	5. chaînes	7. pouvoir
2. empire	4. domination ou coupe	6. domination ou coupe	8. joug

Jeu

Autonome	Servitude	Émanciper
Affranchir	Soumission	Entrave
Assujettir	Subordonner	Esclavage

CHAMP LEXICAL 14

Testez-vous !   1. b   2. c   3. a   4. b   5. c   6. c   7. b

Utilisez vos connaissances

1. brandit	6. gambader	11. s'incline	16. s'enfoncer
2. s'agrippe	7. grimaces	12. se crispèrent	17. assène
3. se prélasser	8. signe	13. se tapit	18. tortiller
4. empoigne	9. se hausser	14. hochements	19. mimiques
5. se presse	10. attire	15. s'était embusqué	20. étreignit

Contrôlez vos connaissances

1. l'y obliger
2. se réjouit
3. se mit au travail
4. était paresseux
5. très vite
6. était maladroit
7. fît tous ses efforts
8. d'apprendre
9. ne pas vouloir s'en mêler
10. se chargea de l'affaire
11. prit part au travail
12. aider
13. assurer de sa bonne volonté
14. renoncer à ses fonctions
15. était généreux
16. directement
17. bredouille
18. mendier
19. je peux agir en toute liberté
20. avoir de la chance

CHAMP LEXICAL 15

Testez-vous !   1. c   2. b   3. b   4. c   5. a   6. b   7. a

Utilisez vos connaissances

1. contagion	6. chétif	11. affection	16. inflammation
2. épidémies	7. vigueur	12. exténué	17. virulente
3. morbide	8. fébriles	13. vitalité	18. hygiène
4. souffreteux	9. endolori	14. séquelles	19. symptômes
5. convalescence	10. sclérose	15. héréditaires	20. diète

Pour en savoir plus

1. indolore   3. impotente   5. incurable   7. ablation   9. insomnies
2. amnésique   4. aphone   6. insalubre   8. invalide   10. invulnérable

CHAMP LEXICAL 16

Testez-vous !   1. b   2. c   3. a   4. c   5. a   6. a   7. b

Utilisez vos connaissances

1. conçu	6. quadragénaire	11. cadavres	16. sénile
2. maturité	7. agonie	12. sépulture	17. funèbre
3. puériles	8. génération	13. fatale	18. viril
4. natalité	9. nécrologie	14. posthume	19. développement
5. deuil	10. homicide	15. ascendance	20. progéniture

Jeux

1. c   2. c   3. b   4. b   5. a   6. c   7. b   8. a   9. c   10. b

congénital – génital – dégénérer – géniteur – engendrer – génocide – généalogie – progéniture – génération – régénération – genèse – régénérer – génétique

CHAMP LEXICAL 17

Testez-vous ! 1. b 2. a 3. c 4. b 5. b 6. a 7. c

Utilisez vos connaissances

1. adore	6. passion	11. enthousiasme	16. ravissement
2. pitié	7. tendresse	12. euphorie	17. extase
3. reconnaissance	8. affection	13. joie	18. griserie
4. estime	9. confiance	14. plaisir	19. jouissances
5. sympathie	10. fascination	15. sérénité	20. allégresse

Contrôlez vos connaissances

1. adoration	3. délectation	5. jubilation
2. affection	4. fascination	6. exaltation

CHAMP LEXICAL 18

Testez-vous ! 1. a 2. b 3. a 4. c 5. b 6. a 7. b

Utilisez vos connaissances

1. dépit	6. rancune	11. chagrin	16. nostalgie
2. indignation	7. fureur	12. déception	17. amertume
3. contrariété	8. animosité	13. navrés	18. détresse
4. jalousie	9. xénophobie	14. désespoir	19. frustration
5. mépris	10. misanthropie	15. mélancolie	20. tourment

Contrôlez vos connaissances

1. (de bas en haut) : être navré – mélancolie – nostalgie – déception – frustration – amertume – chagrin – tourment – détresse – désespoir.

2. (de bas en haut) : contrariété – dépit – indignation – mépris – rancune – animosité – jalousie – fureur.

CHAMP LEXICAL 19

Testez-vous ! 1. a 2. a 3. c 4. a 5. b 6. b 7. c

Utilisez vos connaissances

1. crainte	6. envie	11. soulagement	16. frayeur
2. inquiétude	7. regret	12. épouvante	17. perplexité
3. anxiété	8. satisfaction	13. consternation	18. terreur
4. désir	9. honte	14. panique	19. remords
5. émerveillement	10. angoisse	15. confusion	20. stupéfaction

Contrôlez vos connaissances

1. 1. s'inquiète   3. anxieuse   5. angoisse   7. s'affole   9. soulagement
   2. s'alarmer   4. anxiété   6. redoute   8. embarrassé

2. a. ébahi   d. consterné ou atterré   g. stupéfait ou saisi ou abasourdi
   b. déconcerté ou désorienté   e. ahuri   ou médusé ou interdit
   c. décontenancé   f. emprunté   h. confus ou gêné

3. Du plus faible au plus fort : [crainte-appréhension] ; [angoisse-anxiété] ; [effroi- frayeur] ; [terreur-panique] ; [épouvante-horreur].

CHAMP LEXICAL 20

Testez-vous ! 1. b 2. c 3. c 4. c 5. a 6. b 7. a

Utilisez vos connaissances

1. orgueilleux 6. lâche 11. susceptible 16. discrète
2. ambitieux 7. sociable 12. scrupuleuse 17. naïve
3. dilettante 8. tolérant 13. pudique 18. égoïste
4. intrépide 9. indulgent 14. optimiste 19. irascible
5. soupçonneux 10. loyal 15. médisante 20. lucide

Contrôlez vos connaissances

1. *Qualités :* discret – indulgent – loyal – lucide – sociable – tolérant – scrupuleux – pudique.
Qualités ou défauts : ambitieux – dilettante – intrépide – naïf – optimiste.
Défauts : égoïste – irascible – lâche – médisant – orgueilleux – soupçonneux – susceptible.
2. a. cupide b. prodigue c. méticuleuse d. affable e. sectaires

CHAMP LEXICAL 21

Testez-vous ! 1. b 2. a 3. b 4. b 5. c 6. b 7. a

Utilisez vos connaissances

1. converti 6. foi 11. damnation 16. mystique
2. confesse 7. âme 12. prières 17. saints
3. renié 8. salut 13. piété 18. athée
4. surnaturels 9. péchés 14. charité 19. fanatiques
5. dieux 10. grâce 15. anges 20. superstition

Contrôlez vos connaissances

1. damné 3. foi 5. péché 7. dieu 9. ange
2. grâce 4. anges 6. âme 8. confesser 10. saint

CHAMP LEXICAL 22

Testez-vous ! A 1. b 2. a 3. b 4. c 5. c 6. b 7. c

Utilisez vos connaissances A

1. concevoir 6. phénomènes 11. structure 16. synthèse
2. considèrent 7. processus 12. systèmes 17. spécifique
3. analyse 8. évidence 13. classes 18. complexes
4. caractères 9. faculté 14. norme 19. abstraite
5. définir 10. notion 15. précisions 20. cohérentes

Contrôlez vos connaissances A

A. 1. incohérente 2. concrets 3. analyse 4. confusion
B. 1. conçu 3. normes 5. caractère 7. spécifiques
  2. phénomène 4. complexes 6. notions 8. précision

Testez-vous ! B 1. c 2. a 3. b 4. a 5. c 6. b 7. b

CORRIGÉS

283

Utilisez vos connaissances B

1. cause	6. motiver	11. visées	16. facteurs
2. effet	7. but	12. envisagent	17. fins
3. conséquence	8. prétexte	13. objectif	18. fonde
4. justifier	9. suscite	14. déduit	19. fruit
5. mobile	10. résulte	15. dépendent	20. implique

Contrôlez vos connaissances B

1. a. Un effet indique la *conséquence* alors que tous les autres mots indiquent une *cause*.

b. Le fruit indique une *conséquence* alors que tous les autres mots expriment une *idée de but*.

2. *Cause :* un agent – causer – un motif – une origine – provoquer – une raison
Conséquence : conclure – découler – entraîner – une incidence – un résultat
But : un dessein – une intention – un projet

Testez-vous ! C   1. b   2. c   3. a   4. b   5. b   6. c   7. a

Utilisez vos connaissances C

1. condition	6. présomption	11. associe	16. différencier
2. suppose	7. restriction	12. coordonner	17. contradictions
3. hypothèse	8. corrélation	13. exception	18. paradoxe
4. conjectures	9. adjonction	14. analogie	19. sélection
5. éventualité	10. conjonction	15. confrontions	20. alternative

Jeux

1. adjonction – conjonction – confronter – disjonction – exception – intention – présomption – projeter – résulter – susciter

2. complexe, caractère, conjecture, corrélation ; associer, analogies, adjonction, alternative ; prétexte, phénomène, précisions, présomption.

CHAMP LEXICAL ㉓

Testez-vous !   1. b   2. b   3. a   4. a   5. a   6. b   7. c

Utilisez vos connaissances

1. avis	6. pertinents	11. critiques	16. perspicacité
2. délibère	7. réfléchir	12. dilemme	17. doute
3. erreur	8. conscience	13. élaborer	18. comprendre
4. opinions	9. préjugés	14. objectifs	19. subtil
5. partial	10. conviction	15. intuition	20. idées

Pour en savoir plus

1. illusions	3. aberration	5. malentendu	7. confusion	9. contresens
2. quiproquo	4. inadvertance	6. égarements	8. méprise	10. péchés

INDEX

D

damnation 232
déambuler 48
déception 209
dégainer 146
dédicace 267
déduire,
  se déduire 248
définir 242
degré 62
déguerpir 48
déguster 122
délai 14
délibérer 262
délimiter 28
délivrer 162
démentir 132
dénouement 271
dépendance 158
dépendre 248
dépit 208
déployer,
  se déployer 48
déprécier,
  se déprécier 62
description 269
désespoir 209
désinvolture 146
désir 216
détériorer 62
détonation 92
détresse 209
deuil 188
développement 188
dévisager 72
dévouement 146
diction 138
didascalie 271
diète 180
dieu 232
différencier 255
différend 155
différer 20
diffus 76
dilemme 262
dilettante 224
discerner 68
discordant 92
discours 138, 269
discret 224
dissuader 133
distinction 146
dorénavant 14
dose 62
douleur 204
doute 262

dramatique 271
dynamisme 146

E

ébattre (s') 49
ébranler, s'ébranler 42
écarlate 82
écart 28
échelle 28
écouter 92
éditeur 267
effet 248
effleurer 106
effluves 114
égoïste 224
égosiller (s') 98
élaborer 262
élan 49
élocution 138
élogieux 138
émanation 114
émanciper,
  s'émanciper 162
embarrassé 146
embaumer 114
embusquer,
  s'embusquer 216
émerger 42
émerveillement 216
émotion 194
empester 114
empoigner,
  s'empoigner 172
enceinte 28
encyclopédie 267
endolori 180
enfoncer,
  s'enfoncer 172
engouffrer,
  s'engouffrer 42
entendre 92
enthousiasme 201
entrave 162
envergure 56
envie 216
environnement 28
envisager 248
éphémère 20
épidémie 180
épier 72
épilogue 269
épisode 269
épopée 269
épouvante 216
érafler 106
ère 14
ériger, s'ériger 49

erreur 263
espace 24
esprit 228, 236
esquiver,
  s'esquiver 49
essence 114
essentiel 56
estime 200
estimer 62
étendue 29
étoile 34
étreindre,
  s'étreindre 172
euphorie 201
éventer 114
éventualité 255
évidence 242
exacerber,
  s'exacerber 56
examiner 72
exception 255
excès 56
exhaler, s'exhaler 114
exposition 271
exquis 122
extase 201
exténué 180
extension 56
exubérance 146

F

fable 269
facteur 248
faculté 243
fade 122
fanatique 232
fané 82
fantastique 269
fascicule 267
fascination 200
fatal 188
faufiler (se) 49
fauve 83
fébrile 180
fétide 115
fiction 269
fin 248
flairer 115
flasque 106
fleurer 115
foi 232
fondamental 56
fonder 249
fondre sur 49
fracas 93
frayeur 216
friand 123

froid 83
fruit 249
frustration 209
fumet 115
funèbre 188
fureur 208

G

gambader 172
gastronomie 123
génération 188
genre littéraire 268
geste 168
glauque 83
gourmet 123
goût 118
grâce 233
granuleux 106
grave 93
gravité 146
grésillement 93
grimace 172
griserie 201
grommeler 98
gronder 93
guetter 72
guttural 98

H

hausser,
  se hausser 173
hebdomadaire 14
hémistiche 273
héréditaire 180
héroïsme 147
héros 269
hiérarchie 162
hisser, se hisser 49
hivernal 14
hochement 173
homicide 188
honte 217
horizon 34
hostile 155
huer 133
humer 115
humour 268
hygiène 181
hypothèse 255

I

idée 263
imagination 258
immémorial 20
imminent 20
impassibilité 147

Imprimé en France par Chirat – 42540 Saint-Just-la-Pendue
N° d'édition : 004903-02 - N° d'imprimeur : 201011.0266 - Dépôt légal : décembre 2010